Kohlhammer

Die Herausgeber

Dr. Michael Schneider ist Professor für Pädagogische Psychologie an der Universität Trier.
Dr. Roland H. Grabner ist Professor für Begabungsforschung an der Universität Graz.
Dr. Henrik Saalbach ist Professor für Pädagogische Psychologie an der Universität Leipzig.
Dr. Lennart Schalk ist Professor für MINT-Fachdidaktik an der PH Schwyz.

Michael Schneider, Roland H. Grabner,
Henrik Saalbach & Lennart Schalk (Hrsg.)

Wie guter Unterricht intelligentes Wissen schafft

Handlungswissen aus der
Lehr-Lernforschung

Eine Festschrift für Elsbeth Stern

Verlag W. Kohlhammer

Dieses Werk einschließlich aller seiner Teile ist urheberrechtlich geschützt. Jede Verwendung außerhalb der engen Grenzen des Urheberrechts ist ohne Zustimmung des Verlags unzulässig und strafbar. Das gilt insbesondere für Vervielfältigungen, Übersetzungen, Mikroverfilmungen und für die Einspeicherung und Verarbeitung in elektronischen Systemen.

Die Wiedergabe von Warenbezeichnungen, Handelsnamen und sonstigen Kennzeichen in diesem Buch berechtigt nicht zu der Annahme, dass diese von jedermann frei benutzt werden dürfen. Vielmehr kann es sich auch dann um eingetragene Warenzeichen oder sonstige geschützte Kennzeichen handeln, wenn sie nicht eigens als solche gekennzeichnet sind.

Es konnten nicht alle Rechtsinhaber von Abbildungen ermittelt werden. Sollte dem Verlag gegenüber der Nachweis der Rechtsinhaberschaft geführt werden, wird das branchenübliche Honorar nachträglich gezahlt.

Dieses Werk enthält Hinweise/Links zu externen Websites Dritter, auf deren Inhalt der Verlag keinen Einfluss hat und die der Haftung der jeweiligen Seitenanbieter oder -betreiber unterliegen. Zum Zeitpunkt der Verlinkung wurden die externen Websites auf mögliche Rechtsverstöße überprüft und dabei keine Rechtsverletzung festgestellt. Ohne konkrete Hinweise auf eine solche Rechtsverletzung ist eine permanente inhaltliche Kontrolle der verlinkten Seiten nicht zumutbar. Sollten jedoch Rechtsverletzungen bekannt werden, werden die betroffenen externen Links soweit möglich unverzüglich entfernt.

1. Auflage 2023

Alle Rechte vorbehalten
© W. Kohlhammer GmbH, Stuttgart
Gesamtherstellung: W. Kohlhammer GmbH, Stuttgart

Print:
ISBN 978-3-17-041242-2

E-Book-Formate:
pdf: ISBN 978-3-17-041243-9
epub: ISBN 978-3-17-041244-6

Vorwort: Das Stern-Zeitalter

Ernst Hafen

Hochschuldidaktik und Lehr- und Lernforschung findet man zwar an den meisten Hochschulen, nur führt dieses Gebiet oft ein eher stiefmütterliches Dasein, denn Professorinnen und Professoren gehören zu den wenigen Lehrpersonen, die keine formelle didaktische Ausbildung machen müssen. Das heisst nicht, dass sie schlechte Lehrpersonen sind, doch oft orientieren sie sich – wie ich selbst auch – an den Vorbildern in ihrer eigenen Ausbildung. Die universitäre Lehre war bis zum Beginn der Pandemie sehr traditionell und rückwärtsgewandt. Erst Covid-19 hat rasch gezeigt, dass auch andere Lernformen möglich und zum Teil auch nachhaltiger sind, als Frontalvorlesungen mit hunderten von Studierenden. Während man sich in der Forschung nach den neusten Erkenntnissen im Gebiet richtet und im Team arbeitet, orientiert man sich in der Lehre an der Vergangenheit und bereitet Vorlesungen meist allein vor. Allein schon die Begriffe *Vorlesung* und *Hörsaal* zeugen von einem eher rückwärtsgewandten Verständnis von Lehre. Niemand erwartet, dass er oder sie nach dem Besuch eines Fussballspiels oder eines Konzerts Fussball beziehungsweise Klavier spielen kann.

An der ETH ist die Hochschuldidaktik und die Lehr- und Lernforschung am Institut für Verhaltensforschung angegliedert. Der Fokus liegt auf der didaktischen Ausbildung von Gymnasiallehrpersonen und weniger in der didaktischen Ausbildung von Professorinnen und Professoren. Die didaktische Lehrerausbildung an der ETH wurde über Jahre durch Professor Karl Frey mit seiner sehr angewandten Didaktik, die von den Lehrpersonen geschätzt wurde, geprägt. Der gelbe Ordner seiner Vorlesung mit den zahlreichen Hinweisen zu einem guten Unterricht steht heute noch im Bücherregal vieler naturwissenschaftlich ausgebildeter Gymnasiallehrpersonen. Die 3-Sekunden-Warten-Regel etwa besagt, dass man nach einer an die Schülerinnen und Schüler gestellten Frage 3 Sekunden warten soll, bevor man jemanden aufruft, beziehungsweise bevor man auf seine/ihre Antwort reagiert. Ein Tipp, den ich auch in Vorlesungen anzuwenden versuche.

Nach einer kurzen Besetzung des Lehrstuhls mit einem Psychologen, der mit Mäusen arbeitete, hatte ich als damals amtierender Präsident der ETH Zürich die Möglichkeit, Elsbeth Stern als Leiterin des Instituts zu berufen. Beeindruckt hat mich im Berufungsgespräch der wissenschaftliche Ansatz, den Elsbeth Stern in der Lehr- und Lernforschung verfolgte. Sie hatte sich mit dem konzeptionellen Verständnis physikalischer Prozesse, wie zum Beispiel der physikalische Auftrieb, bei Primarschulkindern in Deutschland auseinandergesetzt und wollte einen solchen Ansatz auch auf dem Niveau der Hochschulstudierenden weiterführen. Damit begann am Institut für Verhaltensforschung das Stern-Zeitalter mit wissenschaftlicher Lehr- und Lernforschung.

Zuerst mussten allerdings die Ausbildungsgänge für Gymnasialpersonen den kantonalen Vorschriften angepasst werden. Mit viel Elan stürzte sich Elsbeth Stern in diese ihr unvertraute Aufgabe. So wurde sie schnell mit dem föderalistischen System der Schweiz konfrontiert, in dem kantonale Beamte die Ausbildungsgänge der ETH beurteilten. Nebst diesen administrativen Aufgaben richtete sie ihre Forschungsgruppe ein und führte ihre in Deutschland begonnene Forschung mit Kindern im Primarschulalter weiter. Zusammen mit Ralph Schumacher knüpfte sie Beziehungen zu verschiedenen Primarschulen in der Schweiz. Diese Beziehungen wurden über die Jahre intensiviert und erlaubten Kohorten von Schülerinnen und Schülern zu etablieren, deren konzeptionelles Verständnis für Physik nach verschiedenen Interventionen und Unterrichtsmethoden über die Jahre getestet werden konnte.

Nach meinem Rücktritt als ETH Präsident übernahm ich am Departement Biologie die Verantwortung für die Ausbildung von Biologielehrpersonen und hatte deshalb bis zu meiner Emeritierung engen Kontakt mit Elsbeth Stern. Kennzeichnend für Elsbeth war, dass sie immer den Kontakt zu den jeweiligen Verantwortlichen für die Lehrerbildung in den Departementen pflegte. So unterstützte sie unsere Erneuerung der Biologielehrpersonenausbildung tatkräftig und setzte sich auch mit den Inhalten auseinander. Insbesondere lag uns viel daran, die Evolution mit natürlicher Selektion viel zentraler im gymnasialen Lehrplan zu verankern. Nur zu oft wird über Darwin und Evolution erst am Ende der Schulzeit in einer fast ausschliesslich wissenschaftshistorischen Perspektive gesprochen, anstatt diese zentrale treibende Kraft der Biologie in jedem Aspekt der Biologie zu betonen. Gemeinsam organisierten wir 2010 das Symposium *Bringing Modern Biology to Schools* und knüpften so Kontakte zur internationalen Gemeinschaft der *Discipline Based Education Research* (DBER) in Biologie. Mit Mike Klymkowski von der University of Colorado in Bolder etablierten wir eine Zusammenarbeit, die in einer gemeinsam betreuten Doktorarbeit resultierte. Frau Annie Champagne untersuchte gängige Fehlvorstellungen im Verständnis der Biologie unter Gymnasiastinnen und Gymnasiasten und unter Biologiestudierenden. Sie konnte zeigen, dass Studierende, die sich für ein Biologiestudium an der ETH oder der Universität Zürich entschieden, ähnlich viele Fehlvorstellungen im biologischen Verständnis hatten wie der Durchschnitt aller Gymnasiastinnen und Gymnasiasten. Ausserdem zeigten ihre Untersuchungen, dass nach zwei Semestern mit je fünf Wochenstunden Biologieinstruktionen (als Frontalvorlesungen) sich die vorhandenen Fehlvorstellungen lediglich um 15 Prozent reduzieren liessen.

2013 organisierten Elsbeth Stern und ich den Workshop *Thinking Big About Students, Their Data and the Future of Education*. Wir hatten Vertreter von Google, Coursera und andere Experten in Online Education sowie eine Ethikerin eingeladen. Es war interessant zu sehen, wie hier unterschiedliche Ansichten zur Zukunft der Bildung aufeinandertrafen: auf der einen Seite die von Elsbeth Stern vertretene etablierte Lehr- und Lernforschung basierend auf klassischen Forschungsansätzen der Psychologie und auf der anderen Seite die Vertreter der Big-Data-Measure-Everything Datenkultur. Seither hat sich gerade auch durch die Pandemie gezeigt, dass im Online Unterricht enorm viele personenbezogene Daten anfallen, die wesentliche Einsichten in den Lernfortschritt liefern. Dass in Zukunft solche Daten als Ergänzung – oder eventuell sogar als Ersatz für summative Assessments in Form von

Semesterendprüfungen – mehr berücksichtigt werden sollten, ist evident. Daraus ergeben sich viele datenschutzrechtliche und ethische Herausforderungen, die gerade eine Institution wie die ETH in der Rolle einer Vorreiterin angehen könnte. Denn eines scheint klar: Wenn wir dieses Thema nicht rasch selbst angehen, werden es sicher die grossen Internetkonzerne machen. Insbesondere in Amerika, wo sich Studierenden für eine universitäre Ausbildung stark verschulden müssen, sehen Datenkonzerne in der daten-getriebenen personalisierten Bildung nach der personalisierten Medizin neue Geschäftsfelder.

Auch wenn Elsbeth Stern und ich in Bezug auf die Zukunft der daten-getriebenen Bildung nicht immer einer Meinung waren, war Elsbeths Unterstützung in der Bildung des Centers of Active Learning (CAL) am Departement Biologie sehr wichtig. Im CAL arbeiten promovierte Biologinnen und Biologen, die sich ausschliesslich mit Lehre befassen und zusammen mit Dozierenden Vorlesungen, Curricula und einzelne Lerneinheiten mit Onlineelementen planen. Mit Hilfe der Unterstützung von CAL können Dozierende *blended learning* und *flipped classroom* Module ohne grösseren technischen und zeitlichen Aufwand in ihren Unterricht einbauen. Es freut mich, dass diese Unterstützung gerade auch während der Pandemie auf grosse Wertschätzung im Departement gestossen ist. Wie die Forschung kann Unterricht so schliesslich zu Teamwork werden.

Elsbeth Sterns aktive Unterstützung einer qualitativ hochstehenden Ausbildung von Lehrpersonen in naturwissenschaftlichen Fächern und ihr eigenes Engagement für eine weitere Verbesserung der STEM Kenntnisse bereits in der Primarschule leistet einen wichtigen Beitrag für die zukünftigen Studierenden der ETH und der Bildung in der Schweiz generell. Es war mir eine grosse Freude, mit Elsbeth Stern über 15 Jahre zusammenarbeiten zu können.

Inhaltsverzeichnis

Vorwort: Das Stern-Zeitalter 5
Ernst Hafen

1 Einleitung: Elsbeth Sterns Engagement für die empirische Lehr-Lern-Forschung, die Wissenschaftskommunikation und den wissenschaftlichen Nachwuchs 13
Michael Schneider, Roland H. Grabner, Henrik Saalbach & Lennart Schalk

Teil I: Vom Potenzial zur Kompetenz

2 Mathematische Kompetenzentwicklung in Vorschule und Schule: Impulse aus den LOGIK- und SCHOLASTIK-Studien 27
Wolfgang Schneider

3 Studien zum Fach Latein – Auf der Suche nach Transfereffekten 37
Ludwig Haag

4 Die Rolle von Intelligenz und Wissen für die Entwicklung von Expertise 47
Roland H. Grabner

5 Die Zukunft der Intelligenzforschung und ihre Bedeutung für die Schule 58
Aljoscha Neubauer

6 Potenziale nutzen – unabhängig von Geschlecht und sozialer Herkunft 69
Sarah Hofer, Ursina Markwalder, Anne Deiglmayr & Michal Berkowitz

Teil II: Lernangebote gestalten

7   Das Verstehen von Textaufgaben aus psychologischer Sicht: Eine Auswahl an Forschungsarbeiten von Elsbeth Stern und ihre Bedeutung für den aktuellen Mathematikunterricht 89
    Lieven Verschaffel

8   Aufgaben lernwirksam sortieren: Über das Vergleichen, Kontrastieren und Verschachteln als wünschenswerte Erschwernisse 100
    Lennart Schalk & Esther Ziegler

9   Vermeidung von Fehlkonzepten durch die Förderung des Verständnisses von Experimenten in der Grundschule 110
    Peter Edelsbrunner & Sonja Peteranderl

10 Konzeptuelles Verständnis und prozedurale Handlungskompetenz von Lernenden: Wie sie zusammenhängen und welche Unterrichtsmethoden sie stärken 121
    Michael Schneider, Jennifer Paetsch & Anja Skibbe

11 Konstruktivistisch orientierte Lernumgebungen in der Grundschule: Wie man Kinder zum Nachdenken über naturwissenschaftliche Sachverhalte herausfordert 135
    Ilonca Hardy & Kornelia Möller

Teil III: Lernprozesse begleiten

12 Verständnisorientierung im Mathematikunterricht: Profitieren davon auch schwächere Schülerinnen und Schüler? 151
    Alexander Renkl

13 Die Nutzung von Repräsentationen als Denkwerkzeuge in der Grundschule 161
    Susanne Koerber & Ilonca Hardy

14 Sprache als wichtiges Werkzeug der Lehrenden: Verbale Interaktion zur Unterstützung des frühen MINT-Lernens 172
    Henrik Saalbach & Sebastian Kempert

| 15 | Verständnis der Grundkonzepte in Chemie und Physik effektiv fördern .... | 186 |

Andreas Lichtenberger, Antonio Togni, Andreas Vaterlaus & Adrian Zwyssig

| 16 | Wie guter Unterricht intelligentes Wissen schafft: Zusammenfassende Betrachtung der Anregungen für die Unterrichtspraxis .... | 199 |

Michael Schneider, Roland H. Grabner, Henrik Saalbach & Lennart Schalk

| 17 | Nachwort: Vom Paper in die Schulstube – Oder: Vom steinigen Weg der empirischen Lehr- und Lern-Forschung in die unterrichtliche Praxis am Beispiel der Ausbildung von Lehrpersonen an der ETH Zürich .... | 206 |

Peter Greutmann

Teil IV: Verzeichnisse

Autor*innenverzeichnis 217

Stichwortverzeichnis 223

1 Einleitung: Elsbeth Sterns Engagement für die empirische Lehr-Lern-Forschung, die Wissenschaftskommunikation und den wissenschaftlichen Nachwuchs

Michael Schneider, Roland H. Grabner, Henrik Saalbach & Lennart Schalk

Wissenschaftliche Forschung zu erfolgreichem Lernen und das tatsächliche Unterrichten in der Schule werden oft als zwei getrennte Bereiche beschrieben, die – wenn überhaupt – nur punktuell zusammenhängen. Die mangelnde Verbindung zwischen der Theorie und der Praxis guten Unterrichtens wird entsprechend häufig beklagt. Dies müsste nicht so sein: Die Unterrichtspraxis stellt ein faszinierendes Forschungsfeld für die Grundlagenforschung zu erfolgreichem Lernen dar, und Grundlagenforschung unter kontrollierten Bedingungen kann Praktikern wertvolle neue Impulse geben. Von diesen wechselseitigen Anregungen handelt dieses Buch. Jedes Kapitel geht sowohl auf zentrale wissenschaftliche Studien als auch auf Aspekte der Unterrichtspraxis zum jeweiligen Thema ein. Das Buch richtet sich an alle, die sich für Schule und Bildung interessieren, vor allem an Lehrkräfte, Schulleitungen, Bildungspolitiker*innen, Schulbuchautor*innen und Eltern. Geschrieben wurde das Buch von Wissenschaftler*innen, die das Lehren und Lernen untersuchen und von denen viele in der Aus- oder Weiterbildung von Lehrkräften tätig sind. Im letzten Kapitel kommentiert ein im Schuldienst tätiger Lehrer die Buchinhalte aus Sicht eines Praktikers und beschreibt humorvoll, wie sich vieles gut umsetzen lässt, aber wie schwierig das auch manchmal sein kann. Dieses Buch versucht, eine Brücke über die Lücke zwischen der Theorie und der Praxis guten Unterrichtens zu schlagen. Die Lücke ganz zu schließen, ist allerdings noch keinem gelungen, und auch wir können es nicht. Vielleicht wäre das auch nicht sinnvoll, denn guter Unterricht braucht immer beides: eine klare Fundierung in wissenschaftlichen Erkenntnissen und die konkrete Ausgestaltung auf Grundlage praktischer Erfahrung. Umso wichtiger ist es, dass Forschende und Praktiker*innen eng und vertrauensvoll zusammenarbeiten und gegenseitig voneinander lernen.

Eine Person, die wie keine Zweite für die Idee steht, Theorie und Praxis guten Unterrichtens zu verbinden, ist die empirische Lehr-Lern-Forscherin Elsbeth Stern. Ihr ist diese Festschrift gewidmet. Elsbeth Stern wurde in der Grundlagenforschung sozialisiert und ist dort zu Hause. So arbeitete sie bei Franz Weinert am Max-Planck-Institut für Psychologische Forschung in München und war viele Jahre Forschungsgruppenleiterin am Max-Planck-Institut für Bildungsforschung in Berlin. Eines ihrer größten Anliegen ist die Verbesserung der Lernbedingungen an Schulen, für die sie sich in der Gymnasiallehrpersonenausbildung an der ETH Zürich einsetzt sowie in Büchern, Vorträgen, Fernsehauftritten und Zeitungsartikeln für Lehrer*innen und die bildungsinteressierte Öffentlichkeit. Der ehemalige Präsident der

1 Einleitung

ETH Zürich, Ernst Hafen, beschreibt im Vorwort dieses Buchs, aus welchen Gründen er damals Elsbeth Stern an die ETH holte.

Diese Festschrift verbindet drei Aspekte, die Elsbeth Stern auszeichnen: Ihre Erfolge in der Lehr-Lern-Forschung, ihr Engagement in der Wissenschaftskommunikation und ihre Rolle als akademische Mentorin und Kooperationspartnerin. Die Kapitel des Buches wurden von Elsbeth Sterns akademischen Schülerinnen und Schülern sowie langjährigen Kooperationspartnerinnen und Kooperationspartnern geschrieben. Jedes Kapitel handelt von einer Studie oder einem Forschungsthema Elsbeth Sterns, stellt die Forschungsbefunde zu dem Thema prägnant vor und veranschaulicht anhand konkreter Beispiele, wie diese Befunde zur Gestaltung guten Schulunterrichts genutzt werden können.

Die Kapitel nutzen dabei Studien von Elsbeth Stern als Beispiele, um Fragen zu thematisieren, die für die aktuelle Lehr-Lern-Forschung von *genereller* Wichtigkeit sind. Damit gibt das Buch einen breiten Überblick über Themen, Befunde und offene Fragen, die in Forschung und Praxis schon lange diskutiert werden und noch immer hochaktuell sind: Was ist guter Unterricht? Wie können wissenschaftliche Befunde zur Gestaltung guten Unterrichts genutzt werden? Wie können Inhalte so unterrichtet werden, dass sie verstanden und im Alltag flexibel angewendet werden? Was können Forschende aus der Unterrichtspraxis lernen? Diese Fragen können nie vollständig und allgemeingültig beantwortet werden, weil der Begriff des guten Unterrichts in verschiedenen historischen oder gesellschaftlichen Kontexten unterschiedlich interpretiert werden muss und weil die empirische Forschung fortlaufend neue und genauere Erkenntnisse bietet. Statt die Fragen vollständig und allgemeingültig zu beantworten, werfen die Kapitel des Buches daher Schlaglichter auf Themen, die beispielhaft Aspekte guten Unterrichts veranschaulichen, die in der empirischen Lehr-Lern-Forschung in den letzten drei Jahrzehnten innovativ, intensiv und erfolgreich untersucht wurden.

Eine inhaltliche Klammer, die diese vielfältigen Themen zusammenhält – sowohl in diesem Buch als auch in Elsbeth Sterns Wirken – ist der Begriff des *intelligenten Wissens*, der ursprünglich von ihrem akademischen Mentor Franz E. Weinert (1996) geprägt wurde. Im Alltag wird der Begriff *Wissen* oft synonym mit Faktenwissen gebraucht. Im Rahmen dieses Buches verwenden wir den Begriff hingegen so, wie es in der Lehr-Lern-Forschung üblich ist, sodass er neben Faktenwissen auch Wissen über wissenschaftliche Konzepte, Handlungen und Problemlösungen umfasst. Wissen in diesem breiteren Sinne stellt die kognitive Grundlage von akademischer Leistung und alltagsrelevanter Grundbildung dar. *Intelligenz* ist die Fähigkeit denkender Wesen zum logischen Schlussfolgern, zum Verständnis von Zusammenhängen und zur Lösung neuer Probleme (Gottfredson, 1997, S. 13). Wissen kann also nicht im wörtlichen Sinne intelligent sein. Der Begriff des intelligenten Wissens wirkt daher provokativ und zieht Aufmerksamkeit auf sich. Elsbeth Stern setzt den Begriff gezielt ein, um diese Aufmerksamkeit zu gewinnen und auf ein Thema von fundamentaler Wichtigkeit zu lenken: Intelligenz und Wissen sind untrennbar miteinander verwoben. Wissen ist nützlich, wenn man es mittels intelligenten Denkens flexibel zur Bewältigung neuer Herausforderungen anwenden kann. Intelligenz ist nur dann nützlich, wenn sie zum Erwerb von Wissen und Lösen von Problemen eingesetzt wird. Diese wechselseitige Abhängigkeit von Intelligenz und

Wissen hat wichtige Implikationen für die Gestaltung von Schule und Unterricht, die an mehreren Stellen dieses Buchs diskutiert werden.

Bevor wir den Aufbau und die Kapitel des Buches vorstellen, beschreiben wir in den folgenden Abschnitten Elsbeth Sterns Engagement für die Lehr-Lern-Forschung, die Wissenschaftskommunikation und den wissenschaftlichen Nachwuchs.

1.1 Elsbeth Sterns Engagement für die Lehr-Lern-Forschung

Elsbeth Sterns Forschung zum Lehren und Lernen ist geprägt sowohl durch einen grundlagenwissenschaftlich-experimentellen als auch einen entwicklungspsychologischen Zugang. Während sie sich im Rahmen ihrer Dissertation an der Universität Hamburg noch mit Fragen der experimentellen Sozialpsychologie beschäftigte, verlegte sie ihren Fokus als Postdoc in der von Franz Weinert geleiteten Abteilung am Münchner Max-Planck-Institut auf die entwicklungspsychologisch ausgerichtete Forschung zum schulischen Lernen. Sie forschte fortan im Rahmen der Längsschnittstudie LOGIK zur Entwicklung mathematischen Wissens im Allgemeinen und zum Lösen mathematischer Textaufgaben im Besonderen. Dabei lag der Fokus ihrer Forschung auf dem oben beschriebenen Zusammenspiel von Wissen und Intelligenz (Stern, 1999).

In ihrer Münchner Phase legte Elsbeth Stern, geprägt durch die Ansätze Franz Weinerts, die konzeptuelle Grundlage ihrer weiteren Forschungsarbeiten bis zum heutigen Tag. Die starke entwicklungspsychologische Ausrichtung ihrer Arbeiten ermöglichte ihr, Lernprozesse im Sinne eines konstruktivistischen Ansatzes zu konzeptualisieren und Merkmale zu identifizieren, die sich sowohl bei jungen Lernenden in Kindergarten und Grundschule als auch bei älteren Lernenden der Sekundarstufen, des Gymnasiums sowie der Hochschule wiederfinden. So konnte sie etwa im Kontext der LOGIK-Studie zeigen, dass neues Wissen immer auf dem aufbaut, was bereits an Wissen vorhanden ist, indem sie einen statistisch bedeutsamen Zusammenhang (unter Kontrolle der Intelligenz) zwischen der Leistung von Zweitklässlern im Lösen von mathematischen Textaufgaben und den Leistungen in Mathematik viele Jahre später in der Sekundarstufe II nachwies (Stern, 1998). Die Dokumentation verschiedener Lernwege (einschließlich Um- und Irrwegen) im Mathematiklernen war nicht nur ein Meilenstein pädagogisch-psychologischer Forschung, sondern begründete auch ihr »Mantra« vom guten Unterricht: Eine Lehrperson kann nur dann lernwirksam unterrichten, wenn sie das konstruktivistische Wesen des Lernens beim Unterrichten berücksichtigt. Dazu kann sie etwa Schülerinnen und Schüler zu aktiven Denkprozessen anregen oder vielfältige Möglichkeiten nutzen, »in die Köpfe der Lernenden zu schauen«, um den Unterricht entsprechend anzupassen. Tatsächlich fand Elsbeth Stern gemeinsam mit Fritz Staub einen bedeutsamen Zusammenhang zwischen der Ausprägung konstruktivistisch ausgerichteter pädagogischer Überzeugungen von Grundschullehrpersonen und dem Lernerfolg der Lernenden im Mathematikunterricht (Staub & Stern, 2002). Die aus dieser Studie hervorgegangene Publikation ist nicht nur ihre meistzitierte Arbeit. Sie bildet auch einen der Grundsteine für die Forschung zu den professionellen Kompetenzen von Lehrpersonen und deren Auswirkungen auf Unterricht und Lernen – mittlerweile ein Kernbereich der empirischen Bildungsforschung im deutschsprachigen Raum.

Der zweite Anlass für die Notwendigkeit einer entwicklungspsychologischen Perspektive ergab sich aus der Langwierigkeit der Entwicklung begrifflichen Wissens: Die Grundlage für erfolgreiches Lernen wird schon sehr früh gelegt. Daher sollten Elsbeth Stern zufolge bereits in Grundschule und Kindergarten Kompetenzen und/oder Vorläuferfähigkeiten vermittelt werden, die später im Sinne eines Spiralcurriculums ausdifferenziert und transformiert werden müssten. Das zeigt sich beispielhaft in einer Studie mit Kindergartenkindern, deren Mengenverständnis als mathematische Vorläuferfähigkeit in engem Zusammenhang zum Mathematiklernen in der 2. Klasse stand (Schalk et al., 2016). Dieser Ansatz charakterisiert ihre Berliner Phase am Max-Planck-Institut für Bildungsforschung, in der zahlreiche experimentelle Laborstudien zum Lernen im MINT-Bereich durchgeführt wurden. In dem Kontext erfolgte auch die Prägung der Begriffe »kognitive Aktivierung« und »kognitive Strukturierung« als Wesensmerkmale effektiver Lernumgebungen. Nur wenn Lernende sich aktiv darum bemühen, neues Wissen mit bestehendem Wissen in Verbindung zu bringen und dabei durch spezifische Maßnahmen der Lehrperson entsprechend der individuellen Fähigkeiten unterstützt werden, wird ein Lernerfolg bzw. ein kontinuierlicher Kompetenzaufbau möglich (z. B. Hardy et al., 2006). Diese grundlagenwissenschaftlich geprägten Begrifflichkeiten fanden dann auch Eingang in die zeitgleich durch die Arbeitsgruppe um Jürgen Baumert und Eckhard Klieme am MPI für Bildungsforschung durchgeführten Studien im Kontext der PISA 2000 Erhebung und wurden damit zu Schlüsselbegriffen der deutschsprachigen Bildungsforschung.

Ein weiterer Schwerpunkt der Arbeit von Elsbeth Stern in Berlin war die Forschung zum Einfluss mentaler Werkzeuge im Lernprozess. Mentale Werkzeuge wurden hier verstanden als kulturelle Artefakte zur Unterstützung des Verständnisses bzw. zur Repräsentation abstrakter Konzepte und Relationen, vor allem im MINT-Bereich. Die Arbeitsgruppe um Elsbeth Stern forschte in enger Kooperation mit Wissenschaftler*innen im In- und Ausland zu den Auswirkungen der Verwendung von Diagrammen, Waagen und Zahlenstrahl aber auch zu Schrift und Sprache (z. B. Hardy et al., 2005). Mit diesen Arbeiten differenzierte und entwickelte Elsbeth Stern ihren Ansatz zur Erforschung schulischer bzw. schulrelevanter Lernprozesse.

Mit dem Wechsel an die ETH Zürich und der Übernahme der Verantwortung für die dortige gymnasiale Lehrpersonenausbildung veränderte sich der Schwerpunkt von Elsbeth Sterns Forschungsarbeiten. Nun lag ihr Fokus zunehmend auf den Bedingungen erfolgreichen Lehrens und Lernens bei älteren Kindern und Jugendlichen. Gleichwohl bauten die neuen Studien auf eben jenen Einsichten auf, die sie während ihrer Münchner und Berliner Jahre in ihren Arbeiten zur Entwicklung und zum Lernen junger Kinder gewonnen hatte. Beispielsweise hat sie weiterhin die Beziehung zwischen Intelligenz und bereichsspezifischem Wissenserwerb erforscht, in dem das Leistungspotenzial von Mädchen im MINT-Bereich der Sekundarstufe beleuchtet wurde (Hofer & Stern, 2016). Der »Früh-übt-sich«-Ansatz widerspiegelt sich außerdem in der großen längsschnittlich angelegten *Schweizer MINT Studie*, mit der das naturwissenschaftliche Denken ab der Grundschul- bzw. Primarschulstufe mithilfe der von Kornelia Möller an der Universität Münster entwickelten Klassenkisten bzw. KiNT-Kisten gefördert wird. Im Rahmen der Studie erhielt eine Vielzahl von Grundschullehrpersonen eine Weiterbildung, sodass sie die Unterrichtsmaterialien der KiNT-Kisten selbständig in ihren Klassen einsetzen können. In einem umfassenden Forschungsprojekt wird dabei begleitend die Kompetenzentwicklung der Kinder kontinuierlich im Längsschnitt untersucht. Elsbeth Stern war zudem an der Erstellung verschiedener Expertisen zum gesamten Bildungsverlauf beteiligt, u. a. an einer Expertise (ZHSF, 2009), die über die gesamte Schullaufbahn bis hin zum Studium den Aufbau des Naturwissenschafts- und Technikunterrichts im Kanton Zürich konzeptualisierte.

Gleichzeitig führen Elsbeth Stern und Ralph Schumacher Grundlagenforschung und Anwendung im MINT-Lernzentrum der ETH in einer weltweit einzigartigen Art und Weise zusammen. Unter der Leitung von Ralph Schumacher entwickeln dort Unterrichtsforscher*innen, Fachdidaktiker*innen und Lehrpersonen gemeinsam neue Lernangebote. Dabei werden zunächst Instruktionsmethoden, wie etwa das Vergleichen und Kontrastieren von Beispielen oder das Verwenden von Selbsterklärungen, mittels Experimenten kontrolliert untersucht (Hofer et al., 2018). Nur wenn sie sich dabei als effektiv erweisen, integrieren Lehrpersonen sie in Zusammenarbeit mit Wissenschaftler*innen in die Entwicklung von naturwissenschaftlichen Unterrichtseinheiten. Dieses Material wird dann – bei positiver Evaluation – sowohl in der Schulpraxis als auch in der Lehrpersonenausbildung eingesetzt. Ziel dieser Zusammenarbeit ist es, schulische Lernangebote für den MINT-Bereich nachhaltig zu optimieren. Gemeinsam mit Ralph Schumacher initiierte Elsbeth Stern außerdem die ETH Youth Academy. Diese Academy hat das Ziel, das Interesse von Schülerinnen und Schülern der Klassenstufen 5–12 für mathematisch-naturwissenschaftliche Studiengänge zu erhöhen. Diese exemplarischen Engagements zeigen den breiten Ansatz von Elsbeth Stern für die Bildung, der sämtliche Stufen umfasst und weit über reine Forschungsarbeiten hinausgeht.

Schließlich hat sich Elsbeth Sterns Engagement in der empirischen Lehr-Lern-Forschung in einer intensiven Auseinandersetzung mit dem Potenzial der Neurowissenschaften für die Verbesserung des Schulunterrichts gezeigt. Für populäre Medien verfasste sie zu diesem Thema viele Texte, gab zahlreiche Interviews und hielt Vorträge. Anfang der 2000er Jahre wurde sie vom deutschen Bundesministerium für Bildung und Forschung (BMBF) beauftragt, eine umfangreiche Expertise zu Chancen und Grenzen der Zusammenarbeit zwischen Neurowissenschaften und Lehr-Lern-Forschung zu erstellen. Zu diesem Zweck veranstaltete sie einen Workshop mit internationalen Expert*innen aus beiden Forschungsdisziplinen und nahm mit Kolleginnen und Kollegen eine umfassende Literaturrecherche vor. Als Folge der Expertise, die 2005 auf Deutsch (Stern et al., 2005) und 2006 auf Englisch (Stern et al., 2006) erschien, initiierte das BMBF ein mehrjähriges Programm zur Förderung von Forschungstätigkeiten an der Schnittstelle von Lehr-Lern-Forschung und

Neurowissenschaften (NIL: Neurowissenschaften – Instruktion – Lernen), aus dem zahlreiche erfolgreiche Projekte hervorgingen.

Neben der Expertise veröffentlichte Elsbeth Stern zahlreiche wissenschaftliche Artikel zur Bedeutung der Neurowissenschaften für ein besseres Verständnis und eine erfolgreichere Förderung von schulischem Lernen. Einer dieser Fachbeiträge war das Editorial »Pedagogy meets Neuroscience« in der renommierten Zeitschrift *Science* (Stern, 2005), in dem sie darauf hinweist, dass die Neurowissenschaften in der Erforschung von Lernschwierigkeiten und -hindernissen Potenzial, aber in vielen anderen Bereichen auch klare Grenzen haben und häufig mit unrealistischen Erwartungen verbunden seien.

In diesen Aktivitäten kommt zum Ausdruck, dass Elsbeth Stern der neurowissenschaftlichen Erforschung von schulrelevantem Lehren und Lernen zwar skeptisch, jedoch niemals kategorisch ablehnend gegenüberstand und -steht. Vielmehr arbeitete sie heraus, in welchen spezifischen Bereichen der Einsatz neurowissenschaftlicher Methoden wertvolle Erkenntnisse erbringen kann und welche Ansätze oder Positionen (darunter mehrere unter dem Schlagwort *Neurodidaktik*) keinen Mehrwert gegenüber der umfangreichen Befundlage aus der empirischen Lehr-Lern-Forschung aufweisen.

1.2 Elsbeth Sterns Engagement in der Wissenschaftskommunikation

Neben Elsbeth Sterns unermüdlichem Einsatz in Forschung und Lehre zeichnet sie sich auch als erfolgreiche Wissenschaftskommunikatorin aus. Nicht nur als Gegenpol zu populären Hirnforschern war und ist es ihr ein Herzensanliegen, die breite Öffentlichkeit über die Voraussetzungen von nachhaltigem Lernen und erfolgreicher kognitiver Entwicklung zu informieren und so zu einer evidenzbasierten Bildungspolitik beizutragen. Dazu gehört auch der Kampf gegen Mythen (d. h. wissenschaftlich nicht haltbare Vorstellungen) über das Lernen, die, wie die Forschung der letzten zwei Jahrzehnte zeigt, auch unter Lehrpersonen weit verbreitet sind (Howard-Jones, 2014) und das professionelle Handeln in der Schule negativ beeinflussen können. Der populärste Mythos ist jener, dass es visuelle und auditive Lernertypen gäbe, die unterschiedlich unterrichtet werden sollten. In ihrer pointierten Art antwortet Elsbeth Stern in Gesprächen darauf gerne, dass diese Unterteilung auf blinde und gehörlose Menschen passe, aber ansonsten irreführend sei. Stark rezipiert wurde auch ein Streitgespräch mit dem Hirnforscher Manfred Spitzer, das 2004 unter dem Titel »Wer macht die Schule klug?« in *Die Zeit* erschien. In diesem betonte Elsbeth Stern, dass für lernwirksamen Unterricht die Anknüpfung am bereichsspezifischen Vorwissen der Schüler*innen wichtiger sei, als sich auf allgemeine Prinzipien des Lernens (z. B., dass Emotionen wichtig beim Lernen sind) zu beschränken. Darüber hinaus stellte sie Aussagen in Frage, wonach die Hirnforschung die Grundlagenwissenschaft des Lernens sei; die Hirnforschung habe lediglich gezeigt, *dass* Lernen im Gehirn stattfindet. Studien im Hirnscanner sagten aber wenig darüber aus, *wie* Lernen durch Aktivitäten im Klassenzimmer optimal angeregt werden kann (Die Zeit, 2004).

Neben ihrer starken medialen Präsenz veröffentlichte Elsbeth Stern mehrere Bücher für unterschiedliche Zielgruppen. Gemeinsam mit dem Intelligenzforscher Aljoscha Neubauer verfasste sie zwei Bücher, in denen die wissenschaftlichen Befunde zu Intelligenz und Lernen allgemeinverständlich aufbereitet wurden (Neubauer & Stern, 2007; Stern & Neubauer, 2013). Zwei weitere Bücher wurden speziell für Lehrpersonen veröffentlicht: Im Buch »Lernwirksam unterrichten« werden zentrale Erkenntnisse der Lehr-Lern-Forschung in der originellen Form eines Dialogs zwischen ihr und dem Mathematiklehrer Michael Felten vermittelt (Felten & Stern, 2012). Im Jahr 2020 erschien schließlich das Buch »Professionelles Handlungswissen für Lehrerinnen und Lehrer (Greutmann, Saalbach, & Stern, 2020), in das auch die Erfahrungen ihrer (ehemaligen) Mitarbeiter*innen in der gymnasialen Lehrpersonenausbildung an der ETH Zürich einflossen.

Elsbeth Sterns Engagement für die Wissenschaftskommunikation wurde schließlich im Jahr 2018 von der Deutschen Gesellschaft für Psychologie (DGPs) mit dem Franz-Emanuel-Weinert-Preis gewürdigt. Der Präsident der DGPs fasste die Begründung für die Entscheidung wie folgt zusammen: »Elsbeth Stern setzt sich unermüdlich dafür ein, die Öffentlichkeit über die Aussagekraft von Forschungsergebnissen aufzuklären und so weit verbreiteten Vorurteilen entgegenzuwirken. Das macht sie zu einer Vorreiterin für die psychologische Bildung der Gesellschaft« (DGPs, 2018).

1.3 Elsbeth Sterns Engagement als akademische Mentorin

Elsbeth Stern blickt nicht nur auf eine erfolgreiche Karriere als Wissenschaftlerin und Kommunikatorin, sondern auch als akademische Mentorin zurück. Dafür sprechen schon allein die Zahlen: Sie hat 20 Dissertationen betreut bzw. mitbetreut und 15 Postdocs angeleitet, von denen bisher 10 Professorinnen und Professoren geworden sind. Weitere werden folgen.

Dieser Erfolg ruht auf zwei Säulen. Zum einen investierte Elsbeth Stern stets viel Sorgfalt in die Auswahl ihrer Mitarbeitenden. Doktorand*innen waren häufig zunächst studentische Hilfskräfte und Postdocs zuvor Doktorand*innen, die sich damit unter Beweis stellen und für die nächsthöhere Stufe qualifizieren konnten. Durch zusätzliche offene Stellenausschreibungen brachte sie frischen Wind von außerhalb in ihre Arbeitsgruppe ein.

Doch um eine junge Nachwuchswissenschaftlerin oder einen jungen Nachwuchswissenschaftler sicher zum Aufbruch in eine potenziell erfolgreiche Karriere zu führen, braucht es noch eine zweite Säule: effektive Förderung und Betreuung. Müsste man Elsbeth Sterns Stil als Mentorin in wenigen Schlagworten ausdrücken, dann wären es folgende: Vertrauen, Freiheit, Offenheit, Verbindlichkeit und Unterstützung. Elsbeth vertraute auf das kreative und kognitive Potenzial ihrer Pre- und Postdocs. Sie kontrollierte weder die Arbeitsweise noch die Themenfindung. Zum Thema Arbeitszeiten wies sie gerne darauf hin, dass gute Wissenschaftler*innen jederzeit über ihre Forschung nachdenken – auch im Bus oder beim Waldspaziergang. Daher fand sie es zweitrangig, ob ihre Mitarbeiter*innen feste Bürozeiten einhielten, solange sie wissenschaftlich produktiv waren. Sie gab die Freiheit zur Entfaltung, unterstützte mit Rat und Tat, zeigte sich offen gegenüber Themen, selbst wenn sie nicht unmittelbar in Ihrem Forschungsfokus lagen, und öffnete ihr weltweites Netzwerk für Kontakte zu Experten und Expertinnen. Die Grundlagen aller Freiheit, Offenheit und Flexibilität waren gegenseitige Verbindlichkeit und gegenseitiges Vertrauen. Die Pre- und Postdocs willigten unausgesprochen ein, ihr Bestes zu geben, und konnten sich gleichzeitig darauf verlassen, dass trotz Problemen und Turbulenzen während der Qualifizierungsphase ein Sicherungsnetz gespannt blieb, das gegen materielle Ängste ebenso wie inhaltliche Zweifel half.

Im weiteren Verlauf des Buches gehen wir nicht weiter auf Elsbeth Sterns Wirken als akademische Mentorin ein. Aber dieses Wirken bildet den Nährboden, auf dem die im Buch vorgestellten Forschungsbefunde entstanden sind.

1.4 Der Aufbau dieses Buchs

Allen Kapiteln dieses Buchs ist eines gemeinsam. Sie thematisieren, wie Potenziale der Lernenden durch die Gestaltung geeigneten Unterrichts genutzt und wie Lernprozesse durch Lehrpersonen initiiert und unterstützt werden können. Das Buch ist in drei thematische Abschnitte gegliedert. Im ersten Abschnitt »Vom Potenzial zur Kompetenz« stehen Potenziale der Lernenden, wie z.B. die Intelligenz, im Vordergrund. Der zweite Abschnitt, »Lernangebote gestalten«, behandelt die Wahl und Ausgestaltung geeigneter Lernaufgaben für den Unterricht. Im dritten Abschnitt, »Lernprozesse begleiten«, wird aus einer stärker prozessorientierten Perspektive beschrieben, wie Lehrkräfte Lernprozesse unterstützen können. Die Kapitel gehen jeweils auf ganz unterschiedliche Altersgruppen und Schulfächer ein. Dies spiegelt wider, dass grundlegende Mechanismen des Lernens – und daher auch grundlegende Eigenschaften guten Unterrichts – auf allen Altersstufen und in allen Schulfächern ähnlich sind (Hattie, 2012; Schneider & Preckel, 2017), auch wenn die konkrete Ausgestaltung sich zwischen Altersstufen und Fächern unterscheidet.

Der erste Abschnitt, »Vom Potenzial zur Kompetenz«, beginnt in Kapitel 2 mit der Beschreibung der inzwischen klassischen LOGIK-Studie. In dieser Studie wurde über viele Jahre hinweg untersucht, wie Kompetenzen in der Schullaufbahn auf frühere Kompetenzen, z. B. das Vorwissen der Lernenden, aufbauen. Kapitel 3 beschreibt daran anschließend einen zentralen Befund der empirischen Lernfor-

1.4 Der Aufbau dieses Buchs

schung: Lernerfolg ist immer an konkrete Lerninhalte gebunden. Unterricht zur Anregung sog. unspezifischen Ferntransfers von Wissensinhalten in ganz andere Bereiche, z. B. vom Lateinlernen in die Mathematik, ist daher nicht effektiv. Die beiden nachfolgenden Kapitel 4 und 5 beschreiben die fundamentale Rolle der Intelligenz und wie Intelligenz sich in der Interaktion mit Unterrichts- und Wissenserwerbsprozessen entfaltet. Das letzte Kapitel des ersten Abschnitts des Buchs geht darauf ein, wie man Lernenden helfen kann, ihre Potenziale unabhängig von Geschlecht und sozialer Herkunft auszuschöpfen.

Der zweite Abschnitt, »Lernangebote gestalten«, behandelt die Gestaltung von Lernangeboten, wie bspw. die Gestaltung von Lernaufgaben und Schülerexperimenten für den naturwissenschaftlichen Unterricht. Kapitel 7 beschreibt klassische Studien zum Lernen mit unterschiedlichen Typen mathematischer Textaufgaben. Kapitel 8 erweitert den Fokus auch auf andere Unterrichtsfächer und beschreibt, wie durch die sorgfältige Wahl von Aufgabenreihenfolgen lernförderliche Vergleichs- und Schlussfolgerungsprozesse angeregt werden können. Auch Experimente im naturwissenschaftlichen Unterricht sind eine gute Möglichkeit, um vertieftes konzeptuelles Lernen zu fördern, wie Kapitel 9 beschreibt. Allerdings soll im Unterricht nicht nur ein konzeptuelles Verständnis abstrakter Konzepte, sondern auch prozedurale Handlungskompetenz vermittelt werden. Kapitel 10 beschreibt, wie sich solch konzeptuelles und prozedurales Wissen im Unterricht gegenseitig beeinflussen und wie dieses Zusammenspiel durch Unterrichtsmethoden gefördert werden kann. Kapitel 11 führt viele Vorschläge der vorherigen Kapitel zusammen und zeigt, wie bereits in der Grundschule durch umfassende konstruktivistische Lernumgebungen anspruchsvolles wissenschaftliches Denken gefördert werden kann.

Der dritte Abschnitt, »Lernprozesse begleiten«, thematisiert die Unterrichtsgestaltung durch Lehrpersonen. Ausgehend von der Annahme, dass guter Unterricht schüler*innenzentriert, aber lehrer*innengesteuert ist, liefern die Kapitel Beispiele dafür, wie Lehrkräfte die Eigenaktivität von Lernenden im Unterricht so anregen, strukturieren und unterstützen können, dass sie zur Erreichung der gewählten Lehrziele führen. Kapitel 11 diskutiert in diesem Zusammenhang, inwieweit ein konzeptuell anspruchsvoller Unterricht auch für schwächere Schüler*innen lernförderlich sein kann. Kapitel 12 beschreibt, wie gut externe Wissensrepräsentationen, zum Beispiel Sprache, Diagramme und andere Symbolsysteme, zur Strukturierung des Denkens Lernender genutzt werden können. Darauf aufbauend betont Kapitel 13 die zentrale Rolle der Sprache bei der Gestaltung von Lernprozessen. Das letzte Kapitel des dritten Abschnitts konkretisiert an den Beispielen des gymnasialen Chemie- und Physikunterrichts, wie auch ältere Schülerinnen und Schüler beim Erwerb fortgeschrittenerer wissenschaftlicher Konzepte unterstützt werden können.

Das Buch endet mit einem Kapitel, in dem wir als Take-Home-Message die Anregungen zur Gestaltung von Schulunterricht aus den einzelnen Kapiteln übersichtlich zusammenstellen. Im Nachwort richtet ein erfahrener Lehrer, der zunächst an Schulen unterrichtete, dann in Elsbeth Sterns Abteilung tätig war und nun wieder an Schulen unterrichtet, einen humorvoll-kritischen Blick auf das Spannungsverhältnis zwischen Theorie und Praxis guten Unterrichts.

1.5 Literatur

Baumert, J. & Kunter, M., (2006). Stichwort: Professionelle Kompetenz von Lehrkräften. *Zeitschrift für Erziehungswissenschaft*, 9(4), 469–520. https://doi.org/10.1007/s11618-006-0165-2.

DGPs (2018). *Pressemitteilung: Elsbeth Stern erhält den Franz-Emanuel-Weinert-Preis der Deutschen Gesellschaft für Psychologie*. https://www.dgps.de/aktuelles/details/elsbeth-stern-erhaelt-den-franz-emanuel-weinert-preis-der-deutschen-gesellschaft-fuer-psychologie.

Die Zeit (2004), Lernen: Wer macht die Schule klug? https://www.zeit.de/2004/28/C-Spitzer_2 fStern2

Felten, M. & Stern, E. (2012). *Lernwirksam unterrichten*. Berlin: Cornelsen Verlag. ISBN 978-3-589-23292-5

Gottfredson, L. S., (1997). Mainstream science on intelligence: An editorial with 52 signatories, history, and bibliography [Editorial]. *Intelligence* 24, 13–23. https://doi.org/10.1016/S0160-2896(97)90011-8.

Greutmann, P., Saalbach, H. & Stern, E. (2020). *Professionelles Handlungswissen für Lehrerinnen und Lehrer*. Stuttgart: Kohlhammer. ISBN 978-3-17-031785-7.

Hardy, I., Jonen, A., Möller, K. & Stern, E., (2006). Effects of instructional support in constructivist learning environments for elementary school students' understanding of »floating and sinking«. *Journal of Educational Psychology*, 98, 307–326. https://doi.org/10.1037/0022-0663.98.2.307

Hardy, I., Schneider, M., Jonen, A., Möller, K. & Stern, E. (2005). Fostering diagrammatic reasoning in science education. *Swiss Journal of Psychology*, 64(3), 207–217. https://doi.org/10.1024/1421-0185.64.3.207.

Hattie, J., (2012). *Visible learning for teachers: Maximizing impact on learning*. Routledge/Taylor & Francis Group. New York & London) https://doi.org/10.4324/9780203181522.

Hofer, S. I. & Stern, E. (2016). Underachievement in physics: When intelligent girls fail. *Learning and Individual Differences*, 51, 119–131. https://doi.org/10.1016/j.lindif.2016.08.006.

Hofer, S. I., Schumacher, R., Rubin, H. & Stern, E. (2018). Enhancing physics learning with cognitively activating instruction: A classroom intervention study. *Journal of Educational Psychology*, 110(8), 1175–1191. https://doi.org/10.1037/edu0000266.

Howard-Jones, P. A. (2014). Neuroscience and education: myths and messages. *Nature Reviews Neuroscience*, 15(12), 817–824. https://doi.org/10.1038/nrn3817.

Neubauer, A. & Stern, E. (2007). *Lernen macht intelligent. Warum Begabung gefördert werden muss*. München: DVA Verlag. ISBN 978-3-442-15562-0.

Schalk, L., Saalbach, H., Grabner, R.H. & Stern, E. (2016). Relational quantitative reasoning in kindergarten predicts mathematical achievement in third grade. *Journal of Numerical Cognition*, 2, 77–90. https://doi.org/10.5964/jnc.v2i2.29.

Schneider, M., & Preckel, F. (2017). Variables associated with achievement in higher education: A systematic review of meta-analyses. *Psychological Bulletin*, 143, 565–600. https://doi.org/10.1037/bul0000098.

Staub, F. & Stern, E. (2002). The nature of teachers' pedagogical content beliefs matters for students' achievement gains: quasi-experimental evidence from elementary mathematics. *Journal of Educational Psychology*, 93, 144–155.

Stern, E., (1998). Die Entwicklung schulbezogener Kompetenzen: Mathematik. In F. E. Weinert (Ed.), *Entwicklung im Kindesalter* (S. 95–113). Weinheim: Psychologie Verlagsunion.

Stern, E., (1999). Development of mathematical competencies. In F.E. Weinert & W. Schneider (Eds.), *Individual development from 3–12: Findings from the Munich Longitudinal Study* (S 154–170). Cambridge: Cambridge University Press.

Stern, E., (2005). Pedagogy meets neuroscience. *Science*, 310(5749), 745–746. https://doi.org/10.1126/science.1121139.

Stern, E., Grabner, R. & Schumacher, R., (2005). Lehr-Lern-Forschung und Neurowissenschaften: Erwartungen, Befunde und Forschungsperspektiven. Reihe Bildungsreform Band 13. Bundesministerium für Bildung und Forschung (BMBF).

Stern, E., Grabner, R. & Schumacher, R., (2006). Educational research and neurosciences – Expectations, evidence, research prospects. Education Reform Vol. 13. Federal Ministry of Education and Research (BMBF).

Stern, E. & Neubauer, A., (2013). *Intelligenz. Große Unterschiede und ihre Folgen.* München: DVA Verlag. ISBN 978-3-421-04533-1

Weinert, F. E., (1996). Wissen und Denken. Über die unterschätzte Bedeutung des Gedächtnisses für das menschliche Denken. In Jahrbuch der Bayerischen Akademie der Wissenschaften (S. 85–101). München: Bayerische Akademie der Wissenschaften.

Teil I:
Vom Potenzial zur Kompetenz

2 Mathematische Kompetenzentwicklung in Vorschule und Schule: Impulse aus den LOGIK- und SCHOLASTIK-Studien

Wolfgang Schneider

2.1 Ziele der LOGIK- und SCHOLASTIK-Studien und das Engagement von Elsbeth Stern

Kurz nach der Gründung des Max-Planck-Instituts für psychologische Forschung in München im Jahr 1982 und der Rekrutierung eines neuen Mitarbeiterstabs in der Abteilung Entwicklungspsychologie erörterte der Gründungsdirektor Franz E. Weinert seinen Plan, als zentrales Projekt der Abteilung eine umfangreiche und langfristig konzipierte Längsschnittstudie zur Entwicklung von intellektuellen Fähigkeiten, von Gedächtnis und unterschiedlichen Aspekten der Persönlichkeit durchzuführen, die im Vorschulalter einsetzen und bis weit in die Schulphase hineinreichen sollte. Von besonderer Bedeutung war die Frage, in welchem Ausmaß vorschulisch erhobene Merkmale der Motorik, der Intelligenz, der Gedächtniskapazität und des strategischen Wissens, weiterhin Merkmale der Persönlichkeit, der Moralentwicklung und des Selbstkonzepts der Kinder individuelle Unterschiede in späteren Entwicklungsperioden vorhersagen können, und wie sie miteinander korreliert sind. Weiterhin interessierte die Relevanz von vermutlich schulrelevanten Vorläufermerkmalen wie der frühen phonologischen Bewusstheit, dem Buchstabenwissen im Kindergartenalter und basalen mathematischen Kompetenzen von Kindergartenkindern für die Vorhersage von Schulleistungen bis zum Ende der Grundschulzeit und darüber hinaus (Weinert, 1998).

Die Längsschnittstudie LOGIK (**LO**NGITUDINALSTUDIE ZUR **GE**NESE **I**NDIVIDUELLER **K**OMPETENZEN) wurde 1984 mit einer Stichprobe von 205 knapp vierjährigen Kindergartenkindern begonnen. Für jeden der erwähnten Kompetenzbereiche (Aufgabenentwicklung und Datenauswertung) war eine wissenschaftliche Mitarbeiter*in zuständig. Ich selbst war zusätzlich für die Koordination der (Einzel-)Testungen in den unterschiedlichen Inhaltsbereichen zuständig, also etwa dafür, dass die innerhalb der jährlich absolvierten Messzeitpunkte angesetzte Testzeit pro Kind nicht überschritten wurde. Angesichts der wissenschaftlichen Ambitionen des LOGIK-Teams erwies sich dies als durchaus schwierige und emotional belastende Aufgabe. Zu Beginn der Studie wurde festgelegt, dass die Entwicklung der Kinder über neun Jahre hinweg kontinuierlich untersucht werden (zwei Erhebungen pro Jahr) und die Studie 1993, also nach Abschluss der sechsten Klassenstufe beendet werden sollte (vgl. Weber & Stefanek, 1998).

Zu Beginn der LOGIK-Studie war Elsbeth Stern noch nicht an Bord. Zwar wurden schon bei den Vierjährigen und dann wieder zwei Jahre später Kompetenzen im Schätzen von Mengen erhoben und auch die Zahlinvarianzaufgabe nach Piaget durchgeführt, doch ließ sich aus den verfügbaren Ergebnis-Dokumentationen (den sog. »LOGIK-Reports«) ersehen, dass die Daten zu diesen Merkmalen im Vorschulalter lediglich erhoben, nicht aber systematisch ausgewertet worden waren. Kurz vor Ende der Kindergartenphase wurde beschlossen, die LOGIK-Studie in zweifacher Hinsicht auszuweiten. Zum einen sollte die mathematische Kompetenzentwicklung in der Schule genauer beobachtet werden als ursprünglich geplant. Zum anderen kam Franz Weinert auf die Idee, ab Schulbeginn auch die Klassenkamerad*innen der LOGIK-Kinder in die Untersuchung einzubeziehen und im Rahmen einer zusätzlichen Studie SCHOLASTIK (Schulorganisierte Lernangebote und Sozialisation von Talenten, Interessen und Kompetenzen; vgl. Weinert & Helmke, 1997) die schulische Entwicklung der nun deutlich vergrößerten Stichprobe (ca. 1150 Probanden aus 54 Grundschulklassen, davon 135 LOGIK-Kinder) differenziert zu erkunden. Da auch hier der mathematischen Kompetenzentwicklung eine besondere Bedeutung zukam, sollte die noch bestehende Personallücke in diesem Bereich ab 1987 durch die Rekrutierung eines weiteren Team-Mitglieds geschlossen werden. Aus den nun folgenden Vorstellungsgesprächen ging Elsbeth Stern als klare Siegerin hervor. Die anfängliche Skepsis im Auswahlkomitee (sie hatte bis dato keinerlei inhaltliche Erfahrung im Bereich der mathematischen Kompetenzentwicklung) konnte Elsbeth Stern durch einen sehr lebendigen und inhaltlich überzeugenden Vortrag zu den Zielen ihrer künftigen Forschungstätigkeit vollkommen ausräumen. Mit der Besetzung der Projektstelle durch Elsbeth Stern hatte die Kommission einen Volltreffer gelandet, was sich an der Bedeutsamkeit ihrer Forschungsfragen zum Thema und der Gewichtigkeit ihrer weit beachteten Publikationen leicht belegen lässt. Sie hatte ab 1987 noch längere Zeit Gelegenheit dazu, die mathematische Kompetenzentwicklung im Rahmen der beiden Längsschnittstudien zu untersuchen. Während die SCHOLASTIK-Studie lediglich den Grundschulbereich abdeckte und von 1987 bis 1992 durchgeführt wurde, ergaben sich für die LOGIK-Studie nach 1993 noch zwei Nachuntersuchungen: Im Jahr 1998 konnten immerhin 176 der nun 17-Jährigen untersucht werden, sechs Jahre später dann noch 150 der nun 23-jährigen Probanden der Ausgangsstichprobe (vgl. Schneider & Weber, 2008).

2.2 Wichtige Befunde zu Vorschulkenntnissen und der Schulmathematik aus der LOGIK-Studie

Basale mathematische Kompetenzen im Vorschulalter

Gegen Ende der achtziger Jahre wurde international ein wachsendes Interesse an der Entwicklung mathematischer Basiskompetenzen registriert (vgl. Landerl, Vogel & Kaufmann, 2017). Längsschnittstudien zur vorschulischen Entwicklung gab es jedoch kaum. Im Rahmen der LOGIK-Studie wertete Elsbeth Stern die Befunde zu den oben erwähnten mathematischen Aufgaben (Mengenschätzung und Invarianzaufgabe) aus, die sowohl im Alter von 4 als auch im Alter von 6 Jahren erhoben worden waren. Im Hinblick auf die Mengenschätzaufgabe fanden sich nur geringe Zuwächse. Schon im Alter von 4 Jahren waren die meisten Kinder dazu in der Lage, die Elemente kleinerer Mengen genau zu bestimmen, ohne dabei zu zählen. In einer zwei Jahre später vorgegebenen Zusatzaufgabe zur schnellen Quantifizierung von größeren Mengen (3–8 Objekte) zeigten sich allerdings große Unterschiede zwischen den Kindern. So konnten etwa 20 % der Kinder lediglich Mengen bis zu 4 Gegenständen, 30 % der Kinder dagegen bis zu 8 Gegenstände fehlerfrei ermitteln, ohne zu zählen (Stern, 1998a).

Deutliche Entwicklungsveränderungen ließen sich für die Piagetsche Zahlinvarianzaufgabe feststellen. Es wurden dabei in einem ersten Schritt 7 rote und 7 blaue Knöpfe in Reihen von Zweierpaaren zusammengelegt. Die Versuchsleiterin ließ sich vom Kind bestätigen, dass sich in jeder Reihe gleich viele Knöpfe unterschiedlicher Farbe befanden. In zwei weiteren Schritten zog die Versuchsleiterin vor den Augen der Kinder dann entweder eine der beiden Reihen auseinander oder schob sie zusammen. Die Kinder sollten in jedem dieser Fälle angeben, ob es gleich viele Knöpfe in jeder Reihe gibt oder ob eine der beiden Reihen mehr oder weniger Knöpfe aufweist. Die Antworten der Kinder belegten die Annahme, dass die räumliche Ausdehnung und nicht so sehr die Quantität bei der Bewertung die entscheidende Rolle spielt. Während bei den Vierjährigen weniger als 10 % mit der richtigen Lösung aufwarteten und über das Invarianzprinzip verfügten, fand sich zwei Jahre später immer noch nur bei etwa 50 % der Kinder die richtige Lösung. Elsbeth Stern interpretierte diesen Befund so, dass für das Antwortverhalten der Kinder bei Begriffen wie »mehr« oder »weniger« zunächst die räumliche Ausdehnung der fraglichen Objekte zentrale Bedeutung hat, während die Anzahl von Elementen erst zu einem späteren Zeitpunkt Priorität erhält (Stern, 1998a und b).

Mathematische Kompetenzentwicklung in der Grundschule

Aus den Befunden zur Vorschulperiode ließ sich leicht ableiten, dass der Schuleintritt keineswegs die »Stunde Null« der Mathematik darstellt. Die von Elsbeth Stern vorgestellten Befunde wiesen schon zu diesem Zeitpunkt auf erhebliche individuelle Unterschiede im mathematischen Vorwissen hin. Im Bereich der frühen Schulmathematik konzentrierte sich Elsbeth Stern einmal auf die Entwicklung arithmetischen Strategiewissens, zum anderen in noch stärkerem Ausmaß auf die Lösung von Textaufgaben.

Das arithmetische Strategiewissen der LOGIK-Kinder wurde über sog. *Inversionsaufgaben* (z.B. 84 + 32–32) erfasst, die über eine Abkürzungsstrategie schnell zu lösen sind. Elsbeth Stern setzte einen Computertest ein, um die Anwendung der Abkürzungsstrategie zu überprüfen. Es wurden Aufgaben mit Lösungen präsentiert (etwa: 32 + 16–16 = 16 oder 34 + 12–19 = 29), wobei die Kinder möglichst schnell angeben sollten, ob die präsentierten Lösungen korrekt waren. Für den Fall, dass die Kinder bei den Inversionsstrategien bereits die Abkürzungsstrategie nutzten, sollte die Bearbeitungszeit hier deutlich kürzer ausfallen als bei den anderen Aufgaben. Die Ergebnisse deuteten darauf hin, dass dies ab dem fortgeschrittenen Grundschulalter der Fall war: Während nur 28 % der Zweitklässler die Abkürzungsstrategie verwendeten, wurde diese von immerhin 63 % der Drittklässler eingesetzt (Stern, 1998a).

Der Schwerpunkt der Forschungsaktivitäten von Elsbeth Stern im Zusammenhang mit der Entwicklung der LOGIK-Grundschulkinder betraf das Verständnis von mathematischen Operationen am Beispiel von Textaufgaben. Diese Aufgaben sind nicht über die automatisierte Anwendung von vertrauten Rechenstrategien lösbar, sondern erfordern weitere Fähigkeiten. Wie Reusser (1997) hervorhob, wird man den Schwierigkeiten von Textaufgaben nur dann gerecht, wenn man sie als Ergebnis eines Zusammenwirkens von mathematischen, weltwissensbezogenen und sprachlich-linguistischen Kompetenzen begreift. Riley, Greeno und Heller (1983) identifizierten mehr als zehn Grundtypen von Textaufgaben, in denen der Austausch, der Vergleich und das Zusammenfügen von Mengen thematisiert wird und die unterschiedliche Schwierigkeitsgrade aufweisen. Am Beispiel von »Murmel-Aufgaben« konnte Elsbeth Stern (1993, 1998a) zeigen, dass Formulierungsunterschiede große Effekte haben. Während etwa die Aufgabe »Hans hat 7 Murmeln. Peter hat 4 Murmeln. Wie viele Murmeln muss Peter noch bekommen, damit er genauso viele Murmeln hat wie Hans?« schon von mehr als 80 % der Erstklässler gelöst werden konnte, erwies sich die Aufgabe »Wieviel Murmeln hat Peter weniger als Hans?« als deutlich schwerer: Noch etwa 50 % der Drittklässler konnte diese Aufgabe nicht lösen. Als Erklärung für den Leistungsunterschied führte Stern (1998a und b) das eingeschränkte mathematische Verständnis der Grundschulkinder an. Die Frage »Wieviel Murmeln hat Hans mehr als Peter?« ist demnach deshalb so schwer zu verstehen, weil nicht nach einer konkreten Menge, sondern nach der Beziehung zwischen zwei Mengen gefragt wird. Es ist hier also ein größeres Abstraktionsvermögen erforderlich als bei der leichteren Aufgabe, bei der man sich die Menge der noch zu beschaffenden Murmeln etwa als Bild vorstellen und Additions- wie auch Subtraktionsstrategien einsetzen kann. Vergleichsaufgaben erfordern ein fortgeschrittenes Zahlenverständnis, für das ein mentales Modell, also eine abstrakte geistige Vorstellung von der in der Textaufgabe beschriebenen Situation, entwickelt werden muss. Elsbeth Stern konnte anhand der LOGIK-Daten zu dieser und vielen anderen ähnlich konzipierten Aufgaben zeigen, dass sich gegen Ende der Grundschulzeit das Verständnis mathematischer Operationen der Kinder allmählich ändert.

Mathematische Kompetenzentwicklung in späteren Phasen der LOGIK-Studie

Als die LOGIK-Kinder das Ende der Grundschulzeit erreicht hatten und in weiterführende Schulen wechselten, beschäftigte sich Elsbeth Stern zusätzlich gezielt mit der Entwicklung proportionalen Denkens. Piaget war davon ausgegangen, dass sich diese Denkform nicht vor Beginn der Sekundarschulzeit, in der Regel erst ab 12 Jahren, entwickelt. Bei proportionalen Denkaufgaben sind zwei Einheiten miteinander in Beziehung zu setzen, um zur korrekten Lösung zu gelangen, wie etwa Weg und Zeit im Falle der Geschwindigkeitsberechnung. In der LOGIK-Studie wurde ab der vierten Klassenstufe u. a. eine »Käse-Aufgabe« eingesetzt, um proportionales Denken zu erfassen. Diese ging etwa so: »Im Käsegeschäft werden von der Verkäuferin zwei gleich große und gleich schwere Käseräder in unterschiedlich viele Stücke geschnitten, das weiße in 8, das gelbe in 16 Stücke. Frau Müller kauft 3 Stücke von dem gelben Käse, Herr Maier 2 Stücke von dem weißen Käse. Frage: Wessen Käse wiegt mehr, der von Frau Müller oder der von Herrn Maier?«

Für die Lösung dieser Aufgabe ist zentral, dass nicht nur die Anzahl der Käsestücke berücksichtigt werden darf, sondern auch deren unterschiedliche Größe. Sie erfordert den Vergleich der Brüche 2/8 und 3/16. Die Mehrzahl der Viertklässler (ca. 73 %) waren dazu noch nicht imstande und gaben die falsche Antwort. Selbst in der 5. und 6. Klassenstufe hatte noch etwa die Hälfte der Kinder Schwierigkeiten bei der Lösung dieser und ähnlicher Aufgaben zum proportionalen Denken und der gleichzeitigen Berücksichtigung beider relevanten Dimensionen (Stern, 1998a, 1999). Die Befunde indizieren eine eher langsame Entwicklung und replizierten damit frühere Ergebnisse zum proportionalen Denken (etwa von Noelting, 1980). Sie gingen jedoch insofern über diese hinaus, als ein systematischer Zusammenhang zwischen dem Lösen von Textaufgaben gegen Ende der Grundschulzeit und den Leistungen in Aufgaben zum proportionalen Denken nachweisbar war: Diejenigen LOGIK-Kinder, die im Grundschulalter bei Textaufgaben gut abschnitten, zeigten später auch bessere Leistungen bei den Aufgaben zum proportionalen Denken, und vice versa (Stern, 1999).

Bei den beiden letzten Erhebungen der LOGIK-Studie stand die Frage nach der Prognose späterer mathematischer Kompetenzen aus Befunden zur Vorschul- und Schulphase im Vordergrund. Zum vorletzten Messzeitpunkt, als die Probanden 17 Jahre alt waren und nur noch zum geringeren Teil die Schule (11. Klasse des Gymnasiums) besuchten, wurden Algebra-Aufgaben aus einer internationalen Vergleichsstudie (TIMSS) vorgegeben. Sechs Jahre später wurde die mathematische Intelligenz anhand eines Intelligenz-Subtests zum mathematischen Denken ermittelt. Die Befunde zur Stabilität der Mathematikleistung über einen Zeitraum von fast 20 Jahren schienen insofern beeindruckend, als die Korrelation zwischen dem numerischen Verständnis im Alter von 5 Jahren und der mathematischen Denkfähigkeit im Alter von 23 Jahren immerhin $r = .43$ betrug, also auf eine Stabilität mittleren Grades hinwies. Ähnlich hohe korrelative Zusammenhänge ergaben sich auch dann, wenn das Lösen von Textaufgaben in der Grundschule mit dem proportionalen Denken in der Sekundarstufe und den Leistungen in Algebra bei den 17-Jährigen in Beziehung gesetzt wurde. Dieser Zusammenhang blieb auch dann bestehen, wenn individuelle Unterschiede in der Intelligenz kontrolliert wurden (Stern, 2008). Die Ergebnisse legten den Schluss nahe, dass Kinder, die bereits zu Schulbeginn einen Rückstand im Bereich der mathematischen Kompetenzen aufweisen, nur geringe Chancen dafür haben, später gute Mathematikleistungen zu erzielen, wenn keine frühe Zusatzförderung erfolgt.

2.3 Befunde zur mathematischen Kompetenzentwicklung aus der SCHOLASTIK-Studie

Der Umstand, dass im Rahmen der SCHOLASTIK-Studie auf eine umfangreiche Stichprobe von mehr als 1100 Schülerinnen und Schülern zurückgegriffen werden konnte, ermöglichte die Bearbeitung von weiteren Fragestellungen zur mathematischen Kompetenzentwicklung in der Grundschule, die im Rahmen der LOGIK-Studie allenfalls begrenzt angegangen werden konnten. Dazu gehörte etwa die Untersuchung des Einflusses von Intelligenzunterschieden sowie von Unterschieden in der spezifischen mathematischen Begabung auf die Entwicklung von Mathematikleistungen im Grundschulverlauf. Weiterhin ließ sich im Rahmen von SCHOLASTIK der Einfluss der Schulklassenzugehörigkeit und damit der Effekt unterschiedlicher Lerngelegenheiten auf die Leistungsentwicklung erfassen. Damit verbunden war auch die Frage nach Effekten der unterschiedlichen Unterrichtsgestaltung in den einzelnen Schulklassen. Die Ergebnisse zu diesen Teilaspekten werden im Folgenden kurz zusammengefasst.

Effekte intellektueller Fähigkeit und bereichsspezifischem Wissen auf die Leistungsentwicklung

Während die in den achtziger und neunziger Jahren des vorigen Jahrhunderts verfügbare Literatur zur mathematischen Kompetenzentwicklung im Grundschulalter einen bedeutsamen Einfluss der (nonverbalen) Intelligenz auf die Entstehung von Leistungsunterschieden im Fach Mathematik unterstellte (z. B. Ingenkamp, 1986; Snow & Swanson, 1992), wurden diese Komponenten dennoch meist nicht als hinreichende Bedingung für die Leistungsentwicklung angesehen. Im SCHOLASTIK-Projekt wurde die Bedeutung kognitiver Eingangsvoraussetzungen sowohl für Arithmetiktests als auch für das Lösen von Textaufgaben gezielt untersucht (Renkl & Stern, 1994; Stern, 1997). Die Befunde weisen auf eher mäßige Korrelationen zwischen Intelligenz und Arithmetikaufgaben, dagegen auf einen vergleichsweise hohen mittleren Zusammenhang zwischen der nichtsprachlichen Intelligenz und dem Lösen von Textaufgaben in der vierten Klassenstufe hin ($r = .55$). Allerdings erwiesen sich die in früheren Klassenstufen erzielte Leistungen bei der Lösung von Textaufgaben im Vergleich zur Intelligenz als besserer Prädiktor: Wurden die Vortestleistungen auspartialisiert, sank der Zusammenhang zwischen IQ und mathematischer Kompetenz in der vierten Klassenstufe auf $r = .18$. Wie Renkl und Stern (1994) herausstellten, wurde die Leistung beim Lösen von Textaufgaben weniger durch spezifische IQ- und Vorwissenseffekte, sondern vielmehr durch den konfundierten Effekt von Intelligenz und spezifischem Vorwissen vorhergesagt, in den Auswirkungen der Intelligenz auf die Lerngeschichte eingehen.

Effekte von Klassen- und Instruktionsunterschieden

Die Recherchen von Elsbeth Stern zur Unterrichtsgestaltung in den Grundschulklassen ergab, dass Textaufgaben im Vergleich zu Arithmetikaufgaben relativ selten vorgegeben wurden. Es wurde von daher angenommen, dass sich die Schulklassenzugehörigkeit stärker auf die Leistung in Arithmetiktests als bei Textaufgaben auswirken sollte. In der Tat war der Prozentsatz der durch die Klassenzugehörigkeit aufgeklärten Varianz in den Arithmetikaufgaben ab der zweiten Klasse deutlich höher als bei den Textaufgaben. Die Werte für die Textaufgaben variierten über die Messzeitpunkte der Grundschulphase hinweg zwischen 10 und 15 Prozent, betrugen demgegenüber zwischen 25 und 35 Prozent für die Arithmetikaufgaben. Für Letztere ergab sich ein besonders starker Klasseneffekt ab Ende der dritten Klasse, was Stern (1997) darauf zurückführte, dass die Tests ab diesem Zeitpunkt vorwiegend aus Multiplikations- und Divisionsaufgaben bestanden und sich die Lehrkräfte wohl deutlich in der Behandlung dieses Stoffs unterschieden.

Renkl und Stern (1994) klassifizierten die im Mathematikunterricht eingesetzten Lernaufgaben danach, ob sie das konzeptuelle numerische Verständnis förderten (strukturorientierte Aufgaben) oder der Automatisierung bzw. Konsolidierung von basalen arithmetischen Fertigkeiten dienten (performanzorientierte Aufgaben). Sie gingen davon aus, dass sich die Förderung konzeptuellen numerischen Verständnisses positiv auf das Lösen von Textaufgaben auswirken sollte, was sich durch die SCHOLASTIK-Daten auch bestätigen ließ. Wenn auch performanzorientierte Aufgaben im Unterricht insgesamt wesentlich häufiger eingesetzt wurden als strukturorientierte Aufgaben, wiesen die großen Streuungen auf deutliche Lehrer*innenunterschiede hin. In Klassen mit durchschnittlich günstigeren kognitiven Lernvoraussetzungen kamen strukturorientierte Lernaufgaben wesentlich häufiger zum Einsatz als in Klassen mit niedrigeren Intelligenz- und Vorwissens-Kennwerten. Das mittlere Intelligenzniveau der Klasse korrelierte substanziell ($r = .49$) mit der Lösungsquote von Textaufgaben. Da sich die Klassen auch nach Kontrolle von IQ und Vorwissen im Leistungsniveau unterschieden, folgerten Renkl und Stern (1994) aus ihren Befunden, dass die Lehrkräfte generell unterschiedlich effektiv blieben. Eine wichtige Folgerung aus dieser Studie ist darin zu sehen, dass über die Auswahl geeigneter (strukturorientierter) Lernaufgaben die Leistungen im Lösen von Textaufgaben positiv beeinflusst werden können. Da die strukturorientierten Lernaufgaben mehrheitlich arithmetische Fragestellungen behandelten, kann hier durchaus von einem Transfereffekt gesprochen werden.

In einer weiteren Studie (Staub & Stern, 2002) wurde die Einstellung der Lehrkräfte zum Erwerb mathematischer Kompetenzen erfasst. Die Lehrkräfte sollten sich dazu äußern, ob sie eher eine konstruktivistische Grundhaltung zum Lernvorgang einnehmen, also den Schülern Freiheiten beim Lösen von Aufgaben zugestehen, oder eine eher rezeptive Sicht bevorzugen. Letztere geht mit der Vorstellung einher, dass man nur solche Aufgaben präsentieren darf, für deren Lösung bereits genaue Anweisungen gegeben wurden. Die Befunde der Studie sprechen insgesamt dafür, dass in Klassen, die von Lehrkräften mit konstruktivistischer Grundhaltung unterrichtet wurden, größere Lernfortschritte erzielt wurden. So betrug die Korrelation zwischen der im Fragebogen geäußerten konstruktivistischen

Einstellung der Lehrkraft und dem in ihrer Klasse ermittelten relativen Fortschritt im Lösen von Textaufgaben immerhin r=.52. Eine konstruktivistische Grundhaltung wirkt sich demnach günstig auf den Aufbau mathematischer Kompetenzen im Grundschulalter aus.

2.4 Relevanz der Befunde und ihre Implikationen für die Unterrichtspraxis

Der Abschluss der LOGIK- und SCHOLASTIK-Studien liegt schon eine Weile zurück. In der Zwischenzeit haben Forschungsarbeiten zur Entwicklung mathematischer Kompetenzen bei Kindern und Jugendlichen eine Vielzahl interessanter Ergebnisse erbracht und unser Wissen hinsichtlich relevanter theoretischer Ansätze, geeigneter diagnostischer Verfahren und nachhaltiger Fördermaßnahmen enorm erweitert (vgl. etwa Landerl et al., 2017; Schneider, Küspert & Krajewski, 2021). Auch die Frage nach unterrichtsrelevanten Kompetenzen von Mathematik-Lehrkräften, wie etwa ihrem didaktischen Wissen und ihrem Fachwissen, ist in neueren Längsschnittstudien (etwa der COAKTIV-Studie von Kunter et al., 2011) wesentlich umfassender untersucht worden. Dennoch bleibt festzuhalten, dass die von Elsbeth Stern und Kollegen im Rahmen von LOGIK und SCHOLASTIK berichteten Befunde auch heute noch Bestand haben und durch Nachfolgestudien wiederholt bestätigt wurden. So steht mittlerweile fest, dass Unterschiede in den schulischen Eingangsvoraussetzungen insofern meist langfristige Konsequenzen haben, als frühe Schulleistungsunterschiede in Mathematik über die Zeit hinweg relativ stabil bleiben. Bedenklich stimmt, dass insbesondere diejenigen Schülerinnen und Schüler, die schon kurz nach Schulbeginn Rückstände im mathematischen Wissen und in arithmetischen Fertigkeiten aufweisen, diese später nicht mehr aufholen können. Die Untersuchungen von Elsbeth Stern haben in diesem Zusammenhang ergeben, dass für die Vorhersage der mathematischen Leistungsentwicklung das spezifische mathematische Wissen bedeutsamer ist als die (nichtsprachliche) Intelligenz.

Auch wenn die Langzeitstabilität der Leistungsunterschiede beeindruckend scheint, heißt dies nun aber nicht, dass Lehrer*innenunterschiede keinen Unterschied machen. Insbesondere die Ergebnisse der SCHOLASTIK-Studie konnten zeigen, dass Unterschiede in den Einstellungen und Überzeugungen von Lehrkräften etwa ähnlich viel Varianz im Lernfortschritt der Schülerinnen und Schüler aufklären wie Unterschiede in den intellektuellen Fähigkeiten der Kinder. Wenn Lehrkräfte das Lernen als aktiven und konstruktiven Prozess verstehen, neigen sie auch eher dazu, die Kinder dazu aufzufordern, eigene Lösungswege zu suchen und Zusammenhänge zwischen verschiedenen Aufgabentypen selbst zu entdecken. Die Befunde der SCHOLASTIK-Studie belegen, dass Lehrkräfte mit einer solchen konstruktivistischen Orientierung im Vergleich zu Lehrkräften mit einer eher rezeptiven Grundeinstellung mehr konzeptuell anregende Aufgaben im Unterricht verwendeten und damit die mathematische Problemlösekompetenz der Schülerinnen und Schüler bedeutsam steigern konnten. Interessanterweise ging dieser eher am Verständnis orientierte Mathematikunterricht nicht zu Lasten der schwächeren Schüler (Staub & Stern, 2002; Stern, 1997). Auch anfangs schwächere Schüler dieser Klassen machten vergleichsgrößere Lernfortschritte als schwächere Schüler aus Klassen von Lehrkräften mit eher rezeptiver Grundhaltung.

Summa summarum kann der Beitrag von Elsbeth Stern zu den LOGIK- und SCHOLASTIK-Studien nicht hoch genug bewertet werden. Ihre Pionierarbeiten in diesem Kontext haben nicht nur unser Wissen über die mathematische Kompetenzentwicklung bei Kindern und Jugendlichen enorm gesteigert, sondern auch Wege dafür aufgezeigt, wie schulischer Mathematikunterricht in der Grundschule und auch darüber hinaus so gestaltet werden kann, dass das Interesse der Kinder an mathematischen Problemstellungen geweckt wird und sie vom Unterricht nachhaltig profitieren.

2.5 Literatur

Ingenkamp, K. (1986). Untersuchungen zur prognostischen Validität von Intelligenztests. *Psychologie in Erziehung und Unterricht, 33,* 229–232.

Kunter, M. et al. (Hrsg.) (2011). *Professionelle Kompetenz von Lehrkräften. Ergebnisse des Forschungsprogramms COACTIV.* München: Waxmann.

Landerl, K., Vogel, S. & Kaufmann. L. (2017). *Dyskalkulie – Modelle, Diagnostik, Intervention* (3. Aufl.). München: Reinhart (UTB).

Noelting, G. (1980). The development of proportional reasoning and the ratio concept. *Educational Studies in Mathematics, 11,* 217–253.

Renkl, A. & Stern, E. (1994). Die Bedeutung von kognitiven Eingangsvoraussetzungen und schulischen Lerngelegenheiten für das Lösen von einfachen und komplexen Textaufgaben. *Zeitschrift für Pädagogische Psychologie, 8,* 27–39.

Reusser, K. (1997). Erwerb mathematischer Kompetenzen: Literaturüberblick. In F.E. Weinert & A. Helmke (Hrsg.), *Entwicklung im Grundschulalter* (S. 141–156). Weinheim: Beltz.

Riley, M.S., Greeno, J.G. & Heller, J.I. (1983). Development of children's problem-solving ability in arithmetic. In H.P. Ginsburg (Ed.), *The development of mathematical thinking* (pp. 153–196). New York: Academic Press.

Schneider, W., Küspert, P. & Krajewski, K. (2021). *Die Entwicklung mathematischer Kompetenzen* (3. Aufl.). Paderborn: Brill (UTB).

Schneider, W. & Weber, A. (2008). Die Längsschnittstudie LOGIK: Einführung und Überblick. In W. Schneider (Hrsg.), *Entwicklung von der Kindheit bis zum Erwachsenenalter – Befunde der Münchner Längsschnittstudie LOGIK* (S. 10–22). Weinheim: Beltz.

Snow, R.E. & Swanson, J. (1992). Instructional psychology: Aptitude, adaptation, and assessment. *Annual Review of Psychology, 43,* 583–626.

Staub, F. C. & Stern, E. (2002). The nature of teachers' pedagogical content beliefs matters for students' achievement gains: Quasi-experimental evidence from elementary mathematics. *Journal of Educational Psychology, 94,* 344–355.

Stern, E. (1993). What makes certain arithmetic word problems involving the comparison of sets so difficult for children? *Journal of Educational Psychology, 85,* 1–17.

Stern, E. (1997). Das Lösen mathematischer Textaufgaben: Wie Kinder lernen, was sie nicht üben. In F.E. Weinert & A. Helmke (Hrsg.), *Entwicklung im Grundschulalter* (S. 157–170). Weinheim: Beltz.

Stern, E. (1998a). Die Entwicklung schulbezogener Kompetenzen: Mathematik. In F.E. Weinert (Hrsg.), *Entwicklung im Kindesalter* (S. 96–113). Weinheim: Beltz.

Stern, E. (1998b). *Die Entwicklung des mathematischen Verständnisses im Kindesalter*. Lengerich: Pabst.

Stern, E. (1999). Development of mathematical competencies. In F.E. Weinert & W. Schneider (Eds.), *Individual development from 3 to 12 – Findings from the Munich Longitudinal Study* (pp. 154–170). Cambridge, UK: Cambridge University Press.

Stern, E. (2008). Verpasste Chancen? Was wir aus der LOGIK-Studie über den Mathematikunterricht lernen können. In W. Schneider (Hrsg.), *Entwicklung von der Kindheit bis zum Erwachsenenalter – Befunde der Münchner Längsschnittstudie LOGIK* (S. 185–202). Weinheim: Beltz.

Weber, A. & Stefanek, J. (1998). Überblick über die Längsschnittstudie LOGIK. In F.E. Weinert (Hrsg.), *Entwicklung im Kindesalter* (S. 37–52). Weinheim: Beltz.

Weinert, F.E. (1998). Überblick über die psychische Entwicklung im Kindesalter: Was wir darüber wissen, was wir noch nicht wissen, und was wir wissen sollten. In F.E. Weinert (Hrsg.), *Entwicklung im Kindesalter* (S. 1–35). Weinheim: Beltz.

Weinert, F.E. & Helmke, A. (Hrsg.) (1997). Entwicklung im Grundschulalter. Weinheim: Beltz.

3 Studien zum Fach Latein – Auf der Suche nach Transfereffekten

Ludwig Haag

Zum Wert des Lateinunterrichts werden aus unterschiedlichen Quellen Argumente zusammengetragen. Sie werden in Schulprogrammen und Werbeschriften, auf Informationsveranstaltungen den Eltern und Schülerinnen und Schülern bei der Fremdsprachenwahl vorgestellt. Ebenso lassen es sich Prominente aus unterschiedlichsten Gesellschaftsbereichen und namhafte Journalist*innen nicht nehmen, sich befürwortend, ja geradezu leidenschaftlich, pro Latein zu äußern: »Ein Denkmal gebührt ... dem altsprachlichen Gymnasium. Wenn du Latein gelernt hast, hast du das Lernen gelernt« (Harald Martenstein, SZ, 2. 11. 2020, Nr. 253, S. 20). »Zuerst hat mich mein Vater auf das humanistische Albertus-Magnus-Gymnasium gesteckt. Für ihn begann der Mensch mit dem großen Latinum« (Claus Kleber, DIE ZEIT, 7. 1. 2021, Nr. 2, S. 33).

3.1 Gängige Argumente für Latein und Einwände

Die Potenziale des Lateinunterrichts, wie sie üblich zu finden sind, fasst Gutacker (1979) in folgenden Punkten zusammen. Bei so vielen Argumenten mag man von der Panazee des Lateinischen sprechen.

Doch in meiner früheren Tätigkeit als Lateinlehrer war ich von solchen Äußerungen weniger überzeugt, mir erschienen sie eher als Mythen. In folgender Aufzählung erscheinen sie als »Aber«:

1. Latein schult das wissenschaftliche und logische Denken, wie bspw. genaues Hinsehen, Fähigkeit zur Analyse, kombinatorisches Denken, Abstraktionsfähigkeit, Regelerkennen, Schulung des Gedächtnisses, Lernen lernen.
   Aber: Ein Memorieren/Pauken/Üben – geistige Tätigkeiten, wie sie vor allem in den ersten Lernjahren abverlangt werden – führt nicht automatisch zu logischem Denken.
2. Latein trägt zur Beherrschung der Muttersprache bei, indem es das muttersprachliche Ausdrucksvermögen und Sprachreflexionen schult.
   Aber: Folgende Erfahrung blieb bei mir hängen. Im Anfangsunterricht übersetzte ein Schüler in einer Prüfungsarbeit »ich werde gelobt« ins Lateinische »laudabo«. Zunächst war ich sauer, dass der Schüler seine Passivformen nicht gelernt hatte, doch bei der anschließenden Besprechung wurde mir klar: Der

Schüler war nicht im Gebrauch der deutschen Sprache sattelfest. Er verwechselte das Präsens Passiv mit dem Futur! Da wurde mir klar, Lehrkräfte der modernen Fremdsprachen können sich auf ihre Lateinkollegen verlassen. Freilich wundere ich mich, weshalb muttersprachliche Bildung nicht auch der Deutschunterricht leisten kann.

3. Latein führt in ein grammatikalisches System ein und erleichtert somit das Erlernen moderner, insbesondere romanischer Fremdsprachen. Außerdem erschließt es den Zugang zum internationalen Fachwortschatz.

Aber: Mit Hausmann (1991) machte ich die Erfahrung, dass Lehrkräfte, die Französisch unterrichten, viel lieber Klassen unterrichten, die bereits Latein lernen. Das ist plausibel, da im Lateinunterricht bspw. ein für das Französische notwendiges Verständnis von Grammatik von Grund auf gelegt wird. Freilich ist dies ein über einen zeitlichen Umweg erkaufter Vorteil.

4. Durch Latein werden Konzentration, Ausdauer und Fleiß behutsam entwickelt. Aber: Hier bleibt für mich die Frage nach Henne und Ei offen und zwar deshalb, weil für das Erlernen der lateinischen Sprache, einem Fach, bei dem es um den Aufbau von kumulativem Wissen geht, vom ersten Tag an ein Mindestmaß an Fleiß notwendig ist.

5. Latein erschließt den Zugang zur abendländischen Tradition. Unter dem Stichwort »Historische Kommunikation« wird durch die lateinische Literatur eine Kontinuität betont, die Europa als Ganzes kennzeichnet. Sie tritt hervor in Werken der Literatur und Kunst, in gemeinsamer Vorstellung vom Wesen eines Staatsgebildes, von Recht und Gesetz.

Aber: Latein als Schlüsselfach der europäischen Tradition mag sich bei den Schülerinnen und Schülern anbahnen, die sich grundständig mit Latein, und zwar über die gesamte Gymnasialzeit hinweg beschäftigen. Die meisten Schülerinnen und Schüler wählen Latein als zweite Fremdsprache und dies über einen begrenzten Zeitraum hinweg. In diesem Fall quälen sie sich mehr durch die Texte, als dass sie diese wirklich geistig durchdringen können.

3.2 Beweggrund für eine Lateinstudie

Die allseits geäußerte Gloriole auf das Latein war Anlass für mich, eine Längsschnittstudie zu den Auswirkungen des Lateinunterrichts zu konzipieren. Meine Motivation war in meiner Alltagserfahrung als Lateinlehrer begründet, ich sah nicht so ohne Weiteres die von den Altphilologen proklamierten Lernziele bei meinen Schülerinnen und Schülern.

Empirische Studien über die Auswirkungen von Lateinunterricht reichen in Amerika bis in die 20er Jahre des letzten Jahrhunderts zurück. Die umfangreichsten und bekanntesten Untersuchungen und auch die mit den wohl tiefgreifendsten bildungspolitischen Konsequenzen wurden von Thorndike und Mitarbeitern (1923, 1924) durchgeführt (zum vorliegenden empirischen Forschungsstand vgl. Haag,

1995). Replikations- und Nachfolgeuntersuchungen lassen sich dort bis in die 1970er Jahre immer wieder finden. In Deutschland wurden vor allem die Untersuchungen an Abiturientinnen und Abiturienten von Trost (1975) wahrgenommen. Fasst man die vorliegenden Ergebnisse zusammen, so lassen sich nicht im kognitivlogischen Bereich, sondern ganz speziell im Beherrschen des muttersprachlichen Wortschatzes, positive Auswirkungen von Latein erkennen. Doch bei einer Bewertung der empirischen Befundlage sind folgende methodische Mängel anzuführen (Haag, 2001):

»(1) Die Untersuchungszeiträume sind zu eng bemessen, keiner erstreckt sich über ein Jahr. (2) Die verwendeten Tests sind nicht sensibel genug gegenüber fachspezifischen Einflüssen. (3) Größtes Manko allerdings bleibt, besonders bei einem Vergleich zwischen ›Lateinern‹ und ›Nichtlateinern‹ keine Eingangsvoraussetzungen kontrolliert zu haben, d. h. Selektionseffekte können somit nicht ausgeschlossen werden« (S. 32).

Auf der 5. Fachgruppentagung Pädagogische Psychologie 1995 in Leipzig gab ich einen Überblick über die wenigen vorliegenden empirischen Studien zu Effekten von Latein. Bei der Darstellung der Ergebnisse von Thorndike kam ich darauf zu sprechen, dass seine Ergebnisse dadurch relativiert wurden, dass die Lateinschüler schon zu Beginn seiner Längsschnittstudie höhere Werte erzielten. Dabei verwies ich auf eine aktuelle Studie (1992) einer Professorin Stern, die für das Fach Mathematik nachweisen konnte, dass ein gelungener Transfer bestimmter arithmetischer Strategien von einem gewissen Vorwissen abhängt.

Nach dem Vortrag ging Elsbeth Stern, die seit 1994 eine Professur an der Universität Leipzig innehatte, auf mich zu und bekundete ihr Interesse, an der Studie mitzuwirken. So konnte ich, aus der Praxis kommend, eine Wissenschaftlerin gewinnen, die sich aktuell mit Transferwirkungen im Gegenstand Mathematik beschäftigte. Im Folgenden konzipierten wir zwei Studien, deren Ergebnisse hier vorgestellt werden. Und da Reaktionen auf die publizierten Ergebnisse nicht ausblieben, folgt eine Schilderung, wie wir, insbesondere Frau Stern, damit umgingen – dafür sollte in einer Festschrift Raum sein.

3.3   Studie 1: Längsschnittstudie

In einer Längsschnittstudie wurde untersucht, inwiefern von Latein im Vergleich zu Englisch als Anfangssprache im Gymnasium allgemeine Transfereffekte auf die Intelligenztestleistung sowie eher spezifische Transfereffekte auf muttersprachliche Aktivitäten ausgehen (Haag & Stern, 2000a/b).

Die Latein- und Englischschülerinnen und -schüler der untersuchten Stichprobe kommen mit gleichen kognitiven Eingangsvoraussetzungen, wie sie mit Subtests des Kognitiven Fähigkeitstests (Heller, Gaedike & Weinläder, 1985) gemessen wurden, in das Gymnasium. Hier werden zentrale Befunde über den Gesamtzeitraum von vier Lernjahren vorgestellt.

Methode

Für das Ende der achten Jahrgangsstufe liegen vollständige Datensätze vor von 115 Schülerinnen und Schülern mit Latein als erster und Englisch als zweiter Fremdsprache (L1-Lernende) und von 93 mit Englisch als erster Fremdsprache und Latein bzw. Französisch als zweiter Fremdsprache (E1-Lernende) aus insgesamt 20 Klassen. Die Schülerinnen und Schüler, die mit Latein bzw. Französisch als zweiter Fremdsprache begonnen hatten, konnten wir zu einer Gruppe zusammenfassen, da zwischen beiden Gruppen keine Unterschiede in all den untersuchten Variablen festgestellt werden konnten.

Allgemeine kognitive Kompetenzen wurden mit einigen Untertests des Leistungs-Prüf-Systems (LPS, Horn, 1983) gemessen. Erfasst wurden ein verbaler Faktor (Subskalen 1 + 2), logisches Denken (Subskalen 3 + 4), Worteinfall (Subskalen 5 + 6) und räumliches Vorstellungsvermögen (Subskalen 8 + 10).

Um Transfereffekte auf evtl. erworbene Kompetenzen im muttersprachlichen Bereich finden zu können, wurden sprachliche Tests konstruiert oder adaptiert:

- Test zum deduktiven Denken: Jede Aufgabe bestand aus zwei Aussagen. Aus fünf vorgegebenen Antwortmöglichkeiten musste die einzige zwingend zu erschließende Antwort ausgewählt werden. Beispielaufgabe: »Alle grünen Dosen sind groß. Alle großen Dosen sind rund.« Antwortmöglichkeiten: »Keine grüne Dose ist rund. Einige runde Dosen sind nicht grün. Alle runden Dosen sind grün. Alle grünen Dosen sind rund. Einige grüne Dosen sind nicht rund.«
- Test zum buchstabengetreuen Lesen deutscher Texte: In einem Text wurden Grammatik- und Rechtschreibfehler eingebaut, die die Schülerinnen und Schüler beim Durchlesen markieren mussten. Beispielsatz: »Dieser Mindestpreis, der nicht unterboten werden darf, sind selbstverstendlich höher als die Marktpreise.«
- Test zum stilgetreuen Lesen deutscher Texte: Die Schülerinnen und Schüler mussten einen Text lesen, der später erneut vorgelegt wurde, nun mit einigen ungelenken Formulierungen verändert. Diese vorgenommenen Verunstaltungen mussten identifiziert werden.
- Test zum inhaltsgetreuen Lesen deutscher Texte: Der Inhalt eines inhaltlich anspruchsvollen Textes wurde in Multiple-Choice-Fragen abgeprüft.
- Test zum Entziffern einer Kunstsprache: Geometrische Grundmuster wurden mit zu lernenden Phantasiewörtern versehen. Neu zusammengestellte Muster sollten entsprechend sprachlich benannt werden.
- Test zur Satzkonstruktion komplexer Sachverhalte im Deutschen: Die Schülerinnen und Schüler sollten aus fünf Hauptsätzen, die eine komplexe Situation beschreiben, einen eleganten Satz konstruieren.

Außerdem wurden in den Kernfächern die Hausaufgabenzeiten, fachspezifische Interessen und die Zeugnisnoten abgefragt.

Ergebnisse

Auch zum 4. Messzeitpunkt konnten zwischen beiden Schülergruppen bei den Intelligenzvariablen keinerlei Unterschiede festgestellt werden. Von den getesteten muttersprachlichen Aktivitäten konnten für die Maße »buchstabengetreues Lesen« (Grammatik- und Rechtschreibfehler) und »Satzkonstruktion« statistisch bedeutsame Unterschiede zugunsten der L1-Lernenden festgestellt werden. Ebenfalls fällt nach vier Lernjahren die Deutschnote zugunsten der L1-Lernenden aus.

Für die Hausaufgaben in den entsprechenden Sprachen mussten die L1-Lernenden mehr Zeit aufwenden als die E1-Lernenden. Die Schere ging im Laufe der vier Lernjahre auseinander, der Mehraufwand am Ende der achten Jahrgangsstufe betrugt 50 Prozent. Nicht nur im Vergleich zur Fremdsprache Englisch, auch im Vergleich zu Mathematik und Deutsch blieb Latein das mit Abstand zeitintensivste Hausaufgabenfach. Das Interesse am Fach entwickelte sich bei beiden Fremdsprachen-Gruppen auseinander. Während zunächst nach dem ersten Lernjahr keine Unterschiede in der Einschätzung bestanden, betrug der Unterschied der Interesseneinschätzung nach vier Lernjahren, in Noten ausgedrückt, eine halbe Note zu-ungunsten der L1-Lernenden.

Diskussion

Was das Ergebnis betrifft, dass es nicht die geringsten Hinweise auf Unterschiede in der Intelligenzleistung zwischen L1- und E1-Lernenden gab, darf schon kritisch gefragt werden, ob überhaupt ein anderes Ergebnis sinnvoll sei. Denn beide Schülergruppen beschäftigen sich mit identischen Bildungsinhalten in den ersten vier Gymnasialjahren, sie unterscheiden sich allein in der Wahl der ersten bzw. zweiten Fremdsprache.

Demgegenüber zeigten sich bei einigen grammatischen Aktivitäten in der Muttersprache Unterschiede, die auf einen Effekt des vierjährigen Lateinlernens zurückgeführt werden können. Hätten wir, wie in der klassischen Untersuchung von Thorndike (1923, 1924), nur Auswirkungen des Lateinunterrichts auf Intelligenztestunterschiede untersucht, wären auch wir zu dem Ergebnis gekommen, dass keine Transfereffekte des Lateinunterrichts auf bereichsübergreifende kognitive Kompetenzen zu erwarten sind. Vor dem Hintergrund neuerer Transfertheorien, welche die Gemeinsamkeiten zwischen Inhaltsgebieten in vergleichbaren kognitiven Aktivitäten sehen, konnten jedoch spezifischere Transfereffekte erwartet werden. So erklärt sich vor dem Hintergrund der Theorie der gemeinsamen kognitiven Aktivitäten (Greeno, Smith & Moore, 1993) der Transfereffekt damit, dass das Übersetzen lateinischer Texte ebenfalls buchstabengetreues Lesen erfordert. Ebenfalls werden komplexe Sätze von L1-Lernenden effizienter konstruiert. Das Ergebnis der Übersetzung eines lateinischen Satzes ins Deutsche sind häufig komplexe und lange Sätze mit zahlreichen Partizipialkonstruktionen. Diese Gewohnheiten übernehmen die L1-Lernenden offensichtlich generell bei der Konstruktion von Sätzen in der Muttersprache.

Bei dem zeitintensiven Hausaufgabenfach Latein konnten zwischen Hausaufgabenzeiten und Noten keine signifikanten Korrelationen gefunden werden. Vor diesem Hintergrund kann man Schülerinnen und Schülern, die schwache Leistungen in Latein zeigen, nicht einfach den Rat erteilen, mehr zu lernen. Vielmehr sollte Wert auf die Qualität des Lernens gelegt werden.

Offensichtlich gelingt es in Latein weniger als in anderen Fächern, das Interesse für das Lernen zu wecken. Somit können wir Westphalens Einschätzung aus dem Jahre 1972 beipflichten: »Die Krise des Lateinunterrichts beruht nicht auf dem Effektivitätsproblem, sondern auf dem Motivationsproblem« (S. 9). Und von dem empirisch gesicherten Ergebnis ausgehend, dass Interesse eine entscheidende Einflussvariable für die Lernleistung in einem Fach ist (Krapp, 2018), ist der seit Jahren stabile Befund nicht verwunderlich, dass neben Mathematik in Latein, gemessen am prozentualen Anteil der Lernenden, am meisten Nachhilfe in Anspruch genommen wird.

3.4   Studie 2: Spanisch

An Elternabenden, wenn es um die Sprachenwahl am Gymnasium geht, präsentieren Latein-Befürworter gerne eine Aufstellung wie in Tab. 3.1.

Tab. 3.1: Verwandte Wörter in romanischen Sprachen.

Latein	Italienisch	Französisch	Spanisch	Portugiesisch
mille	mille	mille	mil	mil
gloria	gloria	gloire	gloria	gloria
amare	amare	aimer	amar	amar

Vom Lateinischen »mille« auf das »mille« im Französischen und Italienischen zu schließen, ist ja banal, viel wichtiger erscheint die Frage, ob das Erlernen einer romanischen Sprache des Rückgriffs auf Latein bedarf oder ob nicht ein interlingualer Austausch zwischen romanischen Sprachen sinnvoller wäre. Lateinunterricht für den Erwerb moderner Fremdsprachen ist nicht ungeeignet, doch er ist ein steiniger (Um-?) Weg. So konstatiert Hausmann (1991): »Im Rahmen der heutigen Schulsprachenpolitik sind die alten Sprachen für den Fremdsprachenunterricht zum Problem geworden« (S. 65). Diese Behauptung mag insofern richtig sein, als Latein Lernzeit in Anspruch nimmt, die für das Erlernen einer lebendigen Fremdsprache fehlt; andererseits könnte aber Latein als Mutter der romanischen Sprachen gerade ihren Erwerb begünstigen. Es macht keinen Sinn zu prüfen, ob Französisch als 2. Fremdsprache nach Englisch so effektiv gelernt wird wie als dritte Fremdsprache nach Latein/Englisch, da letztere Gruppe natürlich einen »time on task« Vorsprung in der sprachlichen Beschäftigung mitbringt.

Wir gingen der Frage nach, ob Latein oder Französisch als Schulfächer effektiver auf das Erlernen von Spanisch, einer weiteren romanischen Sprache, vorbereiten (Haag & Stern, 2002, 2003). Somit könnte eine Antwort gegeben werden auf die Frage, ob sich Latein statt Französisch vor dem Hintergrund des Fremdsprachentransfers rechtfertigen lässt.

Vor dem Hintergrund unserer Ergebnisse der Längsschnittstudie, dass sich das Lernen von Latein auf die Schriftsprache im Deutschen auswirkt, war unsere Forschungsfrage nicht unbegründet. Andererseits dokumentiert Vossen (1972) die Entwicklung moderner europäischer Sprachen aus dem Lateinischen und weist nach, dass Latein und die romanischen Sprachen doch eher entfernte Verwandte sind. Das geschriebene und das gesprochene Latein folgten eigenen Gesetzen. Die Nachbarstämme und Einwanderer modifizierten das Lateinische in Übereinstimmung mit ihren eigenen Sprachgewohnheiten. Das Geschlecht wird durch den Artikel ausgedrückt, der Genitiv mit einer Präposition gebildet, das verbale Flexionssystem mit seinem Formenreichtum geriet ins Wanken. Diese wenigen Beispiele zeigen, dass der synthetische Charakter der lateinischen Sprache in der Umgangssprache nicht mehr beibehalten werden konnte.

Methode

Wir untersuchten Studierende, die an einer Universität einen einsemestrigen Einführungskurs Spanisch mit 15 Doppelstunden belegten. Bei der Auswertung teilten wir sie in zwei Gruppen auf. Die eine Gruppe hatte während ihrer Schulzeit neben Englisch in der Schule als zweite Fremdsprache Latein (Lateingruppe) gelernt, die andere Französisch (Französischgruppe). Dabei wurden ihre in der Schule erbrachten Leistungen in Latein bzw. Französisch, die für den Spanischkurs investierte Hausaufgabenzeit, das Interesse am Spanischlernen und ihre verbale Intelligenz kontrolliert. Als Test am Ende des Kurses mussten die Studierenden einen deutschen Text von 150 Wörtern ins Spanische übersetzen.

Ergebnisse

In der Auswertung konnten zwei Gruppen zu je 25 weiblichen Studierenden berücksichtigt werden. Bei den kontrollierten Variablen gab es zwischen beiden Gruppen keine Unterschiede. Die Lateingruppe machte geringfügig mehr Wortschatzfehler (eta^2 = .06) und deutlich mehr Grammatikfehler (eta^2 = .13) als die Französischgruppe. Eine Klassifikation der gemachten Fehler zeigte, dass in Anlehnung an die lateinische Sprache Fehlvorstellungen bei der Bildung von Verben, Nomina und präpositionalen Umschreibungen auf Spanisch übertragen wurden.

Letztendlich bestätigt die Fehleranalyse die Transfereffekte, wie sie vor 100 Jahren von Thorndike mit der Theorie der identischen Elemente erklärt und in modernen kognitiven Theorien spezifiziert wurden. Transferiert werden spezifische Wissenselemente und kognitive Aktivitäten. Die lateinischen Strukturen erweisen sich im

Vergleich zu den modernen Sprachen als zu distant, um den zwischensprachlichen Transfer auszulösen. Mit der vorgelegten Studie können wir die Einschätzung von Roemer und Wittig (1994) bestätigen: »Schullatein als Basis für das Erlernen der romanischen Sprachen und des Englischen ist ein unökonomischer Weg« (S. 223).

3.5 Reaktionen auf die Ergebnisse

Stets waren wir uns um die Begrenztheit unserer Aussagen bewusst, es ging uns nie darum, voreingenommen gegen Latein zu argumentieren:

> »Insgesamt lassen die vorliegenden Ergebnisse nur geringe Auswirkungen des Lateinunterrichts auf andere kognitive Bereiche vermuten, die jedoch nicht unterschätzt werden sollten. Unter bestimmten Randbedingungen und mit modifizierten Maßen könnte man möglicherweise die Vorteile der Lateinlerner noch deutlicher zeigen. Im Übrigen kann in bestimmten Anforderungssituationen wie z. B. dem Korrekturlesen von Texten auch ein geringer Zuwachs an Genauigkeit von größter Bedeutung sein« (Haag & Stern, 2000a, S. 155).

Nicht untersucht – und damit auch nicht bestritten – haben wir das in Zusammenhang mit Latein stets vorgebrachte Argument, dass Lateinunterricht ein bedeutendes Bildungs- und Erziehungspotenzial habe. Im Gegenteil, auf die Einschätzung von Vornhof (1997), der die »Neuen Chancen« von Latein vornehmlich in den Inhalten sieht, antworteten wir: »Wir können diesen Ausführungen nur zustimmen« (Haag & Stern, 2000b, S. 88). An anderer Stelle formulierten wir: »Keineswegs wollen wir dem Fach Latein seinen hohen kulturgeschichtlichen Wert absprechen« (Haag & Stern, 2002, S. 525).

Bei beiden Studien handelte es sich um eine quantitative Forschung, sehr aufwändig, mit hoher Präzision durchgeführt, natürlich mit der Einschränkung einer sehr begrenzten Aussagekraft. Und hier entzündete sich laute Kritik – neudeutsch würde man von einem medialen Shitstorm sprechen –, und zwar sowohl in populären Publikationsorganen als auch in Fachpublikationen.

Zwei Stränge der Rezeption habe ich wahrgenommen: Zum einen war es Ignoranz der Ergebnisse, zum anderen massive Kritik an diesen. Beispielsweise schrieb der Leiter eines Gymnasiums, das an der Längsschnittstudie teilgenommen hatte, über die Ergebniszusammenfassung von Stern und Haag (2001):

> »Kann es sich eine ›empirische‹ Untersuchung leisten, zumal, wenn daraus so weitreichende Schlüsse gezogen werden!, auf eine – zumindest ergänzende – Einbeziehung der Lehrkräfte zu verzichten? Die meisten der am Gymnasium unterrichtenden Lehrkräfte der modernen Fremdsprachen Englisch, Französisch und Italienisch stimmen darin überein, dass ihr Unterricht von einem vorausgehenden Latein-Unterricht deutlich, bisweilen sogar dramatisch profitiert« (Meyerhöfer, 2001, S. 118).

Am Ende fasst er zusammen:

> »Elsbeth Sterns auf der Grundlage der ›Nürnberger Lateinstudie‹ erhobene These, dass der Lateinunterricht weder positive Effekte für das Fremdsprachenlernen noch für das inhalt-

liche Textverständnis noch für die Entwicklung sprachlicher Intelligenz ganz allgemein erbringe, stelle ich meine in mehr als 30 Dienstjahren gemachte Erfahrung als Lehrer gegenüber, die mich in allen drei genannten Bereichen zu einem diametral entgegengesetzten Ergebnis führt« (ebenda, S. 121).

Natürlich hatten wir nie bestritten, dass es eine Französisch-Lehrkraft leichter hat, Schülerinnen und Schüler mit bereits erfolgten Vorkenntnissen in den Fremdsprachen Englisch und Latein zu unterrichten als Klassen, die allein Englisch als Erstfremdsprache mitbrachten und den vorangegangenen Umweg über Latein nicht gegangen sind. Unser Anliegen war ja gerade einer solchen Alltagsmeinung das Argument entgegenzusetzen, dass jede romanische moderne Fremdsprache eine Hilfe für eine weitere sei.

Es muss betont werden, dass wir von Anfang allein mit den nachgewiesenen Ergebnissen an die Öffentlichkeit getreten sind und aus ihnen keine Pauschalaussagen wie »Latein bringt nichts« etc. abgeleitet haben. So auch geschehen im Nordbayerischen Kurier (Bayreuth), auf den Leserbriefe nicht ausblieben. Hier Auszüge aus zwei Leserbriefen vom 23.12.2014: »Die von Haag angeführten Untersuchungen mögen korrekt sein – aber ihr Ansatz geht daneben. Wo bleibt das Humanum am Menschen? Ich vermisse hier vor allem den Begriff ›Bildung‹«. »Bezeichnenderweise fehlt der Begriff ›Bildung‹ bei Prof. Haag völlig!«.

3.6 Konsequenzen für die Praxis

Was für Latein gilt, gilt wohl für alle Schulfächer: Alle Fachvertreter sind der Meinung, ihrem Fach müssten mehr Stunden in der Stundentafel zugeteilt werden, wenn etwas herauskommen soll. Der Wettstreit der Fächer »um einen Platz an der Sonne« muss von jeder Generation von Bildungsverantwortlichen neu ausgefochten werden.

Die vorliegenden Ergebnisse könnten eine Hilfe bei der Frage sein, wie das Latein in einem modernen Bildungskanon verankert sein könnte. In einem europäischen Kontext wäre folgende Sprachenwahl sinnvoll: An den deutschen Gymnasien könnte nach Englisch mit der zweiten modernen Fremdsprache z.B. Französisch begonnen werden. Somit könnte eine größere Gruppe von jungen Europäerinnen bzw. Europäern als bisher die Chance erhalten, neben Englisch eine zweite europäische Sprache aktiv und rezeptiv zu beherrschen. Und Latein als freiwillige dritte Fremdsprache wäre dann eine sinnvolle Ergänzung. Sie könnte einen großen Nutzen entfalten, wenn zu Beginn der neunten Jahrgangsstufe einige Schülerinnen und Schüler, die bereits historisch-kulturelle und sprachliche Interessen entwickelt haben, diese durch das Lernen der lateinischen Sprache abrunden könnten.

3.7 Literaturverzeichnis

Greeno, J.G., Smith, D.R. & Moore, J.L. (1993). Transfer of situated learning. In D.K. Detterman & R.J. Sternberg (Eds.), *Transfer on trial: Intelligence, cognition, and instruction* (pp. 99–167). Norwood: NJ: Ablex.

Gutacker, B. (1979). Fördert Lateinunterricht sprachliche Fertigkeiten im Deutschen? In K.J. Klauer & H.-J. Konradt (Hrsg.), *Jahrbuch für Empirische Erziehungswissenschaft* (S. 9–32). Düsseldorf: Schwann.

Haag, L. (1995). Auswirkungen von Lateinunterricht. *Psychologie in Erziehung und Unterricht*, 42, 245–254.

Haag, L. (2001). Auswirkungen von Lateinunterricht – Ergebnisse nach zwei Lernjahren. *Psychologie in Erziehung und Unterricht*, 48, 30–37.

Hausmann, F.J. (1991). Altsprachlicher Unterricht und Fremdsprachenunterricht. In K.-R. Bausch, H. Christ, W. Hüllen & H.-J. Krumm (Hrsg.), *Handbuch Fremdsprachenunterricht* (2. Auflage) (S. 65–69). Tübingen: Francke.

Haag, L. & Stern, E. (2000a). Non scholae sed vitae discimus? Auf der Suche nach globalen und spezifischen Effekten des Lateinunterrichts. *Zeitschrift für Pädagogische Psychologie*, 14, 146–157.

Haag, L. & Stern, E. (2000b). Lateinunterricht auf dem Prüfstand: Auswirkungen und Einstellungen. *Der Altsprachliche Unterricht*, 43, 86–89.

Haag, L. & Stern, E. (2002). Latein oder Französisch? Eine Untersuchung zum Einfluss der zweiten Fremdsprache auf das Lernen von Spanisch. *Französisch heute*, 33 (4), 522–525.

Haag, L. & Stern, E. (2003). In Search of the Benefits of Learning Latin. *Journal of Educational Psychology*, 95 (1), 174–178.

Hausmann, F.J. (1991). Altsprachlicher Unterricht und Fremdsprachenunterricht. In K.-R. Bausch, H. Christ, W. Hüllen & H.-J. Krumm (Hrsg.), *Handbuch Fremdsprachenunterricht* (2. Auflage) (S. 65–69). Tübingen: Francke.

Heller, K., Gaedike, A.K. & Weinläder, H. (1985). KFT 4–13+: *Kognitiver Fähigkeits-Test für 4. bis 13. Klassen* (Bd. 2). Weinheim: Beltz.

Horn, W. (1983). *LPS: Leistungsprüfsystem* (Bd. 2). Göttingen: Hogrefe.

Krapp, A. (2018). Interesse. In D. H. Rost, J. R. Sparfeldt & S. R. Buch (Hrsg.), *Handwörterbuch Pädagogische Psychologie* (5., überarb. und erw. Aufl.) (S. 286–297). Weinheim: Beltz.

Meyerhöfer, H. (2001). Non vitae sed scholae discimus? *Forum Classicum*, 2/2001, 118–121.

Roemer, H. & Wittig, K. (1994). Latein als Schulsprache. *Die Deutsche Schule*, 86, 215–223.

Stern, E. (1992). Die spontane Strategieentwicklung in der Arithmetik. In H. Mandl & H.F. Friedrich (Hrsg.), *Lern- und Denkstrategien* (S. 101–123). Göttingen: Hogrefe.

Stern, E. & Haag, L. (2000). Non vitae sed scholae discimus: Das Schulfach Latein auf dem Prüfstand. *Forschung & Lehre*, 11, 591–593.

Thorndike, E.L. (1923). The influence of first-year Latin upon ability to read English. *School and Society*, 17, 165–168.

Thorndike, E.L. (1924). Mental discipline in high school studies. *Journal of Educational Psychology*, 15, 1–22, 83–98.

Trost, G. (1975). *Vorhersage des Schulerfolgs*. Braunschweig: Westermann.

Vornhof, F. (1997). Neue Chancen für »alte« Sprachen. *Die Schulfamilie*, 45, 153–161.

Vossen, C. (1972). *Mutter Latein und ihre Töchter*. Frankfurt a. M.: Fischer-Taschenbuch-Verlag.

Westphalen, K. (1972). Falsch motiviert. *Der Altsprachliche Unterricht*, 15, 5–20.

4 Die Rolle von Intelligenz und Wissen für die Entwicklung von Expertise

Roland H. Grabner

> »When entering new learning settings, students often differ from one another. Domain-specific knowledge and intelligence have been identified as the two major sources of difference« (Stern, 2015, S. 327).

In obigem Zitat fasst Elsbeth Stern die Ergebnisse aus jahrzehntelanger Forschung zusammen, wonach unterschiedliche (Lern-)Leistungen von Schülerinnen und Schülern vor allem auf Unterschiede in Intelligenz und domänenspezifischem Wissen zurückgeführt werden können. Diese Erkenntnis dürfte auch den Beobachtungen von vielen Lehrpersonen entsprechen. Zum einen wird von intelligenteren Schüler*innen erwartet, dass sie neue Informationen schneller aufnehmen und Konzepte besser verstehen können als ihre weniger intelligenten Mitschüler*innen. Zum anderen können jene Schüler*innen, die bereits über ein umfangreiches Wissen in einem Fach verfügen, neue Informationen und Konzepte darin einordnen und so eine tragfähige Wissensbasis für Anwendung und Transfer aufbauen. Während es unumstritten zu sein scheint, dass beide Faktoren einen Einfluss auf kognitive Leistungen ausüben, hat die Frage nach ihrer relativen Bedeutung kontroverse Diskussionen nach sich gezogen. Dies gilt insbesondere für den oberen Leistungsbereich. Können nur jene Personen überdurchschnittliche Leistungen erbringen, die über beides in großem Ausmaß verfügen? Und gibt es Situationen, in denen sich eine geringere Ausprägung in einem Faktor (z. B. Intelligenz) durch eine höhere Ausprägung im anderen Faktor (z. B. Wissen) kompensieren lässt? Nach einer kurzen Einführung in die Intelligenz- und Expertiseforschung, in der auch mein persönlicher Bezug zu Elsbeth Stern dargelegt wird, werden die gemeinsamen Forschungsarbeiten zu diesen zentralen Fragen präsentiert. Darauf aufbauend werden im letzten Abschnitt dieses Kapitels Implikationen für schulisches Lehren und Lernen thematisiert.

4.1 Intelligenzforschung vs. Expertiseforschung

Die Erforschung der menschlichen Intelligenz begann bereits zu Ende des 19. Jahrhunderts und wurde seitdem intensiv verfolgt, wodurch Intelligenz zum am besten untersuchten Persönlichkeitsmerkmal in der Psychologie avancierte (für eine Einführung, z. B. Stern & Grabner, 2013). Die primäre Intention der ersten Intelligenztests Anfang des 20. Jahrhunderts lag darin, eine grundlegende Denk- und Lernfähigkeit zu messen, mit der die späteren schulischen Leistungen vorhergesagt werden können. Auch die heute verfügbaren Intelligenztests erfüllen diesen Zweck. Intelligenz und Schulleistung hängen mit Korrelationen in der Höhe von ca. 0.50 eng zusammen, d. h. ca. 25 % der Leistungsunterschiede von Schüler*innen können auf Intelligenzunterschiede zurückgeführt werden (Roth et al., 2015). In der Begabungsforschung werden Intelligenztests häufig zur Messung der intellektuellen Begabung eingesetzt, die als Potenzial für intellektuelle Leistungen betrachtet werden kann (Worrell, Subotnik, Olszewski-Kubilius & Dixson, 2019). In diesem Zusammenhang kann die Intelligenzforschung als prospektiv charakterisiert werden: Eines ihrer Ziele besteht darin, dieses intellektuelle Potenzial zu messen, um die spätere intellektuelle Entwicklung vorherzusagen. Intelligenz selbst kann als »eine sehr allgemeine geistige Kapazität, die – unter anderem – die Fähigkeit zum schlussfolgernden Denken, zum Planen, zur Problemlösung, zum abstrakten Denken, zum Verständnis komplexer Ideen, zum schnellen Lernen und zum Lernen aus Erfahrung umfasst«, definiert werden (Gottfredson, 1997; übersetzt von Rost, 2013 S. 16).

Die Expertiseforschung unterscheidet sich zumindest in zwei Punkten von der Intelligenzforschung (für einen aktuellen Überblick zur Expertiseforschung, z. B. Grabner & Meier, 2021). Erstens bezieht sich das zentrale psychologische Konzept, Expertise, auf Leistungen in einem bestimmten Inhaltsgebiet. Expert*innen sind Personen, die in ihrer Domäne »dauerhaft (also nicht zufällig und singulär) herausragende Leistungen« erbringen (Gruber & Ziegler, 1996, S. 8). Zweitens kann die Expertiseforschung als retrospektiv beschrieben werden. Ihr primäres Ziel besteht darin, die Entwicklungsbedingungen für herausragende Leistungen zu identifizieren, wozu sie am Ende des Entwicklungsprozesses – bei Expert*innen – ansetzt. Durch die Untersuchung von Expert*innen wird (rückblickend) versucht herauszufinden, welche Faktoren zur erfolgreichen Entwicklung von Expertise beigetragen haben. Der am häufigsten verwendete Forschungsansatz hierbei ist das Experten-Novizen-Paradigma, bei dem Expert*innen mit Nicht-Expert*innen (sog. Noviz*innen) in verschiedenen Merkmalen verglichen werden (Ericsson & Lehmann, 1996). Die Anwendung dieses Paradigmas in verschiedenen Inhaltsbereichen, von Schach bis zu Medizin, führte zur Erkenntnis, dass sich Expert*innen von Noviz*innen in erster Linie durch ihr Wissen unterscheiden (Ullén, Hambrick & Mosing, 2015). Des Weiteren wurde festgestellt, dass der Aufbau einer solchen Wissensbasis eine langjährige Auseinandersetzung mit einer bestimmten Domäne erfordert. Schätzungen von Expertiseforscher*innen zufolge werden ca. 10 Jahre oder 10.000 Stunden gezielte Übung benötigt, um das Leistungsniveau eines/einer Expert*in zu erreichen (Chase & Simon, 1973). Gezielte Übung (»deliberate practice«) wurde dabei als eine hoch strukturierte Übungstätigkeit definiert, die darauf abzielt, das aktuelle Leistungsniveau gezielt zu verbessern (Ericsson, Krampe & Tesch-Römer, 1993).

Obgleich sich Intelligenz- und Expertiseforschung in ihren Konzepten (domänenübergreifend vs. domänenspezifisch) und Forschungsperspektiven (prospektiv vs. retrospektiv) unterscheiden, verfolgen beide das Ziel, individuelle Leistungsunterschiede zu erklären. Darüber hinaus erscheint es sehr plausibel, dass dieses Ziel eher erreicht werden kann, wenn Forscher*innen aus beiden Bereichen zusammenarbeiten und die mit unterschiedlichen Ansätzen gewonnenen Ergebnisse zusammenführen. Dies war jedoch bis vor wenigen Jahren nicht der Fall. Anstelle eines regen Austauschs zwischen Intelligenz- und Expertiseforscher*innen konnten eher verhärtete Fronten wahrgenommen werden (Detterman, 2014; Ericsson, 2014). Prominente Intelligenzforscher*innen beharrten auf der universellen Bedeutung von Intelligenz für sämtliche kognitive Leistungen, einschließlich der Leistungen von Expert*innen. Prominente Expertiseforscher*innen hingegen vertraten die Überzeugung, dass es lediglich auf das Ausmaß an gezielter Übung und damit auf das erworbene Wissen ankäme, ob jemand den Status eines Experten bzw. einer Expertin erreicht. Individuelle Unterschiede in Intelligenz (oder jeglicher anderer Begabung) würden keinerlei Rolle dabei spielen. Diese Kontroverse war es schließlich, mit der meine Zusammenarbeit mit Elsbeth Stern ihren Anfang nahm.

Ende der 1990er Jahre war ich als studentischer Mitarbeiter in einem Forschungsprojekt des Grazer Intelligenzforschers Aljoscha Neubauer beschäftigt. In diesem wurde die Hypothese der neuralen Effizienz untersucht, wonach eine Grundlage der Intelligenz in einer effizienten Aktivierung des Gehirns liegt (Neubauer & Fink, 2009). In mehreren Studien mit Elektroenzephalographie (EEG) konnte diese Hypothese bestätigt werden: Intelligentere Personen zeigten in verschiedenen (einfachen) Aufgaben neben einer besseren Leistung auch eine geringere u./o. stärker fokussierte Gehirnaktivierung als weniger intelligente Personen. Zum Zeitpunkt meiner Mitarbeit im Forschungsprojekt verbanden Aljoscha Neubauer und Elsbeth Stern eine mehrjährige Freundschaft und zahlreiche Diskussionen zur Bedeutung von Intelligenz und Wissen für kognitive Leistungen. Als Konsequenz dieser Diskussionen wurde die Forschungsfrage aufgeworfen, ob sich Intelligenzunterschiede in Leistung und neuraler Effizienz auch dann noch zeigen, wenn Personen über ein umfangreiches aufgabenrelevantes Wissen verfügen, also Expert*innen in ihrem Bereich sind. Dieser Frage durfte ich in meiner Diplomarbeit in Psychologie als Teil des Forschungsprojekts von Aljoscha Neubauer unter Mitbetreuung durch Elsbeth Stern nachgehen. Als Experten rekrutierten wir erfahrene Taxifahrer in Graz, weswegen die Studie auch als »Grazer Taxifahrerstudie« bezeichnet wird.

4.2 Die Grazer Taxifahrerstudie

In der Grazer Taxifahrerstudie (Grabner, Stern & Neubauer, 2003) untersuchten wir die Frage, ob sich intelligenzabhängige Unterschiede in Leistung und Gehirnaktivierung auch bei Expert*innen zeigen, die über umfangreiches domänenspezifisches Wissen verfügen. Hierzu konnten wir 31 Grazer Taxifahrer mit durchschnittlich 8 Jahren Berufserfahrung gewinnen. Taxifahren mag als Expertisedomäne auf den ersten Blick recht ungewöhnlich erscheinen, zumal Taxifahrer in der Regel keine herausragenden Leistungen erbringen. Allerdings können diese durch ihre Berufserfahrung ein umfangreiches Wissen über das Grazer Stadtgebiet aufweisen und als »relative Experten« (im Vergleich zu Nicht-Taxifahrern) betrachtet werden. Alle Taxifahrer bearbeiteten zunächst einen Intelligenztest, auf dessen Basis sie in eine Gruppe niedriger und eine Gruppe höherer Intelligenz eingeteilt wurden. Während der Messung ihrer Gehirnaktivierung mittels EEG wurden ihnen zwei Aufgaben vorgegeben. Eine sog. Expertiseaufgabe, die sich direkt auf ihr Wissen bezog und darin bestand, vorgegebene Routen im Grazer Stadtgebiet zu visualisieren und anschließend zu beantworten, ob bestimmte Straßen die Routen kreuzen. Und eine sog. Intelligenzaufgabe, in der Routen auf einem fiktiven Stadtplan einzuprägen waren, woraufhin angegeben werden sollte, ob die Route durch eingezeichnete Punkte verläuft oder nicht.

Wie erwartet zeigte sich, dass lediglich die Leistung in der Intelligenzaufgabe mit der Intelligenz korrelierte, nicht jedoch die Leistung in der stark wissensabhängigen Expertiseaufgabe. In der Hauptanalyse verglichen wir das Ausmaß der Gehirnaktivierung der beiden Intelligenzgruppen während der Bearbeitung beider Aufgaben. Für die Intelligenzaufgabe konnte die Hypothese der neuralen Effizienz erneut bestätigt werden: Die intelligenteren Taxifahrer zeigten eine insgesamt geringere Aktivierung als ihre weniger intelligenten Kollegen. Dies war jedoch bei der Expertiseaufgabe nicht der Fall – bei dieser fanden wir keinen Aktivierungsunterschied zwischen den beiden Gruppen. Mit anderen Worten hatte das individuelle Intelligenzniveau keine Bedeutung bei der Aufgabe, die sich direkt auf das Expertenwissen bezog, weder für die Leistung noch für das Ausmaß der Gehirnaktivierung. Diese Ergebnisse stehen in Einklang mit früheren Studien von Elsbeth Stern und anderen Forschungsgruppen (Masunaga & Horn, 2000; Schneider, Körkel & Weinert, 1989; Stern, 1994; Walker, 1987), wonach bei bestimmten Aufgaben Wissen wichtiger ist als Intelligenz.

4.3 Die Grazer Schachstudie

Begeistert von meinen ersten Forschungsergebnissen und der erfolgreichen Publikation der Studie in einem angesehenen internationalen Journal wollte ich im Rahmen meiner Dissertation, die ebenso von Aljoscha Neubauer und Elsbeth Stern betreut wurde, weiter an der Schnittstelle zwischen Intelligenz- und Expertiseforschung arbeiten. Für die folgenden Studien entschieden wir uns für die klassische Expertisedomäne Schach, die im Vergleich zu anderen Domänen vor allem zwei Vorteile aufweist. Erstens stellt Schach ein kognitiv höchst anspruchsvolles Spiel dar, das eine Vielzahl kognitiver Prozesse – Wahrnehmung, Gedächtnis, Problemlösen – beansprucht. Zweitens bietet Schach ein objektives und akkurates Maß des individuellen Expertiseniveaus bzw. der individuellen Spielstärke – den Elo-Wert (Elo, 1978). Jede/r Turnierschachspieler*in verfügt über einen solchen Wert, der auf den bisherigen Spielergebnissen basiert und regelmäßig adaptiert wird. In der Dissertation führten wir zwei Studien durch, die neue Einsichten in den Zusammen-

und das Zusammenspiel von Intelligenz und Wissen liefern sollten. Hierfür rekrutierten wir 90 österreichische Klubschachspieler*innen (87 Männer, 3 Frauen) mit einem sehr breiten Spektrum der Spielstärke, von Anfänger*innen im Turnierschach bis hin zu Großmeister*innen.

In der ersten Studie (Grabner, Stern & Neubauer, 2007) gingen wir der Frage nach, welche Bedeutung die Intelligenz sowie andere psychologische Merkmale für die erreichte Spielstärke haben. Wir gaben den Spieler*innen zahlreiche psychologische Tests und Fragebögen vor, darunter einen umfangreichen Intelligenztest, mehrere Persönlichkeitsfragebögen, Fragen zur eigenen Schachbiographie, zu schachspezifischen Einstellungen und zu Trainingsaktivitäten. In der ersten Analyse untersuchten wir, ob sich ein Zusammenhang zwischen Intelligenz und Spielstärke finden lässt. Einen solchen sollte es wie oben beschrieben nach Ansicht prominenter Expertiseforscher nicht geben, und auch die zum damaligen Zeitpunkt verfügbaren Untersuchungen lieferten keine eindeutige Antwort darauf (siehe auch Grabner, 2014). Unsere Ergebnisse mit der bis dato größten Stichprobe an Turnierschachspieler*innen zeigten allerdings, dass Schachexpertise nicht unabhängig von Intelligenz ist. Insbesondere die numerische Intelligenz (das zahlengebundene Denken) hing mit der Spielstärke zusammen; die Korrelation betrug 0.46, d. h. ca. 20 % der Unterschiede in der Spielstärke können durch Intelligenzunterschiede erklärt werden. Darüber hinaus zeigte sich, dass Personen mit einer durchschnittlichen Intelligenz (zwischen 90 und 110 IQ-Punkten) sehr hohe Spielstärken (zwischen 2000 und 2200 Elo-Werte) aufwiesen. Dies deutet darauf hin, dass man keine überdurchschnittliche Intelligenz benötigt, um Schachexperte bzw. -expertin zu werden. In den weiteren Auswertungen zeigte sich, dass die erhobenen Variablen 55 % der Spielstärkenunterschiede aufklären können. Neben der numerischen Intelligenz spielte das Alter des Eintritts in den Schachklub, die Anzahl der aktuellen Turnierspiele, das Lebensalter, die schachspezifische Motivation und die Fähigkeit der Emotionskontrolle eine Rolle.

In der zweiten Studie der Dissertation (Grabner, Neubauer & Stern, 2006) erweiterten wir den Forschungsansatz der Grazer Taxifahrerstudie um ein sog. 2 x 2-Design. Aus den 87 Turnierschachspielern wählten wir vier Gruppen aus, die sich in Intelligenz und Expertise (bzw. Spielstärke) unterschieden: Spieler höherer und geringerer Intelligenz sowie Spieler höherer und geringerer Expertise. Mit diesem Design konnten wir prüfen, welche Bedeutung Intelligenz und Expertise für die Leistung in verschiedenen Aufgaben und die begleitende Gehirnaktivierung haben. Basierend auf bisherigen Forschungsarbeiten zu Schach gaben wir den Spielern drei Arten von Aufgaben mit Schachmaterial vor, die sich auf Wahrnehmung, Gedächtnis und Problemlösen bezogen. In der einfachsten Aufgabe (Wahrnehmung) hatten die Spieler die Aufgabe, so schnell wie möglich die Anzahl an Leichtfiguren (Läufer und Springer) zu bestimmen, in der Gedächtnisaufgabe sollten sie sich an kurz zuvor dargebotene Schachpositionen erinnern und in der Problemlöseaufgabe jenen Zug für Weiß finden, der Schwarz schachmatt setzt.

Für die Leistungen in diesen Aufgaben zeigten sich unabhängige und gleich starke Einflüsse von Intelligenz und Expertise. Die besten Leistungen erbrachte die Gruppe von Spielern mit höherer Intelligenz und höherer Expertise, die schlechtesten jene mit den jeweils geringeren Ausprägungen. Interessanterweise waren die

Leistungen der Gruppe höherer Intelligenz und niedriger Expertise vergleichbar mit jenen der Gruppe geringerer Intelligenz und höherer Expertise. Eine höhere Expertise konnte somit eine geringere Intelligenz in der Leistung kompensieren. Ein ähnliches Ergebnis fanden wir auch für die Gehirnaktivierung, allerdings nur dann, wenn wir für das Ausmaß an Expertise den aktuellen Turniererfolg heranzogen. Die intelligenteren Personen zeigten eine effizientere Gehirnaktivierung in allen Aufgaben, die Spieler mit höherer Expertise in der Wahrnehmungs- und Problemlöseaufgabe. Diese Befunde zeigen, dass eine effektive und effiziente Nutzung des Gehirns nicht nur eine Frage von Intelligenz, sondern auch von Wissen ist.

4.4 Weiterführende Analysen von Daten der *Grazer Schachstudie*

Ungefähr 10 Jahre nach meiner Dissertation kam mir die Idee, den Verlauf der Spielstärke (bzw. der Elo-Werte) der teilnehmenden Spieler*innen aus den öffentlichen Datenbanken zu extrahieren und zu untersuchen, welche Bedeutung Intelligenz und Übung für die Entwicklung der Schachkarriere über die Lebensspanne haben. Längsschnittliche Analysen von Schach-Karriereverläufen gab es bereits, allerdings noch keine, in der neben der Übung auch die Bedeutung von Intelligenz evaluiert wurde. Gemeinsam mit Kolleg*innen aus Großbritannien, Österreich und der Schweiz analysierten wir die Bedeutung von numerischer Intelligenz und der Anzahl an Turnierspielen (als objektiven Indikator für das Übungsausmaß) für die Entwicklung der individuellen Elo-Werte bei Spieler*innen unterschiedlichen Alters über einen Zeitraum von 20 Jahren (Vaci et al., 2019). Wie erwartet fanden wir, dass sowohl Intelligenz als auch Übung die gesamte Schachkarriere beeinflussen und einzeln betrachtet gleich bedeutsam waren (jeweils konnten sie ca. 27 % der individuellen Elo-Verläufe erklären). Übung zeigte vor allem bis zum Erreichen der individuellen Spitzenleistung (etwa im Alter von 35 Jahren) den stärksten Effekt, was darauf zurückgeführt werden könnte, dass gerade zu Beginn vieles neu ist und durch viel Übung Wissen rasch aufgebaut werden kann. Intelligenz war hingegen vorwiegend im Alter der Spitzenleistungen bedeutsam. Selbst Expert*innen sind trotz ihres umfangreichen Wissens stets mit unbekannten Spielsituationen konfrontiert, bei denen sie offenbar von einer stärker ausgeprägten allgemeinen Denkfähigkeit profitieren können. Zusätzlich fanden wir, dass beide Faktoren eine statistische Wechselwirkung aufwiesen: Bei gleichem Ausmaß an Übung erreichten die intelligenteren Spieler*innen früher eine höhere Spitzenleistung und konnten die Spielstärke auch im höheren Alter länger aufrechterhalten.

4.5 Implikationen für schulisches Lehren und Lernen

Die Expertiseforschung hat nicht nur zu neuen Modellen über Voraussetzungen für herausragende Leistungen (Expertise im engeren Sinne) geführt, sondern auch nachhaltig unser Verständnis von Talententwicklung im Allgemeinen und von schulischer Kompetenzentwicklung im Besonderen beeinflusst. In Bezug auf Talententwicklung hat sie demonstriert, dass jede domänenspezifische Leistung eine entsprechende Wissensbasis voraussetzt, die gezielt aufgebaut werden muss. Folglich muss jede Begabung, egal wie hoch und in welchem Bereich, durch umfangreiche Lernprozesse in Leistungen (Talente) umgesetzt werden (Gagné, 1995; Preckel et al., 2020). Die Sprichwörter, wonach kein*e Meister*in vom Himmel fällt und Übung den/die Meister*in macht, bringen dies korrekt auf den Punkt. Elsbeth Stern zitiert in diesem Kontext auch gerne Franz Emanuel Weinert: »Unabhängig von den unterschiedlichen Fähigkeiten und Talenten der Schüler muss alles gelernt werden, was später gewusst und gekonnt wird. Lernen ist der mächtigste Mechanismus der kognitiven Entwicklung« (Weinert, 2001, S. 85).

Zur Frage, wie dieser Lernprozess am besten realisiert werden kann, hat die Expertiseforschung mit dem Konzept der gezielten Übung (*deliberate practice*) ebenso substanziell beigetragen. In der Pionierarbeit von Ericsson und Kollegen (1993) wurden u. a. folgende Charakteristika von gezielter Übung genannt: Das Vorwissen der/des Lernenden wird berücksichtigt, der Lernprozess wird überwacht (z. B. durch einen Trainer oder Coach) und der/die Lernende erhält laufend informatives Feedback. Diese Merkmale stehen uneingeschränkt in Einklang mit aktuellen Befunden zu lernwirksamem Unterricht, wie sie beispielsweise der Neuseeländische Bildungsforscher John Hattie in mehreren Werken zusammengefasst hat (Hattie, 2009). Das individuelle (Vor-) Wissen ist einer der bedeutsamsten Prädiktoren für den Lernerfolg (Schneider & Stern, 2010; Simonsmeier, Flaig, Deiglmayr, Schalk, & Schneider, 2021; Stern, 2015). Vor allem beim Erwerb von Begriffswissen (bzw. Konzepten) kann man beobachten, wie Schüler*innen versuchen, die neuen Informationen an das vorhandene Wissen anzuknüpfen. Beispielsweise kommen viele Grundschüler*innen mit der Vorstellung, die Erde sei eine Scheibe, in den Unterricht und integrieren die Information, dass die Erde rund sei, indem sie aus der Vorstellung einer eckigen Scheibe eine runde machen (Vosniadou & Brewer, 1992). Bis zum wissenschaftlich akzeptierten Konzept, wonach die Erde ein kugelähnliches Objekt ist, benötigt es einen längeren Prozess der Wissensumstrukturierung, der als Konzeptwandel (»conceptual change«) bezeichnet wird (Vosniadou, 2008).

Eine direkte Implikation hinsichtlich der Bedeutung des Vorwissens für den weiterführenden Lernprozess besteht darin, als Lehrperson über das Vorwissen der Schüler*innen Bescheid zu wissen, um die neuen Informationen entsprechend aufbereiten zu können. Da schulisches Lernen bzw. Konzeptwandel ein längerfristiger dynamischer Prozess sind, sollte die Wissensentwicklung überdies kontinuierlich überwacht werden. Vor allem ist es hilfreich zu wissen, wie sich die ursprünglichen Konzepte durch den Unterricht »wandeln« und welche neuen Fehlkonzepte dadurch entstehen. Diese Überwachung erlaubt es, den Unterricht adaptiv an unterschiedliche Lernverläufe anzupassen. Schließlich benötigen Schüler*innen für einen erfolgreichen Wissenserwerb ein möglichst informatives Feedback zu ihren eigenen Leistungen, insbesondere dazu, wie sie sich konkret verbessern können. Die laufende Erhebung des Wissensstands, die Adaptierung des Unterrichts und informatives Feedback finden sich auch als grundlegende Eigenschaften der didaktischen Methode des formativen Assessments (Wiliam, 2011) wieder, die in der Metaanalyse von Hattie (2009) einen sehr großen Einfluss auf den Lernerfolg der Schüler*innen ausübt. Dass die Erkenntnisse zu gezielter Übung aus der Expertiseforschung mit den Befunden aus der Lehr-Lern-Forschung so gut konvergieren, zeigt, dass selbst im höchsten Leistungsbereich Lernprozesse ähnlich ablaufen und unterstützt werden können.

Wenn es beim Expertiseerwerb und schulischen Lernen in erster Linie auf das Wissen ankommt, stellt sich die abschließende Frage, wo und wann Intelligenz ins Spiel kommt. In der Expertiseforschung wurde gezeigt, dass (a) Expertise mit Intelligenz zusammenhängt und (b) beide Faktoren, Wissen und Intelligenz, einen Einfluss auf domänenspezifische Leistungen haben. Der Befund von Zusammenhängen zwischen Expertise und Intelligenz widerlegte eine zentrale Annahme der klassischen Expertiseforschung, wonach lediglich das Ausmaß an gezielter Übung über das erreichte Leistungsniveau entscheidet (Ericsson et al., 1993). In anderen Worten wurde angenommen, dass jede Person zum Experten bzw. zur Expertin werden könne, solange er oder sie mindestens 10.000 Stunden in gezielte Übung investiere. Das Ausmaß an gezielter Übung wird zwar noch als der wichtigste Faktor für den Expertiseerwerb angesehen, allerdings nicht mehr als der einzige. Meta-Analysen in den Expertisedomänen Schach und Musik berichten, dass ca. 30–35 % der Leistungsunterschiede auf ein unterschiedliches Übungsausmaß zurückgeführt werden können (Hambrick et al., 2014). Dies bedeutet, dass ca. zwei Drittel der Leistungsunterschiede durch andere Faktoren bedingt sein müssen.

Einer dieser Faktoren ist die Intelligenz. Individuelle Unterschiede in der Intelligenz (bzw. für andere Expertisedomänen auch in anderen Begabungsfacetten) scheinen bei der Entwicklung von Expertise eine wichtige Rolle zu spielen. Ihr Einfluss wird vor allem in quantitativen Aspekten des Lernprozesses gesehen (Stern, 2017). Erstens können intelligentere Personen neue Informationen schneller aufnehmen und verarbeiten als weniger intelligente Personen. Und zweitens verfügen sie über ein größeres Arbeitsgedächtnis (analog zum Arbeitsspeicher eines Computers), das es ihnen erlaubt, mehr (somit auch komplexere) Informationen gleichzeitig zu verarbeiten. Keine Unterschiede zwischen intelligenteren und weniger intelligenten Personen werden in qualitativen Aspekten des Lernprozesses angenommen. Intelligentere Schüler*innen lernen nicht grundlegend anders, sie haben ebenso Fehlkonzepte und müssen Wissen aufbauen und umstrukturieren. Daraus resultiert die Implikation für den schulischen Unterricht, dass auch bei hochbegabten Schüler*innen der Wissenserwerbsprozess begleitet (z. B. durch formatives Assessment) und der höheren Geschwindigkeit beim Wissenserwerb durch geeignete Maßnahmen (z. B. adaptiven Unterricht oder Akzeleration) Rechnung getragen werden sollte (Preckel & Vock, 2013).

Die Ergebnisse der längsschnittlichen Analysen aus der Grazer Schachstudie haben überdies gezeigt, dass Intelligenz nicht in allen Phasen der Expertiseentwicklung gleich bedeutsam ist. Die Frage, zu welchem Zeitpunkt Intelligenzzunterschiede besonders zum Tragen kommen, wurde in der Expertiseforschung auch kontrovers diskutiert. Der prominente Expertiseforscher Karl Anders Ericsson vertrat die Annahme, dass Intelligenz eigentlich keine Rolle für Expertenleistungen spiele, aber wenn doch, dann nur zu Beginn des Expertiseerwerbs (Ericsson, 2014). Sobald ein gewisses domänenspezifisches Wissen aufgebaut ist, würde Intelligenz an Bedeutung verlieren. Diese Annahme wird als »Circumvention-of-Limits«-Hypothese bezeichnet, da durch das domänenspezifische Wissen die intelligenzbedingten Grenzen umgangen werden könnten. Alternativ zu dieser Hypothese wurden noch zwei andere Arten des Zusammenspiels von Wissen und Intelligenz diskutiert. Intelligenz könnte in jeder Phase der Expertiseentwicklung die Leistung beeinflussen und somit einen grundlegenden »Baustein« darstellen (»Building-Blocks-Hypothese«). Oder intelligentere Personen würden im Sinne eines Matthäuseffekts stärker von der zunehmenden Wissensbasis profitieren, d. h. bei höherer Expertise sollten Intelligenzunterschiede stärker zu tragen kommen als bei geringerer (»Rich-get-richer-Hypothese«).

Aktuell sprechen die meisten Befunde für die »Building-Blocks-Hypothese«, wonach Intelligenz unabhängig vom Wissens- bzw. Expertiseniveau domänenspezifische Leistungen beeinflusst (Grabner & Meier, 2021). Die einzige verfügbare Längsschnittstudie in einer Expertisedomäne ist die oben beschriebene zum Thema Schach (Vaci et al., 2019), in der Ergebnisse im Sinne der »Rich-get-richer-Hypothese« beobachtet wurden. Allerdings wurde in dieser das Zusammenspiel von Intelligenz und Übung untersucht, woraus sich nur bedingt Rückschlüsse auf das Zusammenspiel von Intelligenz und Wissen ziehen lassen. Die Implikationen für schulischen Unterricht ändern sich durch diese Befunde nicht. Intelligenzunterschiede dürften unabhängig vom Wissensstand und auch in allen Phasen der Kompetenzentwicklung für den Lernprozess bedeutsam sein, und nicht nur, wie von Ericsson postuliert, am Beginn der Auseinandersetzung mit einem bestimmten Inhalt.

4.6 Schlussbemerkung

Die Frage nach der Bedeutung von Intelligenz und Wissen für Lernprozesse begleitet Elsbeth Stern seit Beginn ihrer wissenschaftlichen Karriere. Sie hat zahlreiche Forschungsarbeiten dazu durchgeführt, die auch in den anderen Kapiteln dieses Buchs beschrieben werden, und damit in herausragendem Maße unser Wissen über erfolgreiches Lehren und Lernen erweitert. Die hier dargestellten Studien demonstrieren, dass auch Expertenleistungen in erster Linie auf Wissen zurückführbar sind und der Wissenserwerb von Intelligenz beeinflusst wird.

4.7 Literaturverzeichnis

Chase, W. G. & Simon, H. A. (1973). Perception in Chess. *Cognitive Psychology, 4*(1), 55–81.
Detterman, D. K. (2014). Introduction to the intelligence special issue on the development of expertise: Is ability necessary? *Intelligence, 45*(1), 1–5. https://doi.org/10.1016/j.intell.2014.02.004
Elo, A. E. (1978). *The rating of chess players past and present.* New York: Arco.
Ericsson, K. A. (2014). Why expert performance is special and cannot be extrapolated from studies of performance in the general population: A response to criticisms. *Intelligence, 45*(1), 81–103. https://doi.org/10.1016/j.intell.2013.12.001
Ericsson, K. A., Krampe, R. T. & Tesch-Römer, C. (1993). The Role of Deliberate Practice in the Acquisition of Expert Performance. *Psychological Review, 100*(3), 363–406.
Ericsson, K. A. & Lehmann, A. C. (1996). Expert and exceptional performance: Evidence of maximal adaptation to task constraints. *Annual Review of Psychology, 47*, 273–305.
Gagné, F. (1995). From giftedness to talent: A developmental model and its impact on the language of the field. *Roeper Review, 18*(2), 103–112. Retrieved from http://www.tandfonline.com/doi/abs/10.1080/02783199509553709
Gottfredson, L. S. (1997). Mainstream Science on Intelligence: An Editorial with 52 Signatories, History, and Bibliography. *Intelligence, 24*(1), 13–23.
Grabner, R. H. (2014). The role of intelligence for performance in the prototypical expertise domain of chess. *Intelligence, 45*(1), 26–33. https://doi.org/10.1016/j.intell.2013.07.023
Grabner, R. H., & Meier, M. A. (2021). Die Entwicklung von Expertise. In V. Müller-Oppliger & G. Weigand (Eds.), *Handbuch Begabung* (pp. 149–167). Weinheim: Beltz.
Grabner, R. H., Neubauer, A. C. & Stern, E. (2006). Superior performance and neural efficiency: The impact of intelligence and expertise. *Brain Research Bulletin, 69*(4), 422–439. Retrieved from isi:000237361500010
Grabner, R. H., Stern, E. & Neubauer, A. C. (2003). When Intelligence Loses Its Impact: Neural Efficiency During Reasoning in a Familiar Area. *International Journal of Psychophysiology, 49*(2), 89–98. Retrieved from isi:000184862900001
Grabner, R. H., Stern, E. & Neubauer, A. C. (2007). Individual Differences in Chess Expertise: a Psychometric Investigation. *Acta Psychologica, 124*(3), 398–420. https://doi.org/10.1016/j.actpsy.2006.07.008
Gruber, H. & Ziegler, A. (1996). Expertise als Domände psychologischer Forschung. In H. Gruber (Ed.), *Expertiseforschung. Theoretische und methodische Grundlagen* (pp. 7–16). Opladen: Westdeutscher Verlag.
Hambrick, D. Z., Oswald, F. L., Altmann, E. M., Meinz, E. J., Gobet, F. & Campitelli, G. (2014). Deliberate practice: Is that all it takes to become an expert? *Intelligence, 45*(1), 34–45. https://doi.org/10.1016/j.intell.2013.04.001
Hattie, J. (2009). *Visible Learning. A synthesis of over 800 meta-analyses relating to achievement.* New York, NY: Routledge.
Masunaga, H. & Horn, J. (2000). Characterizing mature human intelligence – Expertise development. *Learning and Individual Differences, 12*(1), 5–33.
Neubauer, A. C. & Fink, A. (2009). Intelligence and neural efficiency. *Neuroscience & Biobehavioral Reviews, 33*(7), 1004–1023. Retrieved from http://www.sciencedirect.com/science/article/B6T0J-4W1SRR1-2/2/7834517ee36b1630c3d1a38feda5e2bd
Preckel, F., Golle, J., Grabner, R., Jarvin, L., Kozbelt, A., Müllensiefen, D., ... Worrell, F. C. (2020). Talent Development in Achievement Domains: A Psychological Framework for Within- and Cross-Domain Research. *Perspectives on Psychological Science, 15*(3), 691–722. https://doi.org/10.1177/1745691619895030
Preckel, F. & Vock, M. (2013). *Hochbegabung.* Göttingen: Hogrefe.
Rost, D. H. (2013). *Handbuch Intelligenz.* Weinheim: Beltz.
Roth, B., Becker, N., Romeyke, S., Schäfer, S., Domnick, F. & Spinath, F. M. (2015). Intelligence and school grades: A meta-analysis. *Intelligence, 53*, 118–137. https://doi.org/10.1016/j.intell.2015.09.002

Schneider, M. & Stern, E. (2010). The cognitive perspective on learning: ten cornerstone findings. In H. Dumont, D. Istance, & F. Benavides (Eds.), *The Nature of Learning: Using Research to Inspire Practice* (pp. 69–90). Paris: OECD Publishing.

Schneider, W., Körkel, J. & Weinert, F. E. (1989). Domain-Specific Knowledge and Memory Performance. A Comparison of High- and Low-Aptitude Children. *Journal of Educational Psychology, 81*(3), 306–312.

Simonsmeier, B. A., Flaig, M., Deiglmayr, A., Schalk, L. & Schneider, M. (2021). Domain-specific prior knowledge and learning: A meta-analysis. *Educational Psychologist, 0*(0), 1–24. https://doi.org/10.1080/00461520.2021.1939700

Stern, E. (1994). Die Bewältigung neuer Anforderungen: Eine allgemeine oder eine inhaltsspezifische Intelligenzleistung? In B. Bartussek & M. Amelang (Eds.), *Fortschritte der differentiellen Psychologie und psychologischen Diagnostik* (pp. 333–344). Göttingen: Hogrefe.

Stern, E. (2015). Intelligence, Prior Knowledge, and Learning. International Encyclopedia of the Social & Behavioral Sciences: Second Edition (Second Edi, Vol. 12). Elsevier. https://doi.org/10.1016/B978-0-08-097086-8.92017-8

Stern, E. (2017). Individual differences in the learning potential of human beings. *Npj Science of Learning, 2*(1), 0–1. https://doi.org/10.1038/s41539-016-0003-0

Stern, E. & Grabner, R. H. (2013). Die Erforschung menschlicher Intelligenz. In L. Ahnert (Ed.), *Theorien in der Entwicklungspsychologie* (pp. 174–201). Berlin/Heidelberg: Springer.

Ullén, F., Hambrick, D. Z. & Mosing, M. A. (2015). Rethinking Expertise: A Multifactorial Gene–Environment Interaction Model of Expert Performance. *Psychological Bulletin*, (DECEMBER). https://doi.org/10.1037/bul0000033

Vaci, N., Edelsbrunner, P., Stern, E., Neubauer, A., Bilalić, M. & Grabner, R. H. (2019). The joint influence of intelligence and practice on skill development throughout the life span. *Proceedings of the National Academy of Sciences of the United States of America, 116*(37), 18363–18369. https://doi.org/10.1073/pnas.1819086116

Vosniadou, S. (2008). *International Handbook of Research on Conceptual Change*. New York, NY: Taylor & Francis.

Vosniadou, S. & Brewer, W. F. (1992). Mental Models of the Earth: A Study of Conceptual Change in Childhood accepted information that the earth is a sphere. Children and Adults Construct an Intuitive Understanding of the World Research in cognitive science, science education, and developm. *Cognitive Psychology, 24*, 535–585.

Walker, C. H. (1987). Relative Importance of Domain Knowledge and Overall Aptitude on Acquisition of Domain-Related Information. *Cognition and Instruktion, 4*(1), 25–42.

Weinert, F. E. (2001). Schulleistungen – Leistungen der Schule oder der Schüler? In F. E. Weinert (Ed.), *Leistungsmessungen in Schulen* (pp. 73–86). Weinheim: Beltz.

Wiliam, D. (2011). What is assessment for learning? *Studies in Educational Evaluation, 37*(1), 3–14. https://doi.org/10.1016/j.stueduc.2011.03.001

Worrell, F. C., Subotnik, R. F., Olszewski-kubilius, P. & Dixson, D. D. (2019). Gifted Students. *Annual Review of Psychology*, (July 2018), 1–26. https://doi.org/10.1146/annurev-psych-010418-102846

5 Die Zukunft der Intelligenzforschung und ihre Bedeutung für die Schule

Aljoscha Neubauer

5.1 Menschliche Intelligenz

Die menschliche Intelligenz gilt in der Psychologie als eines der Gebiete mit der längsten (mehr als 100jährigen) Forschungstradition, was sich auch in einem äußerst reichhaltigen Wissensschatz aus der empirischen Erforschung niedergeschlagen hat. Über kaum ein anderes psychologisches Merkmal, in welchem individuelle Differenzen bestehen, gibt es ein so umfangreiches Erfahrungswissen wie für das Merkmal Intelligenz. Dass das Interesse am Forschungsgegenstand Intelligenz über einen so langen Zeitraum nicht nachgelassen hat, dürfte mehrere Gründe haben: Zum einen gibt es für kaum ein anderes psychologisches Merkmal eine so umfassende Evidenz, wie für die herausragende Bedeutung der Intelligenz für Erfolge in Schule, Berufsausbildung und Beruf, aber auch im Hinblick auf ›Lebenserfolg‹ und Gesundheit. Diese Befundlage haben Elsbeth Stern und ich in zwei Büchern umfassend dargelegt (Neubauer & Stern, 2007; Stern & Neubauer, 2013). Zum anderen evoziert gerade das Merkmal Intelligenz in der öffentlichen Diskussion psychologischer Themen die vielleicht kontroversiellsten Debatten. Diese fokussieren einerseits auf die Frage der Bedeutung dieses Merkmals, die – im Vergleich mit anderen psychologischen Merkmalen – oft heruntergespielt wird, was aber keine bzw. eine unzureichende empirische Basis hat. Andere Debatten thematisieren die Definition bzw. die Grenzen des Begriffs, z. B. ob Fähigkeiten (oder Fertigkeiten) wie emotionale und soziale Intelligenz und andere – teils abstruse – ›Intelligenzen‹ (wie spirituelle oder existenzielle Intelligenz) nicht auch Teil der Intelligenzdefinition sein bzw. in dieser sogar ein höheres Gewicht haben sollten. Wiederum andere kontroversielle Diskussionen entspinnen sich darüber, ob die gemessene Intelligenz im Laufe der vergangenen hundert Jahre stetig gestiegen sei (bekannt als Flynn-Effekt), im aktuellen Jahrhundert stagniere oder gar wieder abnähme (Überblick bei Pietschnig et al., 2021). Die Spitze der ›Kontroversialität‹ der Debatten um die menschliche Intelligenz erreichen schließlich jene um die Fragen nach dem durchschnittlichen IQ von Menschen verschiedener Ethnien (›Ländervergleiche‹), von Angehörigen verschiedener ›Rassen‹ und um die Frage, inwieweit derartige ›Gruppenunterschiede‹ eher genetische oder umweltbedingte (pädagogische, soziale, ökonomische) Ursachen haben (auch zu diesen Fragen haben Elsbeth Stern und ich wiederholt in populärwissenschaftlichen Kontexten bzw. Massenmedien Stellung bezogen (Stern, 2010; Neubauer, 2017).

Elsbeth Sterns Interesse an der Intelligenzforschung ist zu großen Teilen durch die Frage nach der Bedeutung von Intelligenzunterschieden für Lernerfolge in der

Schule motiviert. Diesen Einflussfaktor kontrastiert sie in ihrer Forschung (oft gemeinsam mit anderen Kolleg*innen, wie auch dem Verfasser dieses Beitrags) mit der Bedeutung von Wissen und Expertise (z. B. Stern & Neubauer, 2016; Grabner et al, 2003, 2006; vgl. auch den Beitrag von Roland Grabner in dieser Festschrift). So haben wir in Grabner et al. (2003) zeigen können, dass das mit hoher Intelligenz einhergehende Phänomen einer effizienteren Gehirnaktivierung (*neural efficiency*) auch unabhängig von der Intelligenz mit dem Erwerb von Expertise einhergeht: Der Erwerb fundierten Wissens konnte hier Effekte geringerer Intelligenz kompensieren, in der Form, dass intelligenzabhängige Unterschiede in der Effizienz der Gehirnnutzung mit zunehmendem Wissen in einer Domäne abnehmen bzw. gar verschwinden können. Lernen bzw. Wissenserwerb macht somit das Gehirn »effizienter«, wenn Aufgabenanforderungen aus der trainierten Wissensdomäne bewältigt werden müssen.

Als Fazit dieser und anderer Forschungsarbeiten lässt sich festhalten, dass Stern immer die herausragende Bedeutung von Wissen und dessen (zielgruppengerechter) Vermittlung in den Mittelpunkt stellt, ohne dabei die Bedeutung der Intelligenz zu vernachlässigen oder herunterzuspielen. Mit dieser Positionierung nimmt sie speziell im Bereich von Pädagogischer Psychologie und Bildungsforschung eine ganz besondere Rolle ein, denn die Rolle der Intelligenz wird in diesen Forschungszweigen oft eher stiefmütterlich behandelt; vermutlich, weil sich Intelligenz (vor allem ab dem Erwachsenenalter) pädagogischen Interventionen weitestgehend entzieht (Jausovec & Pahor, 2017; Neubauer, 2021).

Neben dem Interesse an Intelligenz als einflussstarker Determinante von Lernerfolgen gilt Elsbeth Sterns Interesse aber auch der Bedeutung (oder vielmehr des Mangels derselben) von neurowissenschaftlichen Erklärungsansätzen des Lernens. Stern legte hier wiederholt den Finger in die Wunde des alles in allem – nach zwei Dekaden intensiver neurowissenschaftlicher Bemühungen – doch überschaubaren Erfolgs derartiger Erklärungsmodelle, im Vergleich zur psychologischen bzw. verhaltenswissenschaftlichen Bildungsforschung (Stern et al., 2016).

Ähnliches lässt sich nach Ansicht des Verfassers auch für die neurowissenschaftliche Intelligenzforschung konstatieren. Trotz beachtlicher Fortschritte auf diesem Gebiet (Überblick bei Haier, 2017; Barbey et al., im Druck) ist eine grundlegende ›Revolution‹ der Intelligenzforschung durch die Gehirnforschung bislang nicht erkennbar: Weder hat sich bislang eine Perspektive einer validen IQ-Messung mittels EEG oder Kernspintomographie entwickelt, noch haben sich bislang Hoffnungen auf eine Intelligenzförderung durch neurowissenschaftliche oder neuropharmakologische Methoden erfüllt (Jausovec & Pahor, 2017). Dies erscheint vor allem deshalb als ein relevanter Befund, weil gerade die Frage nach einer Intelligenzsteigerung, vor allem bei Erwachsenen, aktuell in den philosophischen Debatten um den sogenannten Transhumanismus und Posthumanismus ganz klar im Zentrum steht; eine Debatte, die trotz der augenfälligen Relevanz für die Psychologie bislang ebendort noch gar nicht angekommen ist und derzeit praktisch nicht reflektiert wird (Neubauer, 2021).

5.2 Menschliche vs. Künstliche Intelligenz im Lichte der Debatten um Trans- und Posthumanismus

Transhumanismus bezeichnet eine aktuell vieldiskutierte philosophische Denkrichtung, die sich mit den Möglichkeiten und vor allem der Wünschbarkeit einer substanziellen Erweiterung der Möglichkeiten des menschlichen Geistes beschäftigt. Die Wurzeln dieses Ansatzes liegen einerseits im Renaissance-Humanismus und andererseits im Zeitalter der Aufklärung (vgl. Nietzsches ›Übermensch‹). Die Grundannahme ist, dass erst durch den technologischen Fortschritt ein soziokultureller Fortschritt ermöglicht wird; und nur dieser Fortschritt würde es erlauben, die gegenwärtigen Probleme der Menschheit bzw. unseres Planeten zu überwinden (wie Klimawandel, wachsende soziale Ungleichheit, Verlust demokratischer Werte und andere; Überblick bei Ranisch & Sorgner, 2014; kritische Auseinandersetzung bei Hansell & Grassie, 2011). Das ›Trans‹ im Transhumanismus kann auf zwei Arten interpretiert werden: Die Transhumanisten als transformierte, ›bessere‹ Wesen; oder im Sinne eines Übergangs (›Transition‹) zum finalen Ziel, den posthumanen Wesen oder Entitäten, denn selbst deutlich verbesserte transhumane Wesen seien immer noch zu defizient, um die imminenten Bedrohungen der Menschheit zu überwinden (siehe auch Loh, 2018, für eine Abgrenzung von Trans- und Posthumanismus). Das Ziel des Posthumanismus ist letztlich eine posthumane Zukunft, in welcher die, noch im Kern transhumanistischer Bemühungen stehende menschliche Intelligenz letztlich durch eine künstliche Intelligenz, genau genommen eine Super-Intelligenz (vgl. Bostrom, 2014), ersetzt wird. Obgleich auch immer wieder andere (psychologische) Eigenschaften des Menschen in trans- und posthumanistischen Debatten Erwähnung finden, bleibt letztlich doch klar, dass Intelligenz die zentrale menschliche Eigenschaft ist, die es weiter zu entwickeln gilt.

In Anbetracht der Aufmerksamkeit, die das Thema Künstliche Intelligenz derzeit erfährt, erscheint es höchst erstaunlich, dass die gegenwärtige psychologische Forschung sich aktuell kaum mit der Frage nach den Gemeinsamkeiten und Unterschieden von menschlicher Intelligenz (im Folgenden als Human-Intelligenz HI abgekürzt) und Künstlicher Intelligenz (KI) beschäftigt (vgl. Neubauer, 2021; van der Maas et al., 2021). Die Frage, wohin sich die Erforschung der HI im Lichte der dramatischen Entwicklungen der KI entwickeln könnte, und inwieweit sich das Verständnis der menschlichen Intelligenz im Lichte der KI-Entwicklungen ändern könnte, wird vom Verfasser an anderer Stelle behandelt (Neubauer, 2021). Wenn – wie dort argumentiert – sich die Rolle der menschlichen Intelligenz in ihrer klassischen kognitiven Definition ändern wird, dann stellt sich die Frage nach den Implikationen für Schule; und für schulischen Unterricht, der bislang als der zentrale Katalysator der individuellen Intelligenzentwicklung gesehen werden kann. Um diese Frage soll es – nach einer Darstellung des Verhältnisses von HI und KI – gehen.

In den derzeit noch wenigen Publikationen zum Verhältnis von HI und KI dominiert aktuell die Frage, inwieweit KI die Aufgaben in gängigen Intelligenztests lösen kann. Davon zu trennen ist die Frage, ob ein diesbezüglicher Erfolg schon ein hinreichender Grund ist, einer KI tatsächlich Intelligenz im Sinne der HI zuzusprechen. Hierfür definieren wir zunächst menschliche Intelligenz, indem wir auf die aktuell in der Psychologie breit akzeptierte Definition von Linda Gottfredson zurückgreifen:

> »Intelligence is a very general mental capability that, among other things, involves the ability to reason, plan, solve problems, think abstractly, comprehend complex ideas, learn quickly, and learn from experience. It is not merely book learning, a narrow academic skill, or test-taking smarts. Rather, it reflects a broader and deeper capability for comprehending our surroundings — ›catching on‹, ›making sense‹ of things, or ›figuring out‹ what to do« (Gottfredson, 1997, p. 13).

Ausgehend von dieser Definition lässt sich bereits vermuten, dass KI manche dieser Prozesse durchaus gut, und z.T. sogar erheblich schneller und besser als der Mensch bewältigen kann. Vor allem zwei Forschergruppen haben sich mit dieser Frage beschäftigt (Bringsjord & Licato, 2012; Hernandez-Orallo et al., 2014) und herausgefunden, dass KI-Systeme wenig überraschend vor allem jene Tests gut (bzw. besser als Menschen) lösen können, die stark formalisiert sind, wie z.B. die bekannten Zahlenreihenaufgaben (z.B. 35–39–42–21–25–28–14- ?); oder Matrizentest (vgl. Abb. 5.1). Hingegen scheitern aktuelle KI-Systeme völlig, wenn es um wenig formalisierbare Aufgaben wie z.B. jene für ›allgemeines Verständnis‹ aus dem bekannten Wechsler-Intelligenz-Test für Erwachsene (WIE; von Aster et al., 2006) geht (z.B. »Was tun Sie, wenn Sie im Theater als erster Feuer oder Rauch bemerken«).

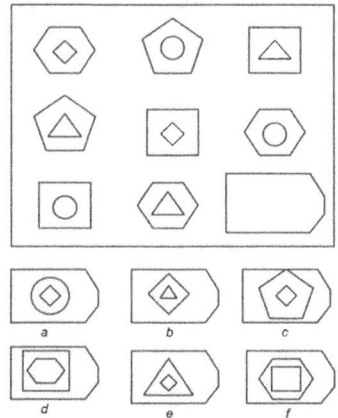

Abb. 5.1: Beispiel einer Matrizenaufgabe: Welches Element passt in die Leerstelle? Antwort c ist richtig (Stern & Neubauer, 2013, S. 30.)

Eine KI, die als der HI ebenbürtig zu betrachten wäre, sollte nicht bei dem einen Aufgabentyp reüssieren und bei einem anderen scheitern, sondern eine ›generelle‹ bzw. generalisierbare Fähigkeit zum schlussfolgernden Denken, zum Planen, zum Problemlösen, zum abstrakten Denken, zum Verstehen komplexer Ideen und zum schnellen Lernen haben (s. o. Definition von Gottfredson). Gefordert wird also nicht eine Summe von einzelnen Algorithmen, die zur Lösung einzelner Aufgabentypen bereitstehen, sondern eine ›Maschine, die zum Generalisieren fähig ist‹, also eine, die bereits gespeichertes ›Weltwissen‹ zum Lösen von gänzlich neuen Problemen heranziehen kann; und die – wie wir später sehen werden – die erfolgreiche Problemlösung auch erklären kann (vgl. auch van der Maas et al., 2021).

Gelegentlich wird in der Erörterung des Verhältnisses von HI und KI auch das bekannte Intelligenzmodell von Raymond Cattell (1963) mit seiner Unterscheidung von fluider vs. kristalliner Intelligenz herangezogen. Diese beiden Teilfaktoren allgemeiner Intelligenz unterscheiden sich in ihrer jeweiligen Abhängigkeit von Wissen. Fluide Intelligenz bezieht sich auf Fähigkeiten des logischen, problemlösenden Denkens bzw. Schlussfolgerns und beinhaltet deduktive Denkprozesse und gilt als weitestgehend unabhängig von Vorwissen, Erfahrung und Bildung. Kristalline Intelligenz hingegen umfasst Wissen, das abhängig von Kultur, Lernen bzw. vergangenen Erfahrungen ist und mit zunehmendem Alter steigt.

Während manche Denkaufgaben der kristallinen Intelligenz wie Kopfrechnen, Wortschatz, Wort- und Leseverständnis von KIs inzwischen weitaus besser bzw. rascher gelöst werden können als von Menschen, versagen KIs derzeit vor allem bei Denk-Problemen aus dem Bereich fluider Intelligenz, die Abstraktionsfähigkeit erfordern, wie z.B. Insight-Tests des Typs Bongard-Figuren, also Aufgaben, die Einsicht erfordern (van der Maas et al., 2021). Bongard-Figuren (Bongard, 1970) sind visuell repräsentierte Leistungsaufgaben, denen eine verborgene Regel zugrunde liegt, die es zu finden gilt. Sie bestehen aus jeweils sechs zusammenhängenden Figuren, die in zwei Spalten nebeneinander präsentiert werden (jeweils 6 Abbildungen), wobei die linke Spalte einer unbekannten Regel folgt, welche die rechte Spalte nicht erfüllt. Ziel der Aufgabe ist es, diese Regel zu identifizieren (siehe Abb. 5.2).

Zusammenfassend lässt sich festhalten: KI auf dem Niveau der HI könnte nach Sichtweise der meisten Forscher erst dann angenommen werden, wenn ein KI-System alle bekannten Probleme, die in Intelligenztests gestellt werden, in einem integrierten System gelöst werden und nicht nur von jeweils spezialisierten Algorithmen, die nur im Hinblick auf das jeweilige Problem entwickelt bzw. programmiert werden (van der Maas et al., 2021). Andere Wissenschaftler gehen noch weiter: Sie würden einer KI nur dann Intelligenz auf dem Level von HI zuschreiben, wenn sie nicht nur alle gängigen kognitiven Probleme lösen könnte, sondern auch über Einsicht verfügt in dem Sinne, dass sie ihre Lösung erklären kann, so wie Menschen das auch können (vgl. auch Gottfredsons o. a. Definition: »… a broader and deeper capability for comprehending our surroundings — ›catching on‹, ›making sense‹ of things, or ›figuring out‹ what to do«). Und das wiederum benötigt Bewusstsein bzw. die Möglichkeit zur Selbstreflexion, eine Fähigkeit, von der aktuell stark bezweifelt wird, ob KI sie in absehbarer Zeit entwickeln wird können. Denn dies erfordert nach KI-Theoretikern wie Searle (1980), Dreyfus (1965) und anderen nicht nur Kognition, sondern auch Motivation, also Ziele (bzw. Neugier und Interessen) und Emotion, und letztlich einen Körper, der in Interaktion mit der Umwelt treten kann, der Erfolg und Frustration erleben kann; auch könne sich erst dadurch der Sinn für ›Kausalität‹ entwickeln, welcher ein zentrales Konzept der menschlichen Intelligenz darstellt (Lake et al, 2017; Tenenbaum et al., 2011).

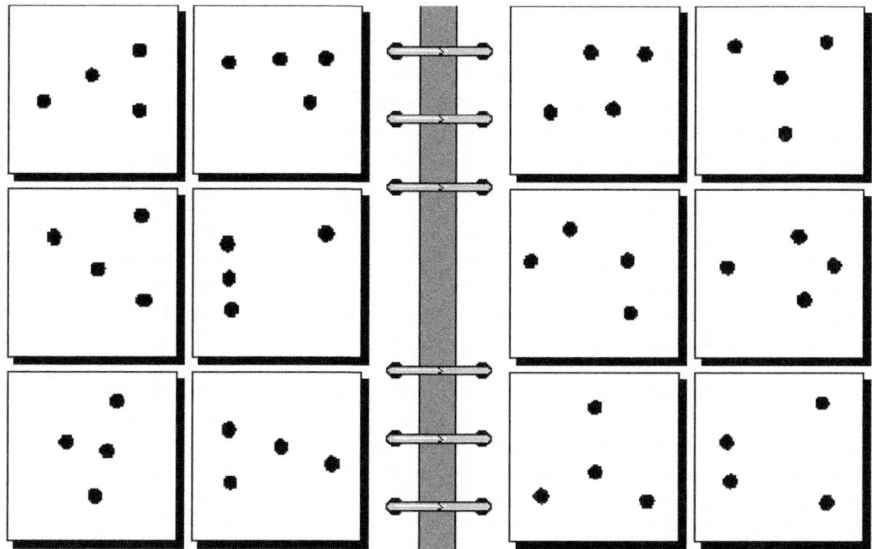

Abb. 5.2: Beispiel für eine Bongard-Problemstellung als Insight-Aufgabe: Was ist der wesentliche Unterschied zwischen den Abbildungen auf der linken vs. rechten Seite? (Auflösung: auf der linken Seite können immer drei Punkte durch eine gerade Linie verbunden werden; rechts geht das nicht) (Foundalis, 2006, S. 9).

5.3 Implikationen für Schule & Lernen

Welche Implikationen ergeben sich aus dem gegenwärtigen und dem möglichen zukünftigen Verhältnis von HI und KI für Fragen von Bildung und Ausbildung, für schulisches, berufsbezogenes und akademisches Lernen, vor allem auch für die Frage nach der Bedeutung von Intelligenz vs. Wissen für erfolgreiches Lernen, Studieren und berufliches Handeln? Wie wird sich Schule bzw. werden sich Bildungsinhalte im Angesicht der beschleunigten Entwicklungen auf dem KI-Sektor ändern? Wie können Schule und universitäres Lehren und Lernen ›zukunftsfit‹ für das kommende KI-Zeitalter gemacht werden? Welche menschlichen Fähigkeiten, Fertigkeiten und Kompetenzen brauchen die heute und in den kommenden Jahrzehnten heranwachsenden jungen Menschen, um einerseits ›KI-fit‹ zu sein, also die neuen Techniken zu nützen, vor allem aber auch zu deren Weiterentwicklung beitragen zu können? Werden klassisches Wissen (bzw. kristalline Intelligenz) und klassische Fertigkeiten in Zeiten immer treffsicher werdender Suchmaschinen und immer besser funktionierender KI-Systeme und vor allem auch Robotern obsolet werden? Wird damit die fluide Intelligenz im Sinne von ›abstrakter Generalisierungsfähigkeit‹ an Bedeutung gewinnen? Und wenn ja, wie könnte schulischer Unterricht diese Fähigkeit fördern? In weiterer Folge kann man auch fragen, welche Berufe im

Zeitalter von Industrie 4.0 obsolet werden könnten; welche werden die kommenden Jahrzehnte überleben bzw. gar ›boomen‹? Welche Implikationen hat das für das in Schulen und Universitäten vermittelte Wissen? Und inwieweit hängt das von der Dynamik der Entwicklungen im KI-Bereich ab?

Die zu diesen Fragen im Folgenden hier angestellten Überlegungen gehen von einer Perspektive der kommenden Jahrzehnte bzw. der ersten Hälfte dieses Jahrhunderts aus, also einem Zeitraum, für den selbst die optimistischsten KI-Theoretiker wie Ray Kurzweil (2006) und Nick Bostrom (2014) noch nicht eine KI annehmen, die in der Lage sein wird, eigenes Bewusstsein zu entwickeln, was – wie oben beschrieben wurde – die zentrale Voraussetzung für eine KI mit der Fähigkeit zum Generalisieren und vor allem zu ›Einsicht‹ darstellen dürfte. Überlegungen zur Rolle der Intelligenz für eine länger- und langfristige Perspektive der Rolle der HI in einem kommenden KI-Zeitalter habe ich an anderer Stelle dargelegt (Neubauer, 2021).

Betrachten wir aber hier den Zeitraum der kommenden Jahrzehnte, so stellt sich vor allem die Frage, welche Auswirkungen die KI-Entwicklungen auf Arbeitsmärkte – und damit auf die gefragten Qualifikationen der Beschäftigten – haben wird. Wird KI der große Job-Killer und wenn ja, in welchen Branchen? Wird KI eher blue collar jobs oder white collar jobs gefährden; eher Jobs für die eine höhere Intelligenz vorteilhaft oder gar unabdingbar ist?

Die gegenwärtig hierzu vorliegende Evidenz ist bestenfalls uneindeutig, teilweise widersprüchlich. Während manche Autoren massive Job-Verluste in sehr vielen Bereichen sehen (Frey & Osborne, 2017; Zhou et al., 2020), konstatieren andere Jobverluste nur in ausgewählten Bereichen, und selbst hier gehen die Meinungen auseinander: Während manche Autoren lediglich in routine-artigen white collar-Tätigkeiten größere negative Auswirkungen prognostizieren (Chelliah, 2017), sehen andere selbst in manchen anspruchsvollen Berufen (z. B. in Medizin und Recht, im Human Resources Management, aber auch in Erziehung und Bildung) die Ersetzung so mancher menschlicher Jobs durch Maschinen. Andere wiederum antizipieren vor allem in zwei Bereichen wenig Bedrohung durch KI für den Arbeitsmarkt: Einerseits bei (derzeit durch KI nicht leistbaren) Jobs, in denen es darum geht, Menschen zu führen und anzuleiten, mit ihnen zu interagieren, sie zu betreuen etc.; also Bereiche, in denen es weniger um die kognitive Intelligenz geht, sondern wo vor allem emotionale oder soziale Intelligenz oder Kompetenz gefragt ist (Bughin et al., 2017; vgl. auch Goos & Manning, 2007). Auf der anderen Seite seien aber gerade auch blue collar-Jobs in uneindeutig und variabel strukturierten ›Umwelten‹ wenig gefährdet; also Jobs wie Gärtner, Installateure, aber auch Kranken- und Altenpfleger*innen. Einerseits, weil diese schwer zu automatisieren sind und andererseits – selbst wenn möglich – die dabei anzunehmenden Kosten derzeit in keiner vernünftigen Relation zu den in diesen Berufen bezahlten Gehältern stehen. Interessant an dieser rezenten Analyse von Bughin et al. ist, dass sie weitestgehend die Befunde von Goos und Manning replizieren, die bereits im Jahr 2007 ähnliches prognostiziert hatten. So möchte man meinen, dass sich diese Perspektive in den vergangenen 15 Jahren nicht wirklich grundlegend geändert hat. Eine Analyse für den deutschen Arbeitsmarkt von Brzeski und Burk (2015) kommt zu dem pessimistischen Bild, dass nahezu 60 % aller Jobs, vor allem solche mit viel Routinetätigkeiten, gefährdet seien. Am anderen Ende der Skala seien Akademiker in wissenschaftlichen oder kreativen Berufen, Führungskräfte, Mediziner, Physiker und Chemiker, aber auch – wie erwartbar – Informatik- bzw. IT-Spezialisten kaum betroffen. Wie viele Jobs insgesamt betroffen sein könnten, zeigt in der Fachliteratur enorm unterschiedliche Schätzungen: Von nur 9 % (Arntz et al, 2016) bis rund 50% (Frey & Osborn, 2017; Bowles, 2014) aller Jobs seien durch KI, Automatisierung und Robotik gefährdet.

Die Analyse von Frey und Osborne (2017) kommt zudem zu der Schlussfolgerung, dass sowohl Ausbildungsniveau als auch Gehälter in einer stark negativen Beziehung zur Automatisierbarkeit von Jobs stehen. Und da gerade diese beiden Variablen zu jenen gehören, die unter psychologischen Merkmalen relativ am besten durch Intelligenz vorhergesagt werden können (z. B. Strenze, 2007), kann man wohl – betreffend die Eingangsfrage nach dem Status Quo der Intelligenzforschung – schlussfolgern, dass die Bedeutung der menschlichen Intelligenz für die kommenden Jahrzehnte wohl eher zunehmen dürfte. Intelligenz ist aber – wie wiederholt von Elsbeth Stern herausgestrichen – nur eine Art ›Grundkapital‹, das, nur wenn es sinnvoll zum Erwerb komplexen Wissens eingesetzt wird (Stern, 2015; vgl. auch Grabner et al., 2003, 2007), wohl auch für die kommenden Jahrzehnte die beste Absicherung gegen Arbeitslosigkeit durch Automatisierung darstellen dürfte. Und obgleich Intelligenz auch genetische Anteile hat, lässt sich im Sinne von Elsbeth Sterns und meinen Annahmen einmal mehr festhalten, dass der zentrale ›umweltgemachte‹ Anteil an der Intelligenzentwicklung die Schule bzw. Ausbildung generell darstellen: ›Lernen macht intelligent‹, haben Elsbeth Stern und ich bereits 2007 postuliert: Auf Basis der Befunde aus der Forschung von Stephen Ceci (1991) stellt der (systematische und möglichst wenig unterbrochene bzw. gestörte) Schulbesuch die zentrale beeinflussbare Größe, die die Intelligenzentwicklung mitbestimmt, dar.

Zentrale Aufgabe der Schule der nächsten zwei bis drei Jahrzehnte wird somit dreierlei sein:

1. Der Erwerb intelligenten Wissens bzw. der Förderung der allgemeinen menschlichen Intelligenz im Sinne der oben erwähnten generalisierbaren Fähigkeit zum schlussfolgernden Denken, zum Planen, zum Problemlösen, zum abstrakten Denken, zum Verstehen komplexer Ideen, denn nach Sichtweise der meisten KI-Expert*innen werden wir in derartigen übergreifenden Fähigkeiten der Künstlichen Intelligenz auch in den kommenden Jahrzehnten noch überlegen sein. Wie die erwähnte Forschung von Elsbeth Stern, aber auch die o. a. Forschung von Ceci nahelegt, leistet Schule – neben dem Erwerb von allgemeinen Kulturtechniken wie Lesen, Schreiben, Rechnen und bereichsspezifischem Wissen – genau das. Im Umgang mit den genannten Herausforderungen, z. B. Konzepten der Mathematik, wie formales Denken, Induktion und Deduktion, werden genau diese Fähigkeiten, die die Intelligenz ausmachen, trainiert.
2. Die Förderung des kreativen Potenzials junger Menschen bzw. die für Kreativität grundlegenden basalen Fähigkeiten und Eigenschaften, wie z. B. das sog. Divergente Denken oder das Big Five-Merkmal der Offenheit (vgl. Jauk et al., 2014). Empfehlenswerte Hinweise zur Kreativitätsförderung in konkreter pädagogischer Praxis finden sich z. B. bei Haager & Baudson (2019).

3. Die Förderung emotionaler und sozialer Kompetenzen (bzw. Intelligenzen, je nach Definition, Salovey & Mayer, 1990). Das in den vergangenen 20 Jahren vielbeforschte Merkmal der sog. Emotionalen Intelligenz (EI, Überblick bei Neubauer & Freudenthaler, 2006) wird definiert als die Fähigkeit, seine eigenen Emotionen zu erkennen und das eigene Gefühlsleben erfolgreich regulieren zu können sowie die Gefühle anderer akkurat identifizieren zu können und in der Interaktion erfolgreich damit umgehen zu können. Für die vor uns liegenden Jahrzehnte ist abzusehen, dass in diesem Bereich die menschliche Intelligenz der künstlichen Intelligenz überlegen bleiben wird. So werden Jobs, die eine hohe Emotionale Kompetenz oder Intelligenz erfordern, auch auf absehbare Zeit nicht durch KIs bzw. Roboter ersetzt werden (und diese Fähigkeit benötigt man in einer Vielzahl teils extrem unterschiedlicher Berufe wie z. B. Kranken- und Altenpflege, Medizin, Sozialarbeit, aber auch im Bereich Führungskräfte). Hinweise auf Möglichkeiten zur Förderung emotionaler und sozialer Kompetenzen sind z. B. dem Buchbeitrag von Goetz et al. (2006) sowie dem Ratgeber von Bosley und Kasten (2018) zu entnehmen, aber auch einer Vielzahl anderer Publikationen.

5.4   Literaturverzeichnis

Arntz, M., Gregory, T. & Zierahn, U. (2016). The Risk of Automation for Jobs in OECD Countries: A comparative analysis. *OECD Social, Employment and Migration Working Papers, No. 189*. OECD Publishing, Paris. http://doi.org/10.1787/5jlz9h56dvq7-en.

Barbey, A.K., Karama, S. & Haier, R.J. (in press). *The Cambridge Handbook of Intelligence and Cognitive Neuroscience.* Cambridge University Press.

Bongard, M. (1970) *Pattern Recognition.* Spartan Books, New York, 1970.

Bosley, I. & Kasten, E. (2018). *Emotionale Intelligenz – Ein Ratgeber mit Übungsaufgaben für Kinder, Jugendliche und Erwachsene.* Springer.

Bostrom, N. (2014). *Superintelligence: Paths, Dangers, Strategies.* Oxford University Press.

Bowles, J. (2014). *The Computerisation of European Jobs*, blog, 24 July, Bruegel. https://www.bruegel.org/2014/07/the-computerisation-of-european-jobs/.

Bringsjord, S. & Licato, J. (2012). Psychometric artificial general intelligence: The Piaget-MacGuyver Room. In P. Wang & B. Goertzel (Eds.), *Atlantis thinking machines: Vol. 4. Theoretical foundations of artificial general intelligence* (pp. 25–48). Atlantis Press, Paris https://doi.org/10.2991/978-94-91216-62-6_3.

Brzeski, C. & Burk, I. (2015). Die Roboter kommen. Folgen der Automatisierung für den deutschen Arbeitsmarkt. Frankfurt: *ING DiBa Economic Research, 30*.

Bughin, J., Manyika, J. & Woetzel, J. (2017). *Jobs lost, jobs gained: Workforce transitions in a time of automation.* McKinsey Global Institute.

Cattell, R. B. (1963). Theory of fluid and crystallized intelligence: A critical experiment. *Journal of Educational Psychology, 54*(1), 1.

Ceci, S. J. (1991). How much does schooling influence general intelligence and its cognitive components? A reassessment of the evidence. *Developmental psychology, 27*(5), 703.

Chelliah, J. (2017). Will artificial intelligence usurp white collar jobs? *Human Resource Management International Digest, 25*(3), 1–3. https://doi.org/10.1108/HRMID-11-2016-0152.

Dreyfus, H. (1965). *Alchemy and AI.* Santa Monica, CA: RAND corporation.

Foundalis, H. E. (2006). *Phaeaco: A cognitive architecture inspired by Bongard's problems* (Dissertation, Indiana University). https://www.foundalis.com/res/diss_research.html.
Frey, C. B. & Osborne, M. A. (2017). The future of employment: How susceptible are jobs to computerisation? *Technological Forecasting and Social Change, 114*, 254–2. https://doi.org/10.1016/j.techfore.2016.08.019.
Goetz, T., Frenzel, A.C., Pekrun, R. & Hall, N. (2006). Emotionale Intelligenz im Lern- und Leistungskontext. In R. Schulze, A. Freund & R.D. Roberts (Hrsg), *Emotionale Intelligenz: Ein internationales Handbuch* (S. 237–256). Hogrefe.
Goos, M. & Manning, A. (2007). Lousy and Lovely Jobs: The Rising Polarization of Work in Britain. *The Review of Economics and Statistics, 89*(1), 118–133. https://doi.org/10.1162/rest.89.1.118.
Gottfredson, L. S. (1997). Mainstream science on intelligence: An editorial with 52 signatories, history and bibliography [Editorial]. *Intelligence, 24*(1), 13–23. https://doi.org/10.1016/S0160-2896(97)90011-8.
Grabner, R., Neubauer, A.C. & Stern, E. (2006). Superior performance and neural efficiency; the impact of intelligence and expertise. *Brain Research Bulletin, 69*, 422–439. https://doi.org/10.1016/j.brainresbull.2006.02.009.
Grabner, R., Stern, E. & Neubauer, A.C. (2003). When intelligence loses its impact: Neural efficiency during reasoning in a familiar area. *International Journal of Psychophysiology, 49*, 89–98. https://doi.org/10.1016/s0167-8760(03)00095-3.
Grabner, R., Stern, E. & Neubauer, A.C. (2007). Individual Differences in Chess Expertise: A Psychometric Investigation. *Acta Psychologica, 124*, 398–420.
Haager, J.S. & Baudson, T.G. (2019). *Kreativität in der Schule – finden, fördern, leben* (Psychologie in Bildung und Erziehung: Vom Wissen zum Handeln). Springer.
Haier, R.J. (2017). *The neuroscience of intelligence*. Cambridge, UK: Cambridge University Press.
Hansell, G.P. & Grassie, W. (2011). *Transhumanism and it's critics*. Philadelphia: Metanexus.
Hernández-Orallo, J., Dowe, D.L., Hernández-Lloreda, M.V. (2014). Universal psychometrics: measuring cognitive abilities in the machine kingdom. *Cognitive Systems Research, 27*, 50–74. https://doi.org/10.1016/j.cogsys.2013.06.001.
Jauk, E., Benedek, M. & Neubauer, A.C. (2014). The Road to Creative Achievement: A Latent Variable Model of Ability and Personality Predictors. *European Journal of Personality, 28*(1), 95–105. http://doi.org/10.1002/per.1941.
Jaušovec, N., & Pahor, A. (2017). *Increasing intelligence*. Elsevier Academic Press.
Kurzweil, R. (2006). *The singularity is near: When humans transcend biology*. Penguin.
Lake, B.M., Ullman, T.D., Tenenbaum, J.B. & Gershman, S.J. (2017). Building machines that learn and think like people. *Behavioral and Brain Sciences, 40*. https://doi.org/10.1017/S0140525X16001837
Loh, J. (2018). *Trans- und Posthumanismus zur Einführung*. Hamburg: Junius.
Neubauer, A.C. (2017). *Sarrazin ist ein schwieriges Thema – Der Intelligenzforscher Aljoscha Neubauer verteidigt sein Fach*. Der Spiegel – Dossier ›Intelligenz‹.
Neubauer, A.C. & Freudenthaler, H.H. (2006). Modelle emotionaler Intelligenz. In R. Schulze, P. A. Freund, R. D. Roberts (Hrsg.), *Emotionale Intelligenz: Ein Internationales Handbuch* (S. 39–59). Göttingen: Hogrefe Verlag.
Neubauer, A.C. & Stern, E. (2007). *Lernen macht intelligent – Warum Begabung gefördert werden muss*. München: DVA.
Neubauer, A.C. (2021). The future of intelligence research in the coming age of artificial intelligence – With a special consideration of the philosophical movements of trans- and posthumanism. *Intelligence, 87: 101563*. https://doi.org/10.1016/j.intell.2021.101563.
Pietschnig, J., Deimann, P., Hirschmann, N., & Kastner-Koller, U. (2021). The Flynn effect in Germanophone preschoolers (1996–2018): Small effects, erratic directions, and questionable interpretations. *Intelligence, 86*, 101544.
Ranisch; R. & Sorgner, S.L. (Eds., 2014). *Post- and Transhumanism: An Introduction*. Verlag Peter Lang.
Salovey, P., & Mayer, J. D. (1990). Emotional intelligence. *Imagination, cognition and personality, 9*(3), 185–211.
Searle, J. R. (1980). Minds, brains, and programs. *Behavioral and Brain sciences, 3*(3), 417–424.

Stern, E. (2010). Was heißt hier erblich? Zeit Online. https://www.zeit.de/2010/36/Intelligenz-Sarrazin.

Stern, E. (2015). Intelligence, Prior Knowledge, and Learning. In J. Wright (Hrsg.): *International Encyclopedia of Social and Behavioral Sciences, 2nd edition, Vol 12*. Oxford: Elsevier. pp. 323–328.

Stern, E. & Neubauer, A.C. (2013). *Intelligenz – Große Unterschiede und ihre Folgen*. München: DVA.

Stern, E. & Neubauer, A.C. (2016). Intelligenz: kein Mythos, sondern Realität. *Psychologische Rundschau, 67*, 15–27. http://doi.org/10.1026/0033-3042/a000290.

Stern, E., Grabner, R.H. & Schumacher, R. (2016). A Field Between False Hopes and Realistic Expectations (Editorial Educational Neuroscience). *Zeitschrift für Psychologie, 224*(4), 237–239. https://doi.org/10.1027/2151-2604/a000258.

Strenze, T. (2007). Intelligence and Socioeconomic Success: A Meta-Analytic Review of Longitudinal Research. *Intelligence, 35*, 401–426. https://doi.org/10.1016/j.intell.2006.09.004.

Tenenbaum, J.B., Kemp, C., Griffiths, T.L. & Goodman, N.D. (2011). How to grow a mind: Statistics, structure, and abstraction. *Science, 331*(6022), 1279–1285. https://doi.org/10.1126/science.1192788.

van der Maas, H. L., Snoek, L. & Stevenson, C. E. (2021). How much intelligence is there in artificial intelligence? A 2020 update. *Intelligence, 87*, 101548. https://doi.org/10.1016/j.intell.2021.101548.

von Aster, M. Neubauer, A.C. & Horn, R. (2006). *Wechsler-Intelligenz-Test für Erwachsene*. Frankfurt: Harcourt.

Zhou, G., Chu, G., Li, L. & Meng, L. (2020). The effect of artificial intelligence on China's labor market. *China Economic Journal, 13*(1), 24–41.

6 Potenziale nutzen – unabhängig von Geschlecht und sozialer Herkunft

Sarah Hofer, Ursina Markwalder, Anne Deiglmayr & Michal Berkowitz

Aus unseren Kooperationen mit Elsbeth Stern in der Lehrerbildung und Forschung kennen wir ihren oftmals kämpferischen Einsatz für guten Unterricht. Guter Unterricht im Sinne Elsbeth Sterns nützt allen Kindern – unabhängig von deren sozialer Herkunft, Muttersprache oder Geschlecht –, indem er ihnen ermöglicht, vorhandenes Potenzial in Wissen zu investieren. In diesem Sinn kann guter Unterricht wesentlich dazu beitragen, strukturelle Bildungsgerechtigkeit zu fördern und die »Verschwendung von Potenzial« zu vermeiden, wie von Elsbeth Stern in zahlreichen Medienauftritten betont. Nicht immer jedoch wird vorhandenes Potential auch erkannt und gefördert. In Kindergarten, Schule und darüber hinaus Bedingungen zu schaffen, unter denen junge Menschen ihre vorhandenen Potenziale entfalten können, ist ein Thema, das sich durch viele von Elsbeth Sterns Forschungsprojekte zieht. In diesem Kapitel wollen wir einige davon vorstellen.

6.1 Unentdecktes Potenzial sichtbar machen – Eine Sensibilisierung

Die Kinder, Jugendlichen und jungen Erwachsenen, die an unseren Schulen und Hochschulen unterrichtet werden, unterscheiden sich nicht nur in ihrem intellektuellen Potenzial, sondern auch in vielen weiteren Merkmalen. Sie kommen aus unterschiedlichen Familien mit unterschiedlichen Lebensumständen, erleben unterschiedliche Bedingungen für intellektuelles und persönliches Wachstum und entwickeln unterschiedliche Überzeugungen und Haltungen in Bezug auf Lernen und Bildung. Ihr Lernverhalten und ihre Leistungen, genauso wie deren externe Bewertung und Wahrnehmung, werden von all diesen Faktoren beeinflusst, und so stehen Lehrer*innen nicht selten vor der Herausforderung, »verstecktes« Potenzial zu entdecken und zu fördern. »Versteckt«, da die schulischen Leistungen von Schüler*innen und ihre bisherige Schullaufbahn nicht immer widerspiegeln, wozu sie tatsächlich imstande wären. Denn obwohl die Bildungsmobilität in westlichen Gesellschaften seit der Mitte des 20. Jahrhunderts, auch aufgrund eines stärker inklusiven und integrativen Schulsystems, deutlich zugenommen hat, spielen Merkmale des sozialen Hintergrunds noch immer eine wichtige Rolle für das Erreichen von Bildungsabschlüssen (Bernardi & Ballarino, 2016; Goldthorpe, 2016; OECD,

2018; Shavit & Blossfeld, 1993). Und obwohl sich die Türen der Schulen und Universitäten schon vor langem für Mädchen und Frauen geöffnet haben, ist die Minderheitenposition von Frauen im Bereich der MINT-Bildung ein wichtiges Thema aktueller Bildungsdebatten: Mädchen und Frauen werden zwar auf gesetzlicher Ebene nicht länger benachteiligt. Doch nach wie vor bestehen ungleich verteilte Bildungsinteressen und -möglichkeiten, unter anderem durch gesellschaftlich immer noch präsente Geschlechtsstereotype und Vorstellungen davon, welche Themen Mädchen und Jungen interessant finden bzw. welche Fächer ihnen liegen (Berkowitz et al., 2020). Je nach schulischem und fachlichem Kontext können es verschiedene Faktoren sein, die dazu führen, dass eigentlich vorhandenes Potenzial nicht bemerkt wird und somit auch nicht genutzt werden kann. Wir konzentrieren uns in diesem Kapitel auf die beiden Faktoren *soziale Herkunft* und *Geschlecht*.

Wie die soziale Herkunft die Schullaufbahn beeinflusst

Schüler*innen durchlaufen mit sehr unterschiedlichen Ressourcen und Voraussetzungen ihre Schullaufbahn. Insbesondere bei Schüler*innen aus Familien mit unterschiedlichem sozioökonomischem Status (SES) führt ein gleiches Leistungspotenzial nicht automatisch zu Chancengleichheit (Becker & Lauterbach, 2016; Becker & Schoch, 2018; Wyss, 2014). Neben unterschiedlichen Fördermöglichkeiten wird auch der meritokratische Anspruch, eine bestimmte Leistung überall und für alle gleich zu bewerten, nicht immer erfüllt (Kronig, 2007). Soziale Disparitäten nehmen im Laufe der Schulzeit eher zu, wie auch die Ergebnisse gross angelegter internationaler Schulleistungsstudien wie PISA, TIMSS oder IGLU immer wieder aufzeigen (Becker & Schoch, 2018; Stamm & Viehhauser, 2009; Wyss, 2014; Baumert et al., 2010). Man spricht in diesem Fall vom Matthäus-Effekt, der besagt, dass die Schere zwischen Personen mit verschiedenen Ressourcen und Voraussetzungen im Laufe der Zeit immer grösser wird (Wild & Möller, 2015).

Gerade in der Zeit des Übergangs zwischen Primar- und Sekundarschulstufe verstärken sich die sozialen Disparitäten (Becker & Schoch, 2018). Das bedeutet, dass nicht das angestrebte meritokratische Prinzip, also nur die erbrachte eigene Leistung, den Lebensweg eines Schülers oder einer Schülerin bestimmt, sondern in hohem Masse auch die soziale Herkunft (z. B. Kroning, 2007; Wyss, 2014; Stamm & Blossfeld, 2014). Schüler*innen aus Familien mit einem akademischen Hintergrund haben sowohl in Deutschland (z. B. Dreissner, 2013) als auch in der Schweiz (z. B. Becker & Schoch, 2018) in etwa eine drei- bis viermal höhere Wahrscheinlichkeit, das Gymnasium zu besuchen, als Schüler*innen ohne diesen Startvorteil.

Noch akzentuiert wird dieses Gefälle in der Schweiz, weil der Anteil von Schülerinnen und Schülern, die das Gymnasium besuchen, über die Jahre stabil bei durchschnittlich 20 Prozent gehalten wird (Wolter et al., 2018). Stern und Hofer (2014) fanden Hinweise darauf, dass der sozioökonomische Hintergrund der Eltern eine überproportionale Rolle bei der Entscheidung für oder gegen eine gymnasiale Laufbahn spielt. Während ein Kind mit hohem SES und einem IQ von 100 mit 50 %iger Wahrscheinlichkeit für das Gymnasium zugelassen wird, benötigt ein Kind mit niedrigem SES einen IQ von 115, um dieselbe Chance zu erhalten.

Neben der oben aufgezeigten strukturellen Ungleichheit gilt der soziale Status der Eltern auch als einer der wichtigsten unmittelbaren Einflussfaktoren auf schulische Leistungen, insbesondere im sprachlichen und naturwissenschaftlichen Bereich. Diese beiden Aspekte einer Schullaufbahn – individuelle Leistungsunterschiede (1) sowie strukturelle Unterschiede in den Möglichkeiten (2) – standen im Fokus des in der Folge beschriebenen Dissertationsprojekts.

> **Die Studie Wer spricht Physik?**
>
> Elsbeth Stern supervidierte das Dissertationsprojekt »Wer spricht Physik?« (Markwalder, 2019), welches im Rahmen der Schweizer MINT Studie (SMS) durchgeführt wurde. Die SMS hat zum Ziel, Primarschüler*innen möglichst früh an Physikkonzepte heranzuführen. Die Intervention beginnt bereits in den unteren Primarschulstufen und basiert auf kognitiv aktivierendem Lernmaterial zu vielfältigen Themenbereichen wie *Schwimmen und Sinken*, *Luft und Luftdruck*, *Magnetismus* oder *Brücken bauen* (Möller & Jonen, 2005; Stern et al., 2017).
>
> Im Dissertationsprojekt selbst wurden unter anderem der Einfluss von Sprachkompetenz auf Physikverständnis sowie die bestimmenden Faktoren für den Übertritt von der Primar- auf die nächstfolgende Schulstufe (Sekundarschule oder Gymnasium) untersucht. An den Studien des gesamten Dissertationsprojektes nahmen insgesamt 855 Sechstklässler*innen teil, die am Ende ihrer Primarschulzeit standen und im Schnitt etwa 13 Jahre alt waren. Die Schüler*innen aus 62 verschiedenen Klassen, verteilt über die ganze Deutschschweiz, wurden in unterschiedlichen Kompetenzbereichen getestet. Knapp 400 der Kinder hatten über ihre Primarschulzeit hinweg frühen Physikunterricht erhalten, während 471 Kinder nach dem Standardlehrplan unterrichtet worden waren und als Kontrollgruppe dienten.
>
> Auf der *individuellen Leistungsebene (1)* wird die Sprache als eine der Schlüsselkompetenzen für die Beherrschung eines naturwissenschaftlichen Faches angesehen (Härtig et al., 2015; Rincke, 2007). Neue Konzepte werden vorwiegend über die Sprache vermittelt. In der Schweizer MINT-Studie mussten die Schüler*innen viel kommunizieren; sie mussten zuhören, lesen, sprechen und schreiben über die zu lernenden Inhalte und diese dabei mit ihrem Vorwissen in Beziehung setzen. Ein Ziel des Dissertationsprojektes bestand darin herauszufinden, ob früher Physikunterricht durch diese vertiefte sprachliche Auseinandersetzung speziell Kindern aus tieferen sozialen Schichten dabei hilft, ihr Potenzial stärker in Physikkompetenz umzusetzen. Diese Annahme konnte so nicht bestätigt werden. Es zeigt sich jedoch ein Mitigationseffekt. Das bedeutet, dass sich die oben erwähnte Schere der SES-bedingten Leistungsunterschiede nicht noch mehr öffnet, also, dass der frühe Physikunterricht für alle Schülerinnen und Schüler in etwa in gleichem Ausmass förderlich ist.
>
> Auf der *strukturellen Ebene* (2) zeigte sich, dass sich ein überproportionaler Anteil von leistungsstarken Schüler*innen mit niedrigem SES in den unteren Bildungsstufen des Schweizer Bildungssystems befindet. Nur ein Drittel der Schüler*innen mit hohen kognitiven Fähigkeiten und dem niedrigsten SES-

> Hintergrund erreichte die höchstmögliche Schulstufe. Dies deutet darauf hin, dass der Selektionsfilter für diese Schüler*innen zu eng gefasst ist. Oder in anderen Worten: Der aktuell wirkende Selektionsprozess filtert zu viele Talente mit niedrigem SES heraus.

Was heißt das für die Praxis? – Kinder mit tiefem SES zeigen im Schnitt signifikant schlechtere Leistungen in der Schule (Dreissner, 2013). Der Hauptgrund wird vor allem in schlechteren Lese- und Schreibleistungen verortet (Schuth et al., 2015). Es gilt daher, möglichst früh fächerübergreifende Schlüsselkompetenzen wie die Sprachkompetenz zu fördern (Hasemann & Stern, 2003). Gerade in den MINT-Fächern wird die enge Verbindung von Sprachkompetenz und Konzeptverständnis immer wieder betont: Nur ein gemeinsames Verständnis der Konzepte und des Begriffssystems, also der domänenspezifischen sprachlichen Terminologie, erlaubt es Schüler*innen, naturwissenschaftliche Kompetenzen zu entwickeln (z. B. Härtig et al., 2015; Rincke, 2007; Wellington & Osborne, 2001). Durch sprachsensiblen (Fach-)Unterricht kann die Sprachkompetenz aller Kinder in unterschiedlichen Kontexten gesteigert werden. Einschlägige Literatur dazu findet sich beispielsweise im Fachbuch »Sprachbewusst unterrichten – Eine Unterrichtshilfe für den Fachunterricht des Bildungsraums Nordostschweiz« (Lindauer et al., 2013). Für eine gezielte frühe Förderung in den naturwissenschaftlichen Fächern sind also eine Sensibilität für sprachliche Hürden und entsprechende Fördermassnahmen elementar. So wird in den Materialien der *Schweizer MINT-Studie* beispielsweise nicht von Schallwellen, sondern von »Luft, die wackelt«, gesprochen. Auch wenn die in der Box dargestellte Studie keine deutlich stärkeren Effekte für Kinder aus Familien mit niedrigerem SES nachweisen konnte, scheint vereinfachende Sprache bei fortgesetztem Einsatz in der Tat speziell Schüler*innen aus tieferen sozialen Schichten dabei zu helfen, das Material besser zu verstehen und früh entsprechendes Vorwissen aufzubauen, das für den weiteren Bildungserfolg so entscheidend ist (Gabler et al., 2020; Markwalder, 2019).

Um den strukturellen Disparitäten beizukommen, bedarf es einer Sensibilisierung für den Umstand, dass die Leistungen insbesondere von Kindern mit tiefem SES nicht zwingend mit ihren wirklichen (kognitiven) Fähigkeiten übereinstimmen (Maaz, Baeriswyl & Trautwein, 2013). Es muss eine sorgfältige Auswahl getroffen werden, welche Schüler*innen welche Schulstufe besuchen. Im deutschsprachigen Teil des Kantons Fribourg wird beispielsweise ein standardisiertes Übergangsmodell eingesetzt, das Schüler*innen, Eltern und Lehrpersonen in den Entscheidungsprozess miteinbezieht. Es werden sowohl die Noten des vergangenen Jahres als auch eine standardisierte Zuweisungsprüfung in Mathematik und Deutsch als Entscheidungsgrundlage herangezogen. Baeriswyl et al. (2006) untersuchten die Effekte dieses standardisierten Schul-Übergangsmodells und konnten zeigen, dass die Auswirkungen des SES mit diesem Übergangsmodell abgeschwächt wurden. Dieses Verfahren wird in Fribourg jedes Jahr für alle Primarschüler*innen angewandt, bevor sie den verschiedenen Sekundarschulstufen zugewiesen werden.

MINT: Eine Frage des Geschlechts?

In den Medien, in Kampagnen und wissenschaftlichen Studien – die Problematik der Unterrepräsentation von Frauen im MINT-Bereich ist seit vielen Jahren ein intensiv diskutiertes und bearbeitetes Thema (z. B. Andrus et al., 2018; Cimpian et al., 2020; Reinking & Martin, 2018). Aber was bedeutet das für die Schulpraxis? Die Einstellung gegenüber Naturwissenschaften, Technik, Mathematik und Informatik formt sich vermutlich bereits lange vor der Entscheidung über die Berufs- oder Studienfachwahl, darin ist sich die Forschung relativ einig. Das Verhalten von Lehrer*innen und engen Bezugspersonen in der Kindheit kann bereits früh implizite *Gender-Science* Stereotype transportieren – etwa durch geschlechterspezifische Erwartungen oder die Ermutigung zu unterschiedlichen Aktivitäten je nach Geschlecht (z. B. Crowley et al., 2001; Robinson-Cimpian et al., 2014; Tenenbaum & Leaper, 2003). Jungen und Mädchen machen so gegebenenfalls schon früh unterschiedliche bestätigende oder entmutigende Erfahrungen im Zusammenhang mit Mathematik, Naturwissenschaften, Technik und Informatik, die ihr Kompetenzerleben und ihr Vertrauen in die eigenen Fähigkeiten in diesen Bereichen nachhaltig beeinflussen können (z. B. Keller, 2001; Makarova & Herzog, 2015; Robinson-Cimpian et al., 2014).

Ein erster wichtiger Schritt besteht darin zu erkennen, wenn Lernende ihr Potenzial nicht ausnutzen. Bleiben in den MINT-Fächern möglicherweise gerade einige Schülerinnen hinter ihrem Potenzial zurück?

Die Studie Physik-Underachiever

Durch die gleichzeitige Betrachtung von Noten in Physik sowie weiterer Fächern, des Intelligenzpotentials, des Interesses an Physik und des Physik-Selbstkonzepts (also der Selbstwahrnehmung in Bezug auf die eigene Leistungsfähigkeit im Fach Physik) konnten wir in einer Studie (Hofer & Stern, 2016) fachspezifische *Underachiever* identifizieren – also Jugendliche, die ihr hohes intellektuelles Potential im Physikunterricht offensichtlich nicht umsetzen konnten.

Wir befragten 316 Jugendliche (182 Mädchen) an Schweizer Gymnasien, die bereits Physikunterricht erhalten haben. Im Schnitt waren die Schüler*innen 16 Jahre alt. Mithilfe eines statistischen Klassifikationsverfahrens konnten wir fünf Gruppen von Schüler*innen identifizieren. Eine Gruppe von Physik *Underachievern* ergab sich nur für Schülerinnen, nicht jedoch für Schüler. Diese intelligenten, aber in Physik auffällig leistungsschwachen Mädchen, die 29 % aller weiblichen Jugendlichen in der Stichprobe ausmachten, zeigten durchschnittliche Schulleistungen in anderen Fächern.

Auch wenn diese Gruppe von Schülerinnen ihr hohes intellektuelles Potenzial in anderen Schulfächern offensichtlich ebenfalls nicht voll auszuschöpfen vermochte, legen diese Ergebnisse doch nahe, dass das *Underachievement* insbesondere im Physikunterricht auftrat. Hier lagen die Noten im Schnitt unter dem Schwellenwert, der für das Bestehen im Fach notwendig wäre. Die weiblichen

> Physik *Underachiever* fielen auch durch ein unterdurchschnittliches physikalisches Selbstkonzept und Interesse auf. Offensichtlich konnten diese Schülerinnen also trotz ihrer hohen Intelligenz nicht vom normalen Physikunterricht der Sekundarstufe profitieren.

Diese Studie macht am Beispiel des Physikunterrichts deutlich, dass nicht alle Schüler*innen in der gleichen Weise von Standardunterricht profitieren und es hier durchaus Unterschiede zu geben scheint, die zumindest zum Teil mit geschlechtsspezifischen Erfahrungen und Prägungen einhergehen. Das Bewusstsein hierüber und eine resultierende aufmerksame Beobachtung der Schüler*innen im Klassenzimmer können als wichtige Schritte angesehen werden hin zu einem Unterricht, der einen Großteil der Schüler*innen abholt und mitnimmt.

Was heißt das für die Unterrichtspraxis? – Eine Sensibilisierung kann hier auch in Form einer Reflexion des eigenen Verhaltens als Lehrperson gegenüber Jungen und Mädchen erfolgen: Die weiblichen Physik *Underachiever* in unserer Studie zeigten nicht nur unterdurchschnittliche Leistungen, sie sahen sich selbst auch als weniger leistungsfähig an im Vergleich zu ihren Klassenkameradinnen und -kameraden. Und tatsächlich scheinen Jungen im Unterricht in MINT-Fächern im Schnitt mehr Aufmerksamkeit zu bekommen, sie werden häufiger angesprochen und ihnen wird die Beantwortung anspruchsvollerer Fragen zugetraut (McCullough, 2002; Taasoobshirazi & Carr, 2008). Diese Unterschiede im Verhalten gegenüber Schülerinnen und Schülern, die zum Teil unbewusster Ausdruck impliziter *Gender-Science* Stereotype (z. B. Franceschini et al., 2014; Nosek et al., 2009) sind, können sich unter Umständen sogar in einer systematisch verzerrten Benotung manifestieren (Hofer, 2015). Derart ungünstige Bedingungen können zur Entwicklung von *Underachievement* beitragen – durch Selbstaufmerksamkeit der Lehrenden aber eben auch erfolgreich vermieden werden. Bei sogenannten *impliziten Assoziationstests (IAT)* werden zwei Computertasten verwendet, um verschiedene Begriffe zu sortieren. Die Idee ist hier, dass wir schneller sind, wenn wir auf im Gedächtnis miteinander assoziierte Begriffe mit derselben Taste reagieren können. Durch Unterschiede in der Reaktionszeit können mit solchen Tests auch unbewusste Stereotype – also Assoziationen zwischen bestimmten Begriffen – sichtbar werden. Prominente und frei zugängliche Beispiele eines solchen Tests sind der *Gender-Career IAT* (misst potenzielle Assoziationen zwischen Familie und Frauen einerseits und Karriere und Männern andererseits) und der *Gender-Science IAT* (misst potenzielle Assoziationen zwischen Geisteswissenschaften und Frauen einerseits und Naturwissenschaften und Männern andererseits), die jede*r im Rahmen des *Project Implicit* der Universität Harvard (https://implicit.harvard.edu/implicit/takeatest.html) selbst einmal ausprobieren kann, um mehr über eigene (unbewusste) Vorurteile herauszufinden.

Im Kontext der Bewertung von Leistungen, sei es zur Benotung oder auch während des Lehr-Lern-Prozesses, können konkrete Prozeduren befolgt und Hilfestellungen herangezogen werden (wie etwa Auswertungsschablonen, Trennung der Interpretation und Bewertung oder Anonymisierung), die Lehrenden helfen, einen möglichst objektiven Blick auf die individuelle Leistung zu bewahren (siehe hierzu

Edelsbrunner et al., 2021) – unabhängig vom Geschlecht, aber auch der sozialen Herkunft der Schülerinnen und Schüler.

Und an der Hochschule? – Schaut man nun den Übergang vom Gymnasium an die Universität an, wird besonders deutlich, wie wichtig es ist, dass Schüler*innen bereits im schulischen Unterricht anschlussfähiges MINT-Wissen erwerben (Stern et al., 2017). Die ETH Zürich bemüht sich, sowohl den Anteil an Studienanfängerinnen als auch den Studienerfolg von Studentinnen in den MINT-Fächern zu erhöhen. Auch an der ETH, wie an vielen Hochschulen, ist jedoch der Frauenanteil unter den Studierenden in den meisten MINT-Fächern niedrig, insbesondere in ingenieurwissenschaftlichen Fächern, und auch in den Prüfungsleistungen und Abschlüssen haben Studenten mehr Erfolg als Studentinnen. Wie alle Aussagen zu Geschlechtsunterschieden lässt dies keine Rückschlüsse über einzelne Fälle zu, da es sowohl sehr erfolgreiche Studentinnen als auch vom Misserfolg betroffene Studenten gibt; aber im Mittel ergibt sich auch im Studium der MINT-Fächer ein »Gender Gap« – trotz vergleichbarer basaler kognitiver Voraussetzungen. Warum also bleiben die Leistungen einiger junger Frauen im Studium hinter ihrem Potenzial zurück? In einer an der ETH durchgeführten Studie interessierte nun vor allem, worauf sich Unterschiede in den individuellen Prüfungsleistungen am Ende des ersten Studienjahrs zurückführen lassen und inwiefern diese Einflussfaktoren auch die unterschiedlich hohe mittlere Leistung von Frauen und Männern erklären.

Die Studie *EQUATES*

Welche Lernvoraussetzungen, welche sozio-emotionalen Erfahrungen und welches Lernverhalten beeinflussen den Studienerfolg von Studierenden im ersten Jahr ihres Studiums eines MINT-Faches? Und erklären Geschlechtsunterschiede in diesen Faktoren auch Geschlechtsunterschiede in den Prüfungsleistungen nach einem Jahr Studium? Diesen Fragen widmete sich die EQUATES-Studie, die in den Jahren 2016–2019 an der ETH Zürich durchgeführt wurde (Deiglmayr et al., in Vorbereitung).

Für diese Studie wurden, im Rahmen eines größeren Lehrentwicklungsprojekts, alle Studienanfänger*innen in fünf MINT-Fachbereichen befragt. Zu Beginn des ersten Semesters wurde das Vorwissen der Studierenden in Mathematik und Physik erfasst, und sie wurden gebeten, ihre Abschlussnoten aus dem Gymnasium für Forschungszwecke zur Verfügung zu stellen. In der Mitte ihres ersten Semesters wurden die Studierenden zu sozial-emotionalen Erfahrungen im Studium befragt, u. a. zu ihrem Gefühl, an ihrer neuen Hochschule wirklich dazuzugehören. Und schließlich wurden die Studierenden während des Prüfungszeitraums zu ihren Erfahrungen mit der Prüfungsvorbereitung befragt, u. a. zu ihrer Lernmotivation und ihrem Stressempfinden. Die Befragung wurde in unveränderter Form mit zwei Kohorten von Studierenden durchgeführt (Jahrgänge 2016 und 2017); insgesamt nahmen fast 2000 Studierende teil. Von allen Teilnehmenden wurde auch die mittlere Note aus den Prüfungen des ersten Studienjahrs erfasst (Basisprüfungsnote).

Sowohl die Abschlussnoten aus dem Gymnasium als auch die Leistungen in den konzeptuellen Mathematik- und Physiktests erwiesen sich als relevante Prädiktoren der Basisprüfungsnote. Wie befürchtet schnitten die Studentinnen in der Basisprüfung etwas schlechter ab als die Studenten. Durch die Schulnoten ließ sich dieser Unterschied nicht erklären (hier schnitten die Frauen mindestens genauso gut ab wie die Männer), wohl aber durch Unterschiede im konzeptuellen Vorwissen in Mathematik und Physik. Hier ergaben die zu Beginn des ersten Semesters durchgeführten Wissenstests einen deutlichen Geschlechtsunterschied zugunsten der Studenten. Berücksichtigt man in der Auswertung der Basisprüfungsnoten das unterschiedlich hohe konzeptuelle Wissen von Männern und Frauen, so verschwindet der beobachtete Geschlechtsunterschied in den Prüfungsergebnissen. Mit anderen Worten: Das konzeptuelle Vorwissen, das die Studierenden aus der Schule mitbrachten, war für ihre Basisprüfungsnote wichtiger als ihr Geschlecht. Insgesamt war der Unterschied im Vorwissen deutlich stärker ausgeprägt als der Unterschied in der Basisprüfungsnote; die jungen Frauen holten also im Lauf des ersten Studienjahres auf. Dabei erlebten sie ihr erstes Studienjahr allerdings auch als weniger positiv als die Männer (sie zweifelten etwa eher an ihrer Zugehörigkeit und erlebten mehr Stress).

Was tun?

Die EQUATES-Studie zeigt einmal mehr, dass anschlussfähiges, konzeptuelles Vorwissen ein entscheidender Erfolgsfaktor für den weiteren Bildungsweg von Schulabgänger*innen ist. Wie bereits zu Beginn dieses Abschnitts aufgezeigt, scheinen es vor allem die jungen Frauen zu sein, die in MINT-Fächern bereits früh hinter ihrem Potenzial zurückbleiben. In einem aktuellen Überblicksartikel fassen wir erfolgversprechende Interventionen zur Reduktion des »Gender Gap« im MINT-Bereich zusammen (Berkowitz et al., 2020). So können beispielsweise Lernumgebungen, die männliche oder weibliche Stereotypen bedienen (z. B. Physik-AG-Räume mit stereotyp männlichen Objekten wie Star Trek-Postern), die Entwicklung von Zugehörigkeitsgefühlen des jeweils anderen Geschlechts beeinträchtigen und die Assoziation zwischen Geschlecht und dem jeweiligen Fach verstärken (z. B. Cheryan, Plaut, Davies, & Steele, 2009). Bei der Gestaltung von Lernräumen und Klassenzimmern sowie der Auswahl von Materialien wie Arbeitsblättern, Aufgaben oder Büchern sollte daher auf die Vermeidung stereotyper Elemente geachtet werden. Auch früher Kontakt mit Rollen-Vorbildern (*role models*), die in einem MINT-Bereich erfolgreich sind, ohne offensichtliche Genies zu sein, zeigte positive Auswirkungen auf die Leistung (z. B. Spitzer & Aronson, 2015) sowie auf Einstellungen, Motivation und die Studienwahl von Mädchen und jungen Frauen (Stout, Dasgupta, Hunsinger & McManus, 2011; van den Hurk, Meelissen & van Langen, 2018). Allgemein lässt sich aus dem aktuellen Forschungsstand ableiten, dass sowohl Schülerinnen als auch Schüler von Schüler*innen-zentriertem Unterricht profitieren, in dem Konzepte ausführlich erklärt und diskutiert werden, der den individuellen Wissensstand berücksichtigt und aufgreift sowie Beziehungen zu den Erfahrungen der Lernenden herstellt (Hofer et al., 2018; Labudde, Herzog, Neuenschwander, Violi & Gerber, 2000; Stadler, Duit & Benke, 2000; Zohar & Sela, 2003). Auf solche Unterrichtsansätze, die unabhängig von Geschlecht und potenziell auch von sozialer Herkunft das Lernen unterstützen, werden wir im folgenden Abschnitt näher eingehen.

6.2 Guter Unterricht hilft allen

Es ist schon länger erklärtes Ziel der Bildungsforschung und -praxis weg zu kommen von einem one-size-fits-all-Unterricht hin zu einer Lernsituation, die stärker auf individuelle Bedürfnisse zugeschnitten ist (Hofer & Schalk, 2021). Das macht Sinn, nicht zuletzt unter einer konstruktivistischen Perspektive auf das Lernen, die davon ausgeht, dass beim Lernen, beim Aufbau einer Kompetenz, neue an bestehende Wissenselemente angeknüpft oder bestehende Wissenselemente umstrukturiert werden (Stern, 2005). Wie gut dieser Prozess gelingt, hängt also nicht nur unmittelbar von den basalen kognitiven Fähigkeiten und der Motivation, sondern insbesondere vom Vorwissen der Schüler*innen ab (Stern, 2017). Und hier unterscheiden sich die Lernenden deutlich und zum Teil systematisch in Abhängigkeit ihrer Erfahrungen und Einstellungen, die unter anderem auch von ihrer sozialen Herkunft und ihrem Geschlecht beeinflusst sind, wie in den vorangegangenen Abschnitten deutlich wurde. Die Idee, die Lernenden dort abzuholen, wo sie stehen, kann also definitiv zur Potenzialentfaltung beitragen. Wir möchten im Folgenden zwei Herangehensweisen vorstellen, die es erlauben, den Unterricht an den Vorwissensstand der Schüler*innen anzupassen, ohne dass sich die Lehrperson dazu N-teilen muss (N = Anzahl der Lernenden). Die beiden Unterrichtsansätze, auf die wir eingehen und durch eigene empirische Studien verdeutlichen möchten, sind der *Kognitiv aktivierende Unterricht* und das *Formative Assessment*.

Kognitiv aktivierender Unterricht

Nach der kognitiv-konstruktivistischen Perspektive auf das Lernen konstruieren Menschen neues Wissen aktiv auf der Grundlage ihres vorhandenen Wissens (Stern, 2005). Kognitiv aktivierende Instruktionsmethoden sollen Lernende dementsprechend dazu anregen, relevantes Vorwissen zu aktivieren, Wissensdefizite zu erkennen oder Relationen zwischen bestehenden und neuen Wissenselementen herzustellen. Sie stimulieren die aktive Auseinandersetzung mit bestehenden Wissensinhalten vor dem Hintergrund der zu lernenden Wissenselemente.

Die Studie Kognitiv aktivierender Physikunterricht

In einer Interventionsstudie (Hofer et al., 2018) mit 16-jährigen Gymnasiast*innen wollten wir das Konzeptverständnis in der newtonschen Mechanik durch kognitiv aktivierenden Unterricht fördern. Wir entwickelten einen Unterricht, der nicht auf das Einüben und Anwenden von physikalischen Formeln fokussiert ist, sondern durch kognitiv aktivierende Instruktionsmethoden regelmäßig das Vorwissen der Schüler*innen taxiert und sie damit weiterarbeiten lässt. Vier Lehrpersonen unterrichteten jeweils eine ihrer Klassen über 18 Unterrichtsstunden hinweg nach kognitiv aktivierenden Prinzipien, die ihnen in einem kurzen Training nähergebracht wurden. Die andere Klasse unterrichteten sie wie immer zu den gleichen Inhalten.

Im kognitiv aktivierenden Unterricht wurde unter anderem die Methode des *Vergleichens und Kontrastierens* eingesetzt. Hier sollten beispielsweise Aktions- und Reaktionskräfte auf der einen Seite mit Gleichgewichtskräften auf der anderen Seite verglichen werden. Durch die direkte Gegenüberstellung werden die Gemeinsamkeiten und Unterschiede dieser Konzepte deutlich. Wir bauten auch die Methode des *produktiven Scheiterns* ein. Diese Methode beruht auf der Idee, dass eine Aufgabe zunächst mit dem bestehenden Wissen kaum gelöst werden kann, beim Lösungsversuch aber vielfältige Wissenselemente aktiviert werden, die später zur Anknüpfung neuer Wissenselemente genutzt werden können. Zudem erhöht die Einsicht in eigene Wissensdefizite die Bereitschaft, sich der folgenden Instruktion aufmerksam zuzuwenden. Aufforderungen zu *Selbsterklärungen* oder *Metakognitive Fragen* dienten ebenfalls dazu, das individuelle Vorwissen der Schüler*innen zu aktivieren, nutzbar zu machen und weiterzuentwickeln.

Es zeigte sich ein Vorteil des kognitiv aktivierenden Unterrichts in Bezug auf das Konzeptverständnis unmittelbar nach den 18 Unterrichtsstunden sowie drei Monate später, stets unter Kontrolle des Vorwissens. Obwohl das Einüben und Anwenden der Formeln im kognitiv aktivierenden Unterricht eine deutlich untergeordnete Rolle spielten, waren die Schüler*innen im Vergleich zu den Jugendlichen im Standardunterricht unmittelbar nach dem kognitiv aktivierenden Unterricht auch besser in einem quantitativen Problemlöse-Test. Der deutliche Geschlechtsunterschied zum Nachteil der Mädchen, den wir nach dem Standardunterricht feststellten, verschwand in der Gruppe der überdurchschnittlich intelligenten Jungen und Mädchen nach dem kognitiv aktivierenden Unterricht.

Unterricht, der durch den Einsatz verschiedener Methoden auf die kognitive Aktivierung der Schüler*innen abzielt, scheint allen Lernenden zu helfen und könnte bei einem breiteren Einsatz dazu beitragen, dass Potenziale unabhängig von Geschlecht und Herkunft stärker genutzt werden.

Ein paar Möglichkeiten der kognitiven Aktivierung

Als kognitiv aktivierender Unterrichtseinstieg können Situationen genutzt werden, die sich in Oberflächenmerkmalen unterscheiden, aber alle ein abstraktes Prinzip veranschaulichen. Die Schülerinnen und Schüler sollen dieses Prinzip selbstständig entdecken – wobei gezielte Arbeitsaufträge helfen können und bei Bedarf Unterstützung angeboten werden sollte. Wird dann im weiteren Unterrichtsverlauf das abstrakte Prinzip oder Konzept behandelt, so können es die Lernenden mit ihren eigenen Überlegungen und Vermutungen abgleichen und haben bereits Vorwissen aktiviert, an das die neuen Informationen angeknüpft werden können. So kann beispielsweise das Prinzip des Kräfteparallelogramms eingeführt werden, indem den Schülerinnen und Schülern zwei Situationen gezeigt werden: Zunächst wird ein Regenschirm (oder ein ähnlicher Gegenstand) an einen durchhängenden dünnen Faden gehängt. Der Faden reißt nicht. Nun wird ein straff gespannter dünner Faden verwendet. Dieser reißt sofort, sobald der Schirm daran aufgehängt wird. Warum ist das so? Nachdem die Schüler*innen sich eine Zeit lang selbst mit diesem Problem und dessen Lösung beschäftigt haben und Erklärungsvorschläge diskutiert wurden, kann das Kräfteparallelogramm eingeführt werden. Über die Betrachtung der jeweiligen Kräfteparallelogramme kann gezeigt werden, dass die Kräfte im Faden deutlich zunehmen, wenn der Winkel zwischen ihnen größer wird (d. h., wenn der Faden gespannt wird). Diese erhöhten Kräfte im gespannten Faden erklären, warum der gespannte Faden den Schirm nicht tragen kann und sofort reißt.

Zwei relativ einfach umzusetzende Methoden, die insbesondere der Vertiefung des Gelernten dienen, sind *Selbsterklärungs-Aufträge* und *Metakognitive Fragen*. Erstere sollen Schülerinnen und Schüler dazu anregen, bestimmte Sachverhalte für sich selbst zu erklären. Häufig wird dabei ein gewisses Ausmaß an Paraphrasierung gefordert – es geht ja nicht um das Aufsagen von Definitionen oder Merksätzen, sondern um ein vertieftes Verständnis. So sollen Konzepte beispielsweise der Großmutter erklärt oder in Form eines Twitter-Beitrages kommuniziert werden. Eine Selbsterklärung kann auch in einen Kontext gestellt werden, wobei vorgegebene Aufgabenlösungen evaluiert oder Aussagen durchdacht werden sollen. Hier ein Beispiel aus der Physik: »Jemand denkt Masse und Gewicht wären dasselbe. Das stimmt nicht. Welche Argumente würdest du anbringen, um die Person zu überzeugen?«.

Metakognitive Fragen können Lernenden helfen, besser einzuschätzen, inwieweit sie einen bestimmten Inhalt tatsächlich verstanden haben. Was war mir in der heutigen Stunde am unklarsten? Durch solche und ähnliche Fragen werden die Schülerinnen und Schüler dazu angeregt, die behandelten Inhalte nochmals zu durchdenken und ihr eigenes Verständnis kritisch zu prüfen. Weiterführende Informationen und Beispiele finden sich etwa in Greutmann und Stern (2021).

Formatives Assessment

Ein weiterer vielversprechender Ansatz ist das *Formative Assessment*. *Formatives Assessment* ist mehr als eine bloße Lernstandserhebung (Assessment). Das »Formative«, das Gestaltende und Formende, ist hier entscheidend. Es handelt sich beim *Formativen Assessment* also um eine regelmäßige Lernstandsdiagnose und eine auf den Lernstand abgestimmte Anpassung und Gestaltung des Lehrens und Lernens (Black & Wiliam, 1998). Die Lehrperson versucht, sich durch das konstante Erheben des Wissensstands ein Bild von der Wissensentwicklung in der Klasse zu machen und unterstützt die Schüler*innen entsprechend der Diagnose beim weiteren Lernen bis hin zur Lernzielerreichung.

Es gibt hier verschiedene Methoden und Techniken, die die Lernstandserhebung erleichtern und sich als Routinen in den Unterricht integrieren lassen – von Fehlkonzepte-Checks in digitalen Klicker-Systemen über Paraphrasierungsaufträge hin zu Concept-Maps (Hofer & Schalk, 2021). Trotz vieler Unterschiede machen Schüler*innen letztlich doch ähnliche Erfahrungen, die wiederum die Wissensentwicklung mitbestimmen. Wie sich zeigt und in der Forschung zahlreich belegt wurde (z. B. Schneider & Hardy, 2013; Edelsbrunner et al., 2018), muss nicht völlig neu für jede Schülerin und jeden Schüler mühsam nach einer passenden instruktionalen Intervention gesucht werden: Es kann von einer (endlichen) Reihe typischer Lernpfade, inklusive symptomatischer Fehler und wirksamer Instruktionsansätze, ausgegangen werden, auf die sich Lehrpersonen vorbereiten können und die zunehmend in Lehrbücher und andere analoge und digitale Ressourcen aufgenommen werden. So gibt es mittlerweile bereits zu vielen Themen – insbesondere im MINT-Bereich – Sammlungen typischer Fehler sowie typischer Fehlvorstellungen von Schüler*innen, häufig ergänzt um Interventionsvorschläge zur Bearbeitung der Fehler (siehe z. B. http://www.buffalo.edu/ubcei/enhance/designing/assessment/diagnostic/concept-inventories-by-subject.html; Schecker et al., 2018). Ein weiterer zentraler Aspekt beim *Formativen Assessment* ist der Anspruch, dass sowohl Lehrende als auch Lernende aktiv involviert und in die Verantwortung gezogen werden. Das bedeutet, nicht nur die Lehrperson wertet den Lernstand aus und passt den Unterricht entsprechend an – auch die Lernenden selbst sollen dazu ermutigt und befähigt werden, ihren eigenen Lernstand zu überwachen und zu interpretieren und den Lernprozess so anzupassen, dass das Lernziel Schritt für Schritt erreicht werden kann. Das heißt letztlich für die Lehrperson, dass Maßnahmen im Unterricht auch darauf ausgerichtet sein können, die Lernenden beim Monitoring oder dem selbstgesteuerten Aufarbeiten von Inhalten zu unterstützen (für weiterführende Informationen und Beispiele, siehe Hofer & Schalk, 2021).

> **Die Studie Formatives Assessment in der Kinematik**
>
> In einer Interventionsstudie (Lichtenberger et al., in Vorbereitung) mit 16-jährigen Gymnasiast*innen wurde ein Training für Lehrpersonen sowie ein Unterrichtsplan zur Förderung des Konzeptverständnisses in der Kinematik mithilfe von *Formativem Assessment* entwickelt. In zwei Schulstunden wurden Konzept-Fragen über ein digitales Klicker-System gestellt, die Antworten visualisiert und ausführlich diskutiert (in Kleingruppen und im Plenum). Nach einem sogenannten *Diagnostischen Test* in der Mitte der Lerneinheit, der den Wissensstand in Bezug auf alle bis dahin behandelten Konzepte sichtbar machte, wurde in einer

Reflexions-Stunde Material zur Aufbereitung individueller Defizite zur Verfügung gestellt. Die Schüler*innen erhielten außerdem ein Monitoring Tool zur Visualisierung eigener Schwachstellen und der Wissensentwicklung. Von den insgesamt 14 Unterrichtsstunden wurden also in der *Formative Assessment* Gruppe vier Stunden nicht zur Einführung und Übung neuer Inhalte verwendet, sondern zur Umsetzung des *Formativen Assessments*. Insgesamt elf Klassen erhielten diese Art des Unterrichts. Zwölf weitere Klassen wurden über die 14 Unterrichtsstunden hinweg regulär unterrichtet. Eine zusätzliche Vergleichsgruppe von zwölf Klassen, die *Frequent Testing* Gruppe, bearbeitete im Lauf der 14 Unterrichtsstunden ebenso wie die *Formative Assessment* Gruppe Konzept-Fragen und den Diagnostischen Test. Es gab allerdings ausschließlich evaluatives Feedback (das heißt, die korrekte Antwort wurde angezeigt), ohne formativ auf den Wissensstand der Schüler*innen einzugehen. Die *Formative Assessment* Gruppe verfügte sowohl unmittelbar nach den 14 Unterrichtsstunden als auch drei Monate später über ein höheres Konzeptverständnis ohne Nachteile in einem konventionellen quantitativen Problemlöse-Test.

Letztlich unterliegt die Umsetzung von Formativem Assessment kaum Einschränkungen, solange es Informationen über den Lernfortschritt liefert und das Lernen bzw. der Unterricht entsprechend angepasst werden. Lehrpersonen können etwa präzise Fragen zu den zentralen Aspekten des behandelten Inhalts stellen, auf die die Schülerinnen und Schüler mit wenigen Worten Antworten aufschreiben sollen. Aufwändigere Techniken, die es erlauben, auch komplexere Wissensnetzwerke zu erfassen oder ähnliche (oft verwechselte) Konzepte gegenüberzustellen, umfassen das Erstellen einer Mindmap (Concept-Map) oder das Ausfüllen einer Merkmalsmatrix. Hier ist etwas intensivere Vorbereitung (Entwurf einer eigenen [Experten-] Mindmap, Auswertungsregeln für die Lösungen der Schülerinnen und Schüler) nötig. Es können Multiple-Choice Fragen oder Zuordnungsaufgaben entworfen werden, die papierbasiert oder auf digitalen Geräten (während des Unterrichts oder auch zuhause) bearbeitet werden (für einen Überblick über Lern-Apps, die auch für Formatives Assessment genutzt werden können, siehe https://learningapps.org/). Über Klicker-Systeme können die Lernenden von der Lehrperson vorgegebene Fragen bearbeiten, indem Antwortalternativen ausgewählt (»geklickt«) werden.

Die meisten online-Lernplattformen (z. B. LearningView, Moodle) stellen ebenso vielfältige Möglichkeiten zur Erfassung des Lernstands der Schülerinnen und Schüler zur Verfügung, etwa über Lerntagebücher, Umfragen oder Testaufgaben. Viele dieser digitalen Umsetzungen des Formativen Assessments erlauben es, das Ergebnis der Lernstandserhebung, meist graphisch aufbereitet, über einen Bildschirm zu teilen und gemeinsam in der Klasse zu diskutieren.

Generell gilt, dass Formatives Assessment in jeder Phase des Unterrichts eingesetzt werden kann: zu Beginn der Einführung eines neuen Inhalts, um das Vorwissen abzuschätzen, zur Diagnose der Wissensentwicklung im Verlauf sowie gegen Ende der Einheit zur formativen Kontrolle der Lernzielerreichung. Übrigens kann auch das Besprechen der Hausaufgaben als Formatives Assessment genutzt werden!

6.3 Zusammenfassung

In den vorangegangenen Abschnitten haben wir anhand einiger unserer gemeinsamen Studien mit Elsbeth Stern und bestehender Forschung aufgezeigt, dass sowohl soziale Herkunft als auch Geschlecht einen Einfluss darauf haben können, welche Erfahrungen Kinder, Jugendliche und junge Erwachsene in Lern- und Leistungssituationen sammeln. Diese Erfahrungen reflektieren nicht nur unterschiedliche Chancen zur Potenzialentwicklung; sie beeinflussen auch zukünftige Bildungsentscheidungen. Sensibilisierung und Selbst-Reflexion können Lehrenden dabei helfen, das eigene (zum Teil gewiss unbewusste) Verhalten gegenüber Lernenden unterschiedlichen Geschlechts und unterschiedlicher Herkunft zu hinterfragen. Eine Sensibilisierung für unentdecktes Potential – nicht nur im Kontext sozialer Bildungsbenachteiligung oder des »Gender Gaps« im MINT-Bereich – ist ein wichtiger Schritt. Aber wie kann aktive Unterstützung der Potenzialentwicklung aussehen? Wir haben hier basierend auf unseren gemeinsamen Arbeiten mit Elsbeth Stern eine kleine Auswahl vielversprechender Ansätze vorgestellt – kognitiv aktivierender Unterricht mit seinen verschiedenen Techniken und Formatives Assessment – und argumentiert, dass ein früher Einsatz empirisch fundierter und sprachsensibler Unterrichtsmaterialien auch längerfristig positive Effekte haben kann. Zusammenfassend können wir anknüpfend an Elsbeth Sterns Worte sagen: Guter Unterricht hilft allen – solange auch allen unvoreingenommen ermöglicht wird, uneingeschränkt daran teilzunehmen.

6.4 Literaturverzeichnis

Andrus, S., Jacobs, C. & Kuriloff, P. (2018). Miles to go: The continuing quest for gender equity in the classroom. *Phi Delta Kappan, 100*(2), 46–50. https://doi.org/10.1177/0031721718803570.

Baumert, J., Maaz, K. & Trautwein, U. (Hrsg.) (2010). Bildungsentscheidungen (12). Wiesbaden: Springer VS. https://doi.org/10.1007/978-3-531-92216-4.

Baeriswyl, F., Wandeler, C., Trautwein, U. & Oswald, K. (2006). Leistungstest, Offenheit von Bildungsgängen und obligatorische Beratung der Eltern: Reduziert das Deutschfreiburger Übergangsmodell die Effekte des sozialen Hintergrunds bei Übergangsentscheidungen? *Zeitschrift für Erziehungswissenschaft, 9*(3), 373–392.

Becker, R. & Lauterbach, W. (Hrsg.) (2016). *Bildung als Privileg.* Wiesbaden: Springer.

Becker, R. & Schoch, J. (2018). Soziale Selektivität: Empfehlungen des Schweizerischen Wissenschaftsrates SWR (Tech. Rep. No. 3/18). Bern: Schweizerischer Wissenschaftsrat.

Berkowitz, M., Stern, E., Hofer, S. & Deiglmayr, A. (2020). Girls, Boys, and Schools: On Gender (In)equalities in Education. In: F. Cheung & D. Halpern (Hrsg.), *The Cambridge Handbook of the International Psychology of Wome*n (Cambridge Handbooks in Psychology, S. 375–389). Cambridge: Cambridge University Press.

Bernardi, F. & Ballarino, G. (Hrsg.) (2016). *Education, occupation and social origin: A comparative analysis of the transmission of socio-economic inequalities.* Cheltenham: Edward Elgar Publishing.

Black, P. & Wiliam, D. (1998). Assessment and classroom learning. *Assessment in Education: principles, policy & practice, 5*, 7–74.

Cheryan, S., Plaut, V. C., Davies, P. G. & Steele, C. M. (2009). Ambient belonging: How stereotypical cues impact gender participation in computer science. *Journal of Personality and Social Psychology, 97*(6), 1045–1060.

Cimpian, J. R., Kim, T. H. & McDermott, Z. T. (2020). Understanding persistent gender gaps in STEM. *Science, 368* (6497), 1317–1319.

Crowley, K., Callanan, M. A., Tenenbaum, H. R. & Allen, E. (2001). Parents explain more often to boys than to girls during shared scientific thinking. *Psychological Science, 12*(3), 258–261.

Deiglmayr, A., Berkowitz, M., Rütsche, B., Dittman-Domenichini, N., Schubert, R. & Stern, E. (in Vorbereitung). Gender achievement gaps in mathematics-intensive undergraduate programs.

Deißner, D. (Hrsg.). (2013). *Chancen bilden: Wege zu einer gerechteren Bildung – ein internationaler Erfahrungsaustausch.* Springer-Verlag.

Edelsbrunner, P., Hofer, S. I. & Schalk, L. (2021). Lernleistung bewerten. In: P. Greutmann, H. Saalbach & E. Stern (Hrsg.), *Professionelles Handlungswissen für Lehrerinnen und Lehrer.* Stuttgart: Kohlhammer.

Edelsbrunner, P. A., Schalk, L., Schumacher, R. & Stern, E. (2018). Variable control and conceptual change: A large-scale quantitative study in elementary school. *Learning and Individual Differences, 66*, 38–53.

Franceschini, G., Galli, S., Chiesi, F. & Primi, C. (2014). Implicit gender–math stereotype and women's susceptibility to stereotype threat and stereotype lift. *Learning and Individual Differences, 32*, 273–277.

Gabler, K., Heppt, B., Henschel, S., Hardy, I., Sontag, C., Mannel, S., Hettmannsperger-Lippolt, R. & Stanat, P. (2020). Fachintegrierte Sprachbildung in der Grundschule. Überblick und Beispiele aus dem Sachunterricht. Berlin: Humboldt-Universität zu Berlin. https://doi.org/10.5159/IQB_ProSach_Handreichung_Lehrkraefte_v1

Goldthorpe, J. H. (2016). Social class mobility in modern Britain: Changing structure, constant process. *Journal of the British Academy, 4*, 89–111.

Greutmann, P. & Stern, E. (2021). Unterricht methodisch lernwirksam gestalten. In: P. Greutmann, H. Saalbach & E. Stern (Hrsg.), *Professionelles Handlungswissen für Lehrerinnen und Lehrer.* Stuttgart: Kohlhammer.

Hasemann, K. & Stern, Elsbeth. (2003). Textaufgaben und mathematisches Verständnis – Ergebnisse eines Unterrichtsversuchs im 2. Schuljahr. *Grundschulunterricht, 2*, 2–5.

Härtig, H., Bernholt, S., Prechtl, H. & Retelsdorf, J. (2015). Unterrichtssprache im Fachunterricht – Stand der Forschung und Forschungsperspektiven am Beispiel des Textverständnisses. *Zeitschrift für Didaktik der Naturwissenschaften, 21*, 55–67.

Hofer, S. I. (2015). Studying gender bias in physics grading: The role of teaching experience and country. *International Journal of Science Education, 37* (17), 2879–2905.

Hofer, S. I. & Schalk, L. (2021): Das individuelle Lernen unterstützen: Formatives Assessment. In: P. Greutmann, H. Saalbach & E. Stern (Hrsg.), *Professionelles Handlungswissen für Lehrerinnen und Lehrer.* Stuttgart: Kohlhammer.

Hofer, S. I., Schumacher, R., Rubin, H. & Stern, E. (2018). Enhancing physics learning with cognitively activating instruction: A quasi-experimental classroom intervention study. *Journal of Educational Psychology, 110*(8), 1175–1191.

Hofer, S. I. & Stern, E. (2016). Underachievement in physics: When intelligent girls fail. *Learning and Individual Differences, 51*, 119–131.

Keller, C. (2001). Effect of teachers' stereotyping on students' stereotyping of mathematics as a male domain. *The Journal of Social Psychology, 141*(2), 165–173.

Kronig, W. (2007). *Die systematische Zufälligkeit des Bildungserfolgs: Theoretische Erklärungen und empirische Untersuchungen zur Lernentwicklung und zur Leistungsbewertung in unterschiedlichen Schulklassen.* Bern, Stuttgart, Wien: Haupt Verlag.

Labudde, P., Herzog, W., Neuenschwander, M. P., Violi, E. & Gerber, C. (2000). Girls and physics: teaching and learning strategies tested by classroom interventions in grade 11. *International Journal of Science Education, 22*(2), 143–157.

Lichtenberger, A., Hofer, S. I., Stern, E. & Vaterlaus, A. (in Vorbereitung)

Lindauer, T., Schmellentin, C., Beerenwinkel, A., Hefti, C. & Furger, J. (2013). *Sprachbewusst unterrichten. Eine Unterrichtshilfe für den Fachunterricht.*

Makarova, E. & Herzog, W. (2015). Trapped in the gender stereotype? The image of science among secondary school students and teachers. *Equality, Diversity and Inclusion: An International Journal, 34*(2), 106–123.

Markwalder, U. (2019). Dimensions of physics literacy (Diss.). ETH Zürich.

McCullough, L. (2002). Women in physics: A review. *The Physics Teacher, 40*(2), 86–91.

Maaz K., Baeriswyl F., Trautwein U. (2013). »Herkunft zensiert?« Leistungsdiagnostik und soziale Ungleichheiten in der Schule. Deißner D. (eds) Chancen bilden. Springer VS, Wiesbaden. https://doi.org/10.1007/978-3-531-19393-9_13

Möller, K. & Jonen, A. (2005). *Die KiNT-Boxen–Kinder lernen Naturwissenschaft und Technik. Klassenkisten für den Sachunterricht. Paket 1: Schwimmen und Sinken.* Essen: Spectra-Verlag.

Nosek, B. A., Smyth, F. L., Sriram, N., Lindner, N. M., Devos, T., Ayala, A., Bar-Anan, Y., Bergh, R., Cai, H., Gonsalkorale, K., Kesebir, S., Maliszewski, N., Neto, F., Olli, E., Park, J., Schnabel, K., Shiomura, K., Tulbure, B. T., Wiers, R. W., … Greenwald, A. G. (2009). National differences in gender-science stereotypes predict national sex differences in science and math achievement. *Proceedings of the National Academy of Sciences, 106*(26), 10593–10597.

OECD (2018). *Education at a glance 2018: OECD indicators.* Paris: OECD Publishing.

Reinking, A. & Martin, B. (2018). The gender gap in stem fields: Theories, movements, and ideas to engage girls in stem. *Journal of New Approaches in Educational Research, 7*(2), 148–153.

Rincke, K. (2007). *Sprachentwicklung und Fachlernen im Mechanikunterricht: Sprache und Kommunikation bei der Einführung in den Kraftbegriff (66).* Berlin: Logos.

Robinson-Cimpian, J. P., Lubienski, S. T., Ganley, C. M. & Copur-Gencturk, Y. (2014). Teachers' perceptions of students' mathematics proficiency may exacerbate early gender gaps in achievement. *Developmental Psychology, 50*(4), 1262–1281.

Schecker, H., Wilhelm, T., Hopf, M. & Duit, R. (Hrsg.) (2018). *Schülervorstellungen und Physikunterricht.* Berlin, Heidelberg: Springer.

Schneider, M. & Hardy, I. (2013). Profiles of inconsistent knowledge in children's pathways of conceptual change. *Developmental Psychology, 49*(9), 1639–1649.

Schuth, E., Heppt, B., Köhne, J., Weinert, S. & Stanat, P. (2015). Die Erfassung schulisch relevanter Sprachkompetenzen bei Grundschulkindern. Forschungsinitiative Sprachdiagnostik und Sprachförderung – Ergebnisse, 93–112.

Shavit, Y. & Blossfeld, H.-P. (1993). *Persistent inequality: Changing educational attainment in thirteen countries.* Social inequality series. Boulder: Westview Press.

Stadler, H., Duit, R. & Benke, G. (2000). Do boys and girls hold different notions of understanding in physics. *Physics Education, 35*(5), 417–422.

Stamm, M. & Viehhauser, M. (2009). Frühkindliche Bildung und soziale Ungleichheit. Analysen und Perspektiven zum chancenausgleichenden Charakter frühkindlicher Bildungsangebote. *Zeitschrift für Soziologie der Erziehung und Sozialisation, 29*(4), 403–418.

Stern, E. (2005). Knowledge restructuring as a powerful mechanism of cognitive development: How to lay an early foundation for conceptual understanding in formal domains. BJEP Monograph Series II, Number 3 –Pedagogy – Teaching for Learning, 155–170.

Stern, E. (2017). Individual differences in the learning potential of human beings. *Npj Science of Learning, 2*, 1–7.

Stern, E., Schumacher, R. & Hänger, B. (2017). Anschlussfähiges Wissen aufbauen: Spiralcurricula für den Physikunterricht. *Praxis der Naturwissenschaften – Physik in der Schule, 3*, 5–9.

Stout, J. G., Dasgupta, N., Hunsinger, M. & McManus, M. A. (2011). STEMing the tide: Using ingroup experts to inoculate women's self-concept in science, technology, engineering, and mathematics (STEM). *Journal of Personality and Social Psychology, 100*(2), 255–270.

Taasoobshirazi, G. & Carr, M. (2008). Gender differences in science: An expertise perspective. *Educational Psychology Review, 20*(2), 149–169.

Tenenbaum, H. R. & Leaper, C. (2003). Parent-child conversations about science: The socialization of gender inequities?. *Developmental Psychology, 39*, 34–47.

van den Hurk, A., Meelissen, M. & van Langen, A. (2018). Interventions in education to prevent STEM pipeline leakage. *International Journal of Science Education, 41*(2), 1–15. https://doi.org/10.1080/09500693.2018.1540897.

Wellington, J. J. & Osborne, J. (2001). *Language and literacy in science education.* Buckingham Philadelphia: Open University Press.

Wild, E. & Möller, J. (Hrsg.) (2015). *Pädagogische Psychologie* (2nd ed.). Berlin, Heidelberg: Springer.

Wyss, E. L. (Hrsg.) (2014). *Von der Krippe zum Gymnasium: Bildung und Erziehung im 21. Jahrhundert.* Weinheim: Beltz Juventa.

Zohar, A. & Sela, D. (2003). Her physics, his physics: Gender issues in Israeli advanced placement physics classes. *International Journal of Science Education, 25*(2), 245–268.

Teil II:
Lernangebote gestalten

7 Das Verstehen von Textaufgaben aus psychologischer Sicht: Eine Auswahl an Forschungsarbeiten von Elsbeth Stern und ihre Bedeutung für den aktuellen Mathematikunterricht

Lieven Verschaffel[1]

7.1 Einleitung

In der Kognitionspsychologie und Entwicklungspsychologie wuchs in den 1980er Jahren das Interesse an domänenspezifischen Analysen von Prozessen wie Denken, Lernen, Entwicklung und Unterrichten, insbesondere daran, wie sich diese Prozesse in Schulfächern wie Mathematik, Physik, Sprachen und Geschichte vollziehen. Besonderes Augenmerk galt dabei der Mathematik. Mathematische Aufgaben wurden als besonders geeignet angesehen, um Lern- und Denkprozesse zu untersuchen, einerseits wegen ihrer klaren Struktur und überschaubaren Komplexität und andererseits weil man glaubte, aus dieser Forschung nützliche Empfehlungen zur Verbesserung der pädagogischen Praxis auch anderer Schulfächer ableiten zu können (Stern, 1992; Verschaffel & De Corte, 1997).

In diesen Pioniertagen des domänenspezifischen Ansatzes in der kognitiven (entwicklungs-) psychologischen Forschung waren mathematische Textaufgaben von besonderem Interesse. Sie galten als nützlich, um die Prozesse des Textverständnisses und der Problemlösung in ihren komplexen Zusammenhängen zu untersuchen. Obwohl der Schwerpunkt dieser Forschung in einer Reihe führender Forschungszentren in den USA liegt, (z. B. Briars & Larkin, 1984; Riley, Greeno & Heller, 1983; Kintsch & Greeno, 1995), waren auch einige europäische Forscher, darunter Elsbeth Stern, damals auf diesem Gebiet sehr aktiv. Dies galt auch für mich selbst, denn einfache mathematische Textaufgaben waren Gegenstand meiner Promotion, an der ich unter der Leitung von Erik De Corte arbeitete. Während das Thema der mathematischen Textaufgaben bei Elsbeth nach und nach anderen Forschungsthemen gewichen ist, forschten Erik De Corte und ich nach meiner Promotion noch lange auf diesem Gebiet.

Obwohl Elsbeth und ich nicht gemeinsam geforscht und deshalb auch keine gemeinsamen Publikationen zu mathematischen Textaufgaben erstellt haben, lernten wir uns in diesen Pionierjahren intensiv kennen, diskutierten unsere Ansichten auf diversen Symposien und Workshops, die wir gemeinsam organisierten oder denen wir als Moderatoren beiwohnten, und agierten – da bin ich mir fast sicher – regelmäßig als anonyme Gutachter der Manuskripte und Projektanträge des

---
[1] Ich danke Herrn Marc Vlecken für seine große Hilfe bei der deutschen Übersetzung dieses Beitrags.

anderen. So entwickelte sich über die Jahre eine immer engere berufliche Bindung, aus der über die Jahre eine enge Freundschaft entstand.

In diesem Kapitel werde ich Elsbeths wichtige Beiträge zu dieser Forschungsrichtung der kognitiven (Entwicklungs-)Psychologie erläutern, die in den letzten zwei Jahrzehnten des letzten Jahrhunderts florierte, und zeigen, wie ähnlich unsere Ideen auf diesem Gebiet waren und wie sie sich gegenseitig befruchteten. Außerdem werde ich anhand unserer gemeinsamen Forschung zeigen, wie ein guter, forschungsbasierter Unterricht in diesem Themenfeld aussehen kann. Der Platzmangel zwingt mich dazu, dies zusammengefasst und exemplarisch zu tun.

7.2 Die Rolle semantischer Strukturmerkmale beim Verstehen und Lösen einfacher additiver Textaufgaben

Mathematische Textaufgaben wurden bereits vor dem Aufkommen des Information-Processing-Ansatzes im Zuge der Erforschung domänenspezifischer oder mathematischer Denk- und Lernprozesse im letzten Viertel des vergangenen Jahrhunderts untersucht. Diese ältere Forschung war jedoch stark leistungsorientiert und durchdrang kaum die kognitiven Strukturen und Prozesse, die dieser Leistung zugrunde liegen. Ziel des darauffolgenden Ansatzes der Informationsverarbeitung war, Modelle zu erstellen, die eine explizite und präzise Beschreibung der kognitiven Prozesse und Variablen liefern, die der Lösung solcher Probleme und dem Lernen mit ihnen zugrunde liegen. Dies geschah teilweise mit Hilfe von Computersimulationen und nicht nur mit empirischen Daten aus schriftlichen Tests, sondern auch mit eher prozessorientierten Datenerhebungstechniken wie lautem Denken, Retrospektion und klinischen Interviews.

Einer der Bereiche, auf die sich dieser neue Ansatz konzentrierte, waren einfache Additions- und Subtraktionsprobleme, die in der Grundschule verwendet werden. Ein erstes wichtiges Ergebnis dieser Studien war, dass der Schwierigkeitsgrad einfacher Additions- und Subtraktionsaufgaben, die Lösungsstrategien der Kinder sowie die Fehler, die sie dabei machen, sehr stark von einer Reihe von Aufgabenmerkmalen bestimmt werden, die zuvor eher unbemerkt geblieben waren und die als die dem Text des Problems zugrundeliegende semantische Struktur bezeichnet werden können.

Das bekannteste Klassifikationsschema von Riley et al. (1983) unterscheidet zwischen drei grundlegenden semantischen Strukturen: Probleme mit einer Kombinations-, einer Veränderungs- und einer Vergleichsstruktur. Zusätzlich können Textaufgaben nach der Richtung der Handlung oder Beziehung (z. B. geht es bei der Veränderung um eine Zunahme oder Abnahme der Ausgangsmenge) und der Art des unbekannten Sets (z. B. ob der Anfangszustand, die Veränderung oder der Endzustand gesucht sind) unterschieden werden. Auf diese Weise gelangten Riley et al. (1983) zu den 14 Arten von einfachen Additions- und Subtraktionsproblemen, die in Tab. 7.1 dargestellt sind. Als Forscher diese 14 Probleme von einer großen Gruppe amerikanischer Erstklässler lösen ließen, stellten sie fest, dass die Probleme sich stark in ihren Schwierigkeiten unterschieden. Diese Unterschiede hatten nicht so sehr mit den zur Lösung erforderlichen Rechenoperationen zu tun (d. h. Addition oder Subtraktion mit den beiden gegebenen Zahlen), sondern vielmehr mit der Natur der zugrundeliegenden semantischen Beziehungen zwischen den Größen im Aufgabentext.

Elsbeth Stern (1992) replizierte diese amerikanische Studie, wobei sie 88 Erstklässlern aus München denselben schriftlichen Test vorlegte. Sie fand eine gute Übereinstimmung zwischen den Ergebnissen der deutschen und der amerikanischen Kinder (siehe Tab. 7.1). So fand sie beispielsweise in Übereinstimmung mit der amerikanischen Studie, dass Kombinations- und Wechselprobleme generell einfacher sind als Vergleichsprobleme, aber auch, dass Wechselprobleme mit unbekannter Startmenge oder Vergleichsprobleme mit unbekannter Referenzmenge viel schwieriger sind als die anderen Aufgaben mit dem gleichen semantischen Schema.

Tab. 7.1: 14 Grundtypen von Textaufgaben und Prozentsatz amerikanischer und deutscher Erstklässler, die die Aufgabe lösten (Stern, 1992).

Grundtyp	Beispiel	Prozentsatz der Kinder, die die Aufgabe korrekt löste	
		deutsch	amerik.
Kombinationsaufgaben			
	Teilmenge unbekannt		
CB1	Maria hat 3 Murmeln. Hans hat 5 Murmeln. Wie viele Murmeln haben die beiden zusammen?	87	100
CB2	*Teil unbekannt* Maria und Hans haben zusammen 8 Murmeln. Maria hat 7 Murmeln. Wie viele Murmeln hat Hans?	55	33
Austauschaufgaben			
	Endmenge unbekannt		
CH1	Maria hatte 3 Murmeln. Dann gab ihr Hans 5 Murmeln. Wie viele Murmeln hat Maria jetzt?	89	100
CH2	Maria hatte 6 Murmeln. Dann gab sie Hans 4 Murmeln. Wie viele Murmeln hat Maria jetzt?	95	100
	Austauschmenge unbekannt		
CH3	Maria hatte 2 Murmeln. Dann gab ihr Hans einige Murmeln. Jetzt hat Maria 9 Murmeln. Wie viele Murmeln hat ihr Hans gegeben?	52	56

Tab. 7.1: 14 Grundtypen von Textaufgaben und Prozentsatz amerikanischer und deutscher Erstklässler, die die Aufgabe lösten (Stern, 1992). – Fortsetzung

Grundtyp	Beispiel	Prozentsatz der Kinder, die die Aufgabe korrekt löste	
		deutsch	amerik.
CH4	Maria hatte 8 Murmeln. Dann gab sie einige Hans. Jetzt hat Maria 3 Murmeln. Wie viele Murmeln hat sie Hans gegeben?	49	78
	Startmenge unbekannt		
CH5	Maria hatte einige Murmeln. Dann gab ihr Hans 3 Murmeln. Jetzt hat Maria 5 Murmeln. Wie viele Murmeln hatte Maria am Anfang?	49	28
CH6	Maria hatte einige Murmeln. Dann gab sie Hans 2 Murmeln. Jetzt hat Maria 6 Murmeln. Wie viele Murmeln hatte Maria am Anfang?	38	39
Vergleichsaufgaben			
	Differenzmenge unbekannt		
CP1	Maria hat 5 Murmeln. Hans hat 8 Murmeln. Wie viele Murmeln hat Hans mehr als Maria?	28	28
CP2	Maria hat 6 Murmeln. Hans hat 2 Murmeln. Wie viele Murmeln hat Hans weniger als Maria?	32	22
	Vergleichsmenge unbekannt		
CP3	Maria hat 3 Murmeln. Hans hat 4 Murmeln mehr als Maria. Wie viele Murmeln hat Hans?	53	17
CP4	Maria hat 5 Murmeln. Hans hat 3 Murmeln weniger als Maria. Wie viele Murmeln hat Hans?	58	28
	Referenzmenge unbekannt		
CP5	Maria hat 9 Murmeln. Sie hat 4 Murmeln mehr als Hans. Wie viele Murmeln hat Hans?	22	11
CP6	Maria hat 4 Murmeln. Sie hat 3 Murmeln weniger als Hans. Wie viele Murmeln hat Hans?	16	6

Stern (1992) verwies in ihrer Studie darauf, dass von Riley et al. (1983) entwickelte theoretische (Computer-)Modelle die auffallenden Schwierigkeitsunterschiede zwischen diesen 14 Problemtypen erklären können. Diese Modelle wurden später verfeinert durch Kintsch und Greeno (1985), welche die erste Phase des Lösungsprozesses ausführlicher beschreiben, nämlich den Aufbau eines mentalen Modells der Problemsituation und dessen Umsetzung in eine mathematische Notation. Bei dieser Computersimulation wurde zwischen drei Entwicklungsstufen unterschieden, die sich darin unterscheiden, welche Problemtypen auf der jeweiligen Stufe gelöst werden können. Charakteristisch für Probleme, die auf der ersten Stufe gelöst werden können, ist, dass jede Informationseinheit direkt in einen einfachen materiellen Akt umgewandelt werden kann (z. B. hinzufügen oder entfernen von Objekten zu einem Set, die Menge eines Sets zählend bestimmen). Auf dieser ersten Stufe können beispielsweise Probleme wie CH1 und CH2 sowie CB1 und CP 1 und CP2 schrittweise anhand konkreter Materialien gelöst werden. Auf der zweiten Stufe können Kinder auch schwierigere Probleme wie CH3, CH4, CP3 und CP4 lösen, wobei sie bestimmte Informationen vorübergehend im Arbeitsgedächtnis speichern und fortgeschrittene Zählverfahren wie Durch- und Rückwärtszählen benutzen. Auf Studie 3 können Schüler*innen dem theoretischen Modell zufolge auch Probleme der Typen CH5, CH6, CP2, CP5 und CP6 lösen. Dies erfordert die Fähigkeit, die ursprüngliche Problemrepräsentation so umzustrukturieren, dass ihr Bezug zu mathematischen Konzepten, wie der Teil-Ganzes-Relation, deutlich wird. Erst dadurch können die Schüler*innen erkennen, welche Zähl- oder Rechenoperationen zur Herleitung der Lösung erforderlich sind.

Stern (1992) fand an diesem Computermodell besonders die Grundidee reizvoll, dass sich das mathematische Denken von Kindern bei solch einfachen mathematischen Textaufgaben allmählich, aber wesentlich verändert: von einer Lösung, die auf der externen, handlungsorientierten Darstellung der in der Aufgabenstellung beschriebenen Situation basiert, hin zu einem Ansatz, bei dem interne Repräsentationen aus abstrakten kognitiven Schemata (wie dem Teil-Ganzes-Schema) eine zentrale Rolle spielen bei der Verknüpfung von Textverständnis und lösungsorientiertem Rechnen.

7.3 Die Rollen von Textverständnis und Vertrautheit mit der Problemsituation

Die nach dem Modell von Riley et al. (1983) prognostizierten Itemschwierigkeiten stimmten weitgehend mit den empirisch gefundenen Schwierigkeiten überein. Es gab jedoch Ausnahmen. Besonders groß waren die Abweichungen bei den Vergleichsaufgaben. Auch andere Studien fanden, dass Vergleichsaufgaben (mit einer unbekannten Differenz) de facto schwieriger waren als Vergleichsaufgaben (mit einem unbekannten Vergleichssatz), wohingegen das Modell von Riley et al. (1983) das Gegenteil vorhersagte (siehe z. B. Stern, 1993). Angesichts solcher Widersprüche erkannten Riley und Greeno (1988), dass bestimmte Aspekte des Textverständnisses und der Problemsituation in ihrem theoretischen (Computer-)Modell des Lernens zum Lösen von Gleichungen noch nicht ausreichend ausgearbeitet waren. Inzwischen gab es aber auch immer mehr empirische Hinweise darauf, dass es auch für die beiden anderen semantischen Grundstrukturen neben den zuvor diskutierten semantischen Strukturmerkmalen weitere Aufgabenmerkmale gab, die mit der Formulierung der Aufgabentexte zu tun hatten (z. B. das Auftreten bestimmter Ausdrücke, wie »x mehr als« oder »x Objekte zusammen haben«) oder mit der

Vertrautheit der Kinder mit der spezifischen Situation, die in der Aufgabe beschrieben wird. Die besondere Rolle dieser zusätzlichen Aufgabenmerkmale wurde in einer Reihe neuerer theoretischer Modelle erkannt, wie beispielsweise von Cummins et al. (1988) und Reusser (1990).

Beispielsweise zeigte eine bekannte Studie von Hudson (1983), dass mathematische Textaufgaben des Typs CP1 (z.B. »Es gibt x Vögel und y Würmer. Wie viele Vögel gibt es mehr als Würmer?«) von den meisten Vorschul- und Erstklässlern nicht richtig gelöst wurden. Es war jedoch möglich, den Anteil richtiger Antworten durch die Änderung des Fragesatzes in »Wie viele Vögel haben keinen Wurm?« deutlich zu erhöhen. In einer unserer Studien (De Corte, Verschaffel & De Win, 1985) fanden wir, dass der Prozentsatz von einhundert Erst- und Zweitklässlern signifikant von 56 auf 70 % steigt, wenn die CB2-Aufgabe »Tom und Miet zusammen haben 9 Nüsse. Tom hat 3 Nüsse. Wie viele Nüsse hat Miet?« umformuliert wurde zu »Tom und Miet haben 9 Nüsse zusammen. Tom hat drei dieser Nüsse. Der Rest gehört Miet. Wie viele Nüsse hat Miet?«. Die explizite Darstellung der zugrundeliegenden semantischen Struktur führte zu diesem Anstieg des Prozentsatzes richtiger Antworten.

Ebenso führten Stern und Lehrndorfer (1992) eine Studie durch, in der sie die Hypothese überprüften, dass die große Schwierigkeit von Vergleichsaufgaben am mangelnden Verständnis der Problemsituation bei Kindern liegt, da sie mit quantitativen Mengenvergleichen wenig oder nicht vertraut sind. Um diese Hypothese zu überprüfen, stellten sie 45 Erstklässlern im Rahmen von Einzelinterviews sechs Vergleichsfragen. Für die Hälfte der Erstklässler waren diese sechs mathematischen Textaufgaben eingebettet in die Beschreibung einer ihnen bekannten breiteren (Problem-)Situation, in der zunächst zwei Kinder in allen möglichen Bereichen qualitativ und quantitativ verglichen wurden. Die andere Hälfte erhielt ebenfalls eine Vorgeschichte, in der die beiden Protagonisten des Problems vorgestellt wurden, jedoch ohne sie qualitativ und quantitativ in allen möglichen Punkten zu vergleichen. Bei den sechs Vergleichsfragen erzielten die Kinder der ersten Gruppe signifikant höhere Lösungsraten als die Kinder der zweiten Gruppe. Dies deutet nach Ansicht der Autoren darauf hin, dass die meisten Erstklässler nur dann Zugang zu dem Wissen haben, das sie zum Verständnis und zur Lösung von Vergleichsproblemen benötigen, wenn mathematische Textaufgaben in einen ihnen vertrauten Kontext eingebettet sind.

Stern (1992) erklärte diese Befunde unter Bezugnahme auf neuere theoretische Modelle von Cummins et al. (1988) und Reusser (1990), die eine wesentlich detailliertere Beschreibung der in der Anfangsphase des Problemlösungsprozesses von mathematischen Textaufgaben beteiligten Denkprozesse und Wissensstrukturen liefern. Den Modellen zufolge versucht das Kind zunächst, ausgehend vom Aufgabentext ein reichhaltiges Situationsmodell der Problemsituation aufzubauen, bevor es zu dessen zielorientierter mathematischer Modellierung übergeht.

7.4 Oberflächliche und unrealistische Interpretationen von Textaufgaben

Im Vorstehenden haben wir angenommen, dass ein Kind, das mit einer mathematischen Textaufgabe konfrontiert ist, versucht, dieses Problem zu verstehen, bevor es versucht, es zu lösen. Aber Lehrende und Forschende wissen gleichermaßen, dass viele Kinder manchmal Fragen beantworten, ohne den Text zu verstehen, und manchmal sogar, ohne ihn zu lesen (Stern, 1992; Verschaffel & De Corte, 1997). Forscher haben beispielsweise herausgefunden, dass manche Grundschüler*innen grundlegende mathematische Textaufgaben lösen, indem sie die erforderliche Rechenoperation einfach erraten. Andere führen mit den (zwei) gegebenen Zahlen diejenige arithmetische Operation durch, die mit einem im Aufgabentext vorhandenen Schlüsselwort assoziiert ist (wie »mehr«, »weniger«, »mal« oder »teil«). Wieder andere Kinder wählen Rechenoperation, die zu den Zahlen in der Aufgabe passt (z. B. »wenn das Problem eine große und eine kleine Zahl enthält, wähle eine Division«). In all diesen Fällen werden die Kinder von oberflächlichen Merkmalen des Problems geleitet und versuchen nicht oder kaum, die in der mathematischen Textaufgabe beschriebene Situation zu verstehen. Interessanterweise hat die Forschung gezeigt, dass solche oberflächlichen Strategien aufgrund des oft einfachen und einseitigen Aufgabenspektrums im Mathematikunterricht der Grundschule überraschend oft die tatsächlich korrekte Lösung liefern (Stern, 1992; Verschaffel & De Corte, 1997).

Eine französische Studie aus dieser Zeit, in der dieses Phänomen in extremer Weise illustriert wurde, ist als »l'âge du capitaine« (das Alter des Kapitäns) bekannt (IREM de Grenoble, 1980). In dieser Studie wurden Grundschüler*innen mit völlig absurden Fragen konfrontiert wie: »Auf einem Boot sind 14 Schafe und 8 Ziegen. Wie alt ist der Kapitän?« oder »Ein Boot ist 13 Meter lang und 5 Meter breit. Wie alt ist der Kapitän?«. Es stellte sich heraus, dass die überwiegende Mehrheit der untersuchten Lernenden solche absurden Probleme mühelos löste, indem sie eine Operation mit den beiden gegebenen Zahlen durchführten, ohne die Unlösbarkeit der Probleme zu hinterfragen oder zu kommentieren. Später zeigte der deutsche Forscher Radatz (1983), dass diese Tendenz der Schüler*innen, auch inhaltlich absurde Probleme zu lösen, mit dem Alter der Kinder zunahm: Während Vorschul- und Erstklässler in den meisten Fällen antworteten, sie könnten das Problem nicht lösen, versuchten Schüler*innen in höheren Klassenstufen dies deutlich häufiger trotzdem. Dies sei, so Radatz, wiederum das Ergebnis der vorherrschenden Unterrichtspraxis und -kultur in Bezug auf mathematische Textaufgaben, in der die Schüler*innen implizit und wiederholt die Erfahrung machen, dass das erfolgreiche Lösen mathematischer Textaufgaben kein tiefes Verständnis der Problemsituation erfordert.

Stern (1992) war von Radatz' Forschung (1983) fasziniert, wies aber gleichzeitig auf eine Reihe methodischer Mängel hin, die ihre Schlussfolgerungen in Frage stellten. In zwei eng verwandten Studien versuchte sie, diese Mängel zu beheben. In der ersten Studie wurden einer Gruppe von Zweit- und Drittklässlern eine Reihe regulärer und unlösbarer Additions- und Subtraktionsaufgaben vorgelegt. In einer zweiten Studie löste eine Gruppe von Dritt- und Viertklässlern eine Reihe regulärer und unlösbarer Multiplikations- und Divisionsaufgaben.

Hier ist ein Beispiel für ein solches Fragenpaar:

- Sinnvolle Frage: Peter hat 5 Murmeln. Susanne hat 8 Murmeln. Wie viele Murmeln haben die beiden zusammen?
- Sinnlose Frage: Peter hat 5 Murmeln. Susanne hat 8 Murmeln. Wie viele Murmeln hat Peter Susanne geschenkt?

Um die Rolle des didaktischen Vertrages (Brousseau, 1990) – d. h. die impliziten Normen, Regeln und Praktiken, die im Mathematikunterricht etabliert sind und die auf subtile, aber starke Weise bestimmen, wie Lehrende und Lernende im Mathematikunterricht denken und interagieren – bei der Beantwortung der unlösbaren Fragen besser zu verstehen, wurde die Hälfte der Kinder jeder Altersgruppe vorab gewarnt, dass einige Probleme unlösbar seien und die andere Hälfte nicht. Stern stellte fest, dass »Lösungen« für eine signifikante Anzahl eigentlich unlösbarer Probleme konstruiert wurden. Jedoch wurde die Annahme von Radatz (1983) nicht bestätigt, dass die Tendenz, unlösbare Aufgaben zu »lösen«, mit dem Alter zunimmt. Außerdem stellte sich heraus, dass die Kinder bei einer Vorwarnung recht genau zwischen unlösbaren und lösbaren Problemen unterscheiden konnten. Dieses letzte Ergebnis deutete Stern so, dass Kinder Lösungen für unlösbare Probleme nicht konstruieren, weil sie nicht verstünden, was mathematische Textaufgaben sind und auch nicht, weil sie die Aufgabenbeschreibungen missverstünden. Stattdessen ist es für die Kinder verwirrend und unerwartet, dass ihnen überhaupt unlösbare Mathematikaufgaben gestellt werden. Die Kinder führen ihren Eindruck, dass die Aufgaben unlösbar sind, daher teilweise auf ihr eigenes unzureichendes Wissen zurück.

Die Untersuchungen zum Phänomen »l›âge du capitaine« bildeten auch den Ausgangspunkt für eine verwandte Forschungsrichtung, die Brian Greer, Erik De Corte und ich Anfang der 1990er Jahre begannen im Rahmen eines von Elsbeth Stern mitorganisierten Workshops zur Forschung der Mathematikdidaktik am Max-Planck-Institut für psychologische Forschung in München. Im Gegensatz zu der oben beschriebenen Forschung haben wir nicht mit absurden Fragestellungen gearbeitet, bei denen die Daten und die Frage nichts miteinander zu tun haben und für die eine sinnvolle mathematische Antwort nicht möglich ist, sondern mit mathematischen Textaufgaben, bei denen sich aus realistischer Sicht ein Modellierungsproblem ergibt. Nehmen wir zum Beispiel das folgende Problem:

- Ein Mann muss zwei Stangen verbinden, die 12 Meter voneinander entfernt sind. Dafür stehen ihm 1,5 Meter lange Seilstücke zur Verfügung. Wie viele dieser Seilstücke muss er zusammenbinden, um die beiden Stangen zu verbinden?

Wie an diesem Beispiel zu sehen ist, können solche Fragen auf zwei Arten angegangen werden: entweder routinemäßig durch Ausführen der in der mathematischen Textaufgabe versteckten Operation an den in der Aufgabe aufgeführten Zahlen, ohne weitere Überlegungen oder Kommentare (z. B. 12 : 1,5 = 8, Antwort: 8

Seilstücke) oder durch realistische Betrachtung der Lösung (12 : 1,5 = 8 Seilstücke, plus 0,5 x 9 = 4,5 , also 3 zusätzliche Seilstücke für alle Knoten, zusammen 11 Seilstücke) oder indem sie die unrealistische Antwort mit einem zusätzlichen Kommentar versehen (z. B. 12 : 1,5 = 8 Seilstücke, aber wird zusätzliches Seil zum Zusammenbinden der 8 Seilstücke benötigt).

Zahlreiche Studien, die in verschiedenen Ländern mit diesen sogenannten P-Items durchgeführt wurden, haben gezeigt, dass Schülerinnen und Schüler der oberen Grundschule und der Sekundarstufe I diese Fragen sehr oft auf eine unrealistische Weise beantworten, selbst wenn sie im Voraus eine Warnung erhalten oder wenn die Probleme von einer realistischen Beschreibung der Problemsituation begleitet werden. Im Allgemeinen beträgt der Prozentsatz der Schüler*innen, die eine realistische Lösung für solche Probleme erarbeiten, weniger als 15 % (Greer, 1993; Verschaffel, De Corte & Lasure, 1994).

Zusammenfassend lässt sich sagen, dass all diese Studien übereinstimmend zeigen, dass die traditionelle pädagogische Praxis und Kultur den Schüler*innen implizit vermittelt, mathematische Textaufgaben auf oberflächliche, routinemäßige Weise anzugehen und dabei wenig auf die tiefere Bedeutung der Problemsituation und realistische Überlegungen zu achten. Dies ist eine besorgniserregende Schlussfolgerung, insbesondere aus der Sicht der sogenannten Anwendungsfunktion von mathematischen Textaufgaben (Verschaffel et al., 1994).

7.5 Empfehlungen für die Unterrichtspraxis

Ausgehend von ihren eigenen Untersuchungen zu mathematischen Textaufgaben und der damit zusammenhängenden internationalen Forschung, von der wir oben aus Platzgründen nur einen Eindruck vermitteln konnten, gibt Elsbeth Stern in ihrer Schlüsselpublikation von 1992 eine Reihe praktischer Empfehlungen. Ich fasse sie unten am Ende dieses Beitrags kurz zusammen. Obwohl sie vor fast 30 Jahren formuliert wurden, glaube ich, dass ihre Relevanz für die pädagogische Praxis noch immer sehr aktuell ist.

- Lehrkräfte sollten ein breites und vielfältiges Spektrum an mathematischen Textaufgaben nutzen. Insbesondere sollten Lehrkräfte viele unterschiedliche der in Tabelle 7.1 aufgeführten semantischen Problemtypen nutzen. Ein zu begrenztes und einseitiges Angebot (z. B. die ausschließliche Nutzung von CB1-, CH1- und CH2-Problemen) führt unvermeidlich zu oberflächlichen Lösungsstrategien und erschwert Verknüpfungen zwischen dem Verständnis der Problemsituation und der für das mathematische Modell angemessenen Rechenstrategie.
- Lehrende sollten auf die sprachliche Formulierung von mathematischen Textaufgaben achten. Schwirige oder unklare Formulierungen können verhindern, dass Kinder, die eigentlich über die notwendigen schematischen und mathema-

tischen Kenntnisse verfügen, die Aufgaben trotzdem nicht lösen können. Umgekehrt können kleine, gezielte Anpassungen des Problemtextes den Lösungserfolg deutlich steigern. Diese Empfehlung gilt besonders für den Unterricht für jüngere Schüler*innen und fremdsprachige Lernende, für die das Verstehen von Texten noch schwierig ist.

- Lehrkräfte sollten sicherstellen, dass mathematische Textaufgaben in einen situativen Kontext eingebettet sind, der den Schüler*innen vertraut und für sie ansprechend ist. Kinder sind nicht nur motivierter, sondern auch besser in der Lage, mathematische Textaufgaben zu lösen, wenn ihnen der inhaltliche Kontext bekannt ist und sie wirklich neugierig auf die Antwort auf die gestellte Frage sind. In diesem Zusammenhang ist es wichtig zu erkennen, dass sich die Erfahrungen von Grundschulkindern mit Reisen, Kommunikation, Spielen, Einkaufen – alle Kontexte, die oft in mathematischen Textaufgaben diskutiert werden – in den letzten Jahrzehnten drastisch verändert haben und dass sich auch die Vielfalt der soziokulturellen Erfahrungen, die Kinder in den Mathematikunterricht einbringen, drastisch erhöht hat. Lehrkräfte sollten diese sozialen und kulturellen Entwicklungen bei der Auswahl oder Gestaltung von Textaufgaben berücksichtigen.

- Lehrende sollten es vermeiden, Textaufgaben so zu nutzen, dass eine Kluft entsteht zwischen den mathematischen Textaufgaben, die in der Schule geübt werden, und den mathematischen Problemsituationen, mit denen Kinder im täglichen Leben konfrontiert werden. Lehrende sollten sicherstellen, dass die Schüler*innen während des Unterrichts zu mathematischen Textaufgaben ihr realistisches Erfahrungswissen nicht ausklammern müssen, sondern nutzen können und dürfen. Negativ ausgedrückt: Vermeiden Sie Textaufgaben, bei denen ein Brotlaib noch Kosten aus dem letzten Jahrhundert hat, bei denen jemand einen Raum ohne Fenster oder Türen tapezieren muss, oder bei dem von einem proportionalen Verhältnis ausgegangen wird zwischen der Anzahl der Kilogramm, die eine Waschmaschine überfordert, und der notwendigen Dauer des Waschgangs.

- So wichtig die situative Einbettung mathematischer Textaufgaben und die Beachtung realistischer situativer Betrachtungen auch sind, Lehrkräfte sollten nie vergessen, dass es beim Lernen der Lösung mathematischer Textaufgaben vor allem darum geht, eine angemessene Verbindung herzustellen zwischen einer konkreten, alltäglichen Problemsituation und abstrakten mathematischen Konzepten und Verfahren, mit denen das Problem modelliert und schließlich gelöst werden kann. Die größte Herausforderung für Unterrichtende besteht darin, die richtige Balance zwischen Konkretheit und Abstraktheit zu finden – unter Berücksichtigung des kognitiven Entwicklungsstandes der Schüler*innen. An dieser Abstraktion und Verallgemeinerung zu arbeiten, zum Beispiel indem man die Teil-Ganzes-Beziehungen identifiziert, die in allen Additions- und Subtraktionsproblemen zu finden sind, oder indem man den Schüler*innen beibringt, die Komplementarität von Addition und Subtraktion zu sehen, ist ein unverzichtbarer Aspekt einer guten Didaktik der mathematischen Textaufgaben.

7.6 Literaturverzeichnis

Briars, D. J. & Larkin, J. H. (1984). An integrated model of skill in solving elementary word problems. *Cognition and Instruction, 1*, 245–296. https://doi.org/10.1207/s1532690xci0103_1

Brousseau, G. (1990). Le contract didactique: Le milieu. *Recherches en Didactique de Mathématiques, 9*, 308–336.

Cummins, D., Kintsch. W., Reusser, K. & Weimer, R. (1988). The role of understanding in solving word problems. *Cognitive Psychology, 20*, 405–438. https://doi.org/10.1016/0010-0285(88)90011-4

De Corte, E., Verschaffel, L. & De Win, L. (1985). The influence of rewording verbal problems on children's problem representations and solutions. *Journal of Educational Psychology, 77*, 460–470. https://doi.org/10.1037/0022-0663.77.4.460

Greer, B. (1993). The modeling perspective on wor(l)d problems. *Journal of Mathematical Behavior, 12*, 239–250.

Hudson, T. (1983). Correspondences and numerical differences between disjoint sets. *Child Development, 54*, 84–90. https://doi.org/10.2307/1129864

IREM de Grenoble (1980). *Bulletin de l'Association des professeurs de Mathématique de l'Enseignement Public*, n 323.

Kintsch, W. & Greeno, J. G. (1985). Understanding and solving word arithmetic problems. *Psychological Review, 92*, 109–129. https://doi.org/10.1037/0033-295X.92.1.109

Radatz, H. (1983). Untersuchungen zum Lösen eingekleideter Aufgaben. *Journal für Mathematikdidaktik, 3*, 205–217. https://doi.org/10.1007/BF03339231

Reusser, K. (1990). From text to situation to equation: Cognitive simulation of understanding and solving mathematical word problems. In H. Mandl, E. De Corte, N. Bennett, & H. F. Friedrich (Eds.), *Learning and instruction: Vol. 2.2. Analysis of complex skills and complex knowledge domains* (pp. 477–498). Pergamon Press.

Riley, M. S. & Greeno, J. G. (1988). Developmental analysis of understanding language about quantities and of solving problems. *Cognition and Instruction, 5*, 49–101. https://doi.org/10.1207/s1532690xci0501_2

Riley, M. S., Greeno, J. G. & Heller, J. H. (1983). Development of children's problem-solving ability in arithmetic. In H. P. Ginsburg (Ed.), *The development of mathematical thinking* (pp. 153–196). Academic Press.

Stern, E. & Lehrndorfer, A. (1992). The role of situational context in solving word problems. *Cognitive Development, 7*, 259–268. https://doi.org/10.1016/0885-2014(92)90014-I

Stern, E. (1992). Warum werden Kapitänsaufgaben »gelöst«? Das Verstehen von Textaufgaben aus psychologischer Sicht. *Der Mathematikunterricht, 38*(5), 7–29.

Stern, E. (1993). What makes certain arithmetic word problems involving the comparison of sets so difficult for children? *Journal of Educational Psychology, 85*(1), 7–23. https://doi.org/10.1037/0022-0663.85.1.7

Verschaffel, L. & De Corte, E. (1997). Word problems. A vehicle for promoting authentic mathematical understanding and problem solving in the primary school. In T. Nunes & P. Bryant (Eds), *Learning and teaching mathematics: An international perspective* (pp. 69–97). Psychology Press.

Verschaffel, L., De Corte, E. & Lasure, S. (1994). Realistic considerations in mathematical modeling of school arithmetic word problems. *Learning and Instruction, 4*(4), 273–294. https://doi.org/10.1016/0959-4752(94)90002-7

8 Aufgaben lernwirksam sortieren: Über das Vergleichen, Kontrastieren und Verschachteln als wünschenswerte Erschwernisse

Lennart Schalk & Esther Ziegler

Es gibt kaum ein Unterrichtsfach, in dem Lernende nicht mit Aufgaben konfrontiert werden. Lehrende nutzen Aufgaben, um Lernende zur Auseinandersetzung mit Inhalten anzuregen und ihre Kompetenzen und Wissenskonstruktion durch aktives Lernen zu fördern (Brod, 2021; Lombardi et al., 2021; Reusser, 2014). Aufgaben tauchen dabei selten alleine auf. Meist bearbeiten Lernende Serien von Aufgaben – ob als Einstieg, zur Vertiefung oder zum Üben. Aufgaben sind wichtig, denn »[s]chulisches Lernen verbessern heißt, Schülern Aufgaben stellen, bei denen sie ihr vorhandenes Wissen erweitern, umstrukturieren und automatisieren« (Stern, 2006, S. 49). Weil Aufgaben so zentral für das schulische Lernen sind, hat sich Elsbeth Stern in einer Reihe von Studien mit dem Stellen und Sortieren von Aufgaben beschäftigt.

Es gibt viele Formen von Aufgaben von ausgearbeiteten Lösungsbeispielen, in denen sämtliche Lösungsschritte dargestellt sind, bis zu offenen Aufgaben, die zum Ausprobieren oder Knobeln anregen. Aufgaben können sowohl prozedurales Wissen (z. B. Wissen über die Durchführung von bestimmten Rechenregeln) als auch konzeptuelles Wissen (z. B. Wissen darüber, wann welche Rechenregeln angewendet werden sollten) fördern. Gestellt werden sie aber häufig auf dieselbe Art: sequentiell geblockt (siehe Brunmair & Richter, 2019, und Rohrer, 2012). Entsprechend werden Aufgaben einzeln nacheinander (also sequentiell) präsentiert und dabei nach Konzepten oder Prinzipien sortiert (also geblockt). So kommen zunächst Aufgaben, die sich um *ein* Konzept oder Prinzip drehen, danach folgen Aufgaben zum nächsten Konzept oder Prinzip. Die Lehr- und Lernforschung hat sich nicht nur intensiv mit der Gestaltung einzelner Aufgaben auseinandergesetzt, sondern auch damit, wie Aufgaben lernwirksamer als in der geblockten Sortierung präsentiert werden könnten. Diesen alternativen Sortierungen widmet sich dieses Kapitel.

Wir werden zunächst theoretische Erörterungen und empirische Ergebnisse berichten, die aufzeigen, wie Aufgaben sortiert werden können, damit ihre Bearbeitung zu größerem Lernerfolg als die geblockte Sortierung führt. Dabei werden wir drei Sortierungen beleuchten: Vergleichen, Kontrastieren und Verschachteln. Beim Vergleichen werden zwei oder mehr Aufgaben, die ein Prinzip oder Konzept illustrieren, nebeneinander präsentiert und Lernende sollen deren Gemeinsamkeiten identifizieren (z. B. mithilfe zweier Aufgaben, die beide dasselbe physikalische Gesetz aufzeigen). Beim Kontrastieren werden zwei oder mehr Aufgaben ebenfalls nebeneinander präsentiert und Lernende sollen Unterschiede entdecken (z. B. mithilfe zweier Aufgaben, die zwei unterschiedliche physikalische Gesetze aufzeigen). Beim Verschachteln werden Aufgaben einzeln nacheinander präsentiert, wobei aber die Aufgaben nicht sequentiell geblockt werden, sondern Prinzipien und Konzepte konstant gemischt werden. Wir werden diese drei Sortierungen nachfolgend ausführlicher erklären und darstellen, welche spezifischen Vorteile diese Sortierungen haben. Dazu werden wir die allgemeine Idee der wünschenswerten Erschwernisse (Bjork, 1994) einführen und erläutern, warum Lernen zuweilen »erst mal weh« (Interview mit E. Stern von Oehninger, 2008, S. 2) tun sollte. Abschliessend präsentieren wir kurze Anregungen für die Unterrichtspraxis.

8.1   Wissenschaftlicher Hintergrund lernwirksamer Sortierungen

Wenn Lernende mit Aufgaben konfrontiert werden, geht es nicht nur darum, diese Aufgaben erfolgreich durch Anwendung von bestehendem Wissen zu lösen. Häufig dienen die Aufgaben auch zur Erarbeitung von neuem konzeptuellen oder prozeduralen Wissen bzw. neuer Kompetenzen. Wir fokussieren auf drei unterschiedliche Sortierungen. Warum können nun bestimmte Sortierungen förderlicher sein als andere? Verschiedene Erklärungsansätze dafür existieren derzeit parallel. Eine Theoriegruppe erklärt anhand perzeptueller Prozesse durch Diskriminationslernen (z. B. Carvalho & Goldstone, 2017; Estes, 1986, Nosofsky, 1986). Eine andere Theoriegruppe erklärt anhand analoger Schlussfolgerungsprozesse (z. B. Gentner, 2010; Holyoak & Thagard, 1997). Beide Ansätze haben ihren Ursprung in der Kategorienlernforschung und wurden erst später auf schulisches Lernen übertragen. Die beiden Theoriegruppen lassen sich mit den Aufgaben, die typischerweise im Unterricht gestellt werden, kaum wissenschaftlich sauber auseinanderhalten. Daher beschränken wir uns auf die Theorien des analogen Schlussfolgerns und dabei spezifisch auf die Theorie des strukturellen Abgleichs (engl. »structural alignment«, Gentner, 2010). Diese genügt, um theoretische Gründe für die Vorteile des Vergleichens, Kontrastierens und Verschachtelns angemessen praxisnah einzuführen.

Die Theorie des strukturellen Abgleichs erklärt das Verarbeiten und Lernen von relationalen Informationen. Mit relationalen Informationen sind Prinzipien und Konzepte gemeint, die durch Beziehungen – also Relationen – gekennzeichnet sind (Goldwater & Schalk, 2016). Diese Charakterisierung ist breit. Sie umfasst mathematische Prinzipien (bspw. die Relation der Addition – zwei Summanden geben eine Summe – egal, was man addiert), naturwissenschaftliche Konzepte (z. B. die Newton'schen Gesetze), aber auch alltagssprachliche Konzepte (z. B. das Konzept der Barriere – etwas, das trennt, jedoch ganz unterschiedlich aussehen bzw. die Trennung erreichen kann).

Menschen verarbeiten und speichern relationale Information nach der Theorie des strukturellen Abgleichs durch vier Lernprozesse: Abstraktion, Differenzdetektion, Inferenzprojektion und Re-Repräsentation (Gentner, 2010). Abstraktion bezeichnet den Prozess, in dem eine über konkrete Beispiele oder Aufgaben hinweg generalisierende Repräsentation gebildet und im Gedächtnis gespeichert wird. Differenzdetektion bezeichnet das Wahrnehmen und Erkennen von relevanten Unterschieden zwischen Situationen, Entitäten oder eben Aufgaben. Inferenzprojektion bezeichnet das Übertragen von Relationen von einer Situation oder Aufgabe auf eine andere, wie es bspw. bei Metaphern und Analogien passiert (z. B. Multiplikation ist wie wiederholte Addition). Re-Repräsentation schließlich bezeichnet die Anpassung einer Wissensrepräsentation im Gedächtnis aufgrund der Auseinandersetzung mit einer neuen Situation oder Aufgabe. Sämtliche dieser Prozesse werden wir wieder aufgreifen, wenn wir auf die verschiedenen Sortierungen eingehen. Denn die nachfolgend vorgestellten Sortierungen von Aufgaben sind deshalb vorteilhaft, weil sie stärker diese Lernprozesse aktivieren als eine geblockte Sortierung.

Bei einer geblockten Sortierung werden mehrere Aufgaben zum gleichen Prinzip oder Konzept nacheinander gestellt. Dies erleichtert oft auf den ersten Blick das Lernen. Lernende haben gerade eine Aufgabe durch Anwendung eines bestimmten Prinzips oder Konzepts gelöst und genau dasselbe Prinzip oder Konzept können sie auch bei der nächsten Aufgabe wieder anwenden. Sie machen kaum Fehler, weil sie bereits wissen, welches Prinzip oder Konzept gefragt ist. Sie erleben Sicherheit und Flüssigkeit beim Bearbeiten (Yan, Ligon Bjork & Bjork, 2016). Auch für die Lehrenden scheint die Bearbeitung der Aufgaben und damit das Lernen erfolgreich. Ein Prinzip oder Konzept wirkt gut verstanden, da die Lernenden wenige Fehler machen und schnell vorankommen. Allerdings kann dieser erste Blick täuschen.

Werden Aufgaben so sortiert, dass Konzepte und Prinzipien verschachtelt oder Vergleiche oder Kontrastierung angeregt werden, ist die Bearbeitung oft weniger flüssig. Die Lernenden haben zu kämpfen, müssen überlegen und machen mehr Fehler. Aber gerade dieses Kämpfen ist lernwirksam – es kann als wünschenswerte Erschwernisse (engl. »desirable difficulties«, Bjork, 1994) aufgefasst werden. Lipowsky und Kollegen beschreiben diese Idee folgendermaßen (2015, S. 1):

> »Gemeinhin zielen didaktische Maßnahmen im Unterricht darauf ab, das Lernen von Schülern/-innen zu erleichtern. Daher mutet es auf den ersten Blick ungewöhnlich an, wenn Lehrpersonen Lernprozesse von Schüler/-innen gezielt erschweren sollen, um diese mittel- und langfristig wirksamer zu gestalten. Genau dies verbirgt sich hinter den wünschenswerten Erschwernissen.«

Wir werden darstellen, wie das Vergleichen, Kontrastieren und Verschachteln wünschenswerte Erschwernisse generiert und so zur Lernwirksamkeit dieser Sortierungen beiträgt.

8.2 Vergleichen

Das Vergleichen soll Lernende beim Entdecken eines gemeinsamen Prinzips oder Konzepts unterstützen, das zwei oder mehr Aufgaben zugrunde liegt. Für dieses Ziel werden die Aufgaben zu einem Prinzip oder Konzept gleichzeitig und gemeinsam präsentiert (siehe Abb. 8.1). Die Lernenden werden aufgefordert, die Aufgaben gezielt zu vergleichen. So haben bspw. Schalk, Saalbach und Stern (2016) Studierenden oberflächlich unterschiedliche Aufgaben gestellt, in denen dieselbe logische Regel illustriert wurde. Wenn die Studierenden zwei Aufgaben direkt verglichen, konnten sie die Regel besser auf neue Aufgaben anwenden, als wenn sie die Aufgaben nacheinander – geblockt sortiert – bearbeiteten (siehe Abb. 8.1). Viele weitere Studien belegen den Vorteil des Vergleichens gegenüber dem Blocken (für einen Überblick siehe Alfieri, Nokes-Malach & Schunn, 2013).

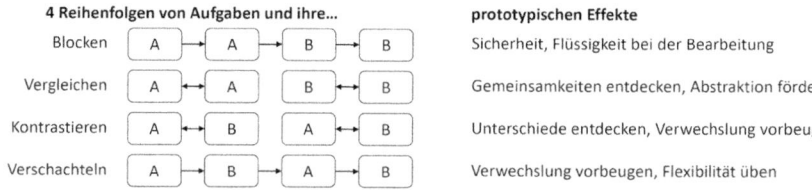

Abb. 8.1: Die Buchstaben A und B stehen für zwei unterschiedliche Regeln, Prinzipien oder Konzepte, die in Aufgaben eingebettet präsentiert werden (symbolisiert durch das Kästchen). Ein Pfeil nach rechts bedeutet, dass die Aufgaben sequentiell nacheinander präsentiert werden. Ein beidseitiger Pfeil bedeutet, dass die Aufgaben gleichzeitig und gemeinsam präsentiert werden.

Das Vergleichen fördert den strukturellen Abgleich, insbesondere den Lernprozess der Abstraktion (Gentner, 2010). Der Vergleich regt Lernende an, tieferliegende Gemeinsamkeiten von Aufgaben zu identifizieren. Sie können entdecken, welche Merkmale einer Aufgabe lediglich oberflächlich und welche Merkmale Aufgaben gemeinsam haben und damit relevant sind. Diese Gemeinsamkeiten sind typischerweise genau das, was Lernende aus der Bearbeitung von Aufgaben erkennen sollen – nämlich eine Regel, wie in dem Beispiel oben, ein Prinzip oder ein Konzept. Die Gemeinsamkeiten können abstrahiert werden und derartiges Wissen ist generalisier- und transferierbar: Es kann auf neue Aufgaben übertragen, bei neuen Problemstellungen genutzt werden.

Gerade auf die Generalisierbarkeit von Wissen und Kompetenzen zielt schulischer Unterricht oft ab. Es geht eben nicht nur um die Aufgaben, die im Unterricht gestellt und bearbeitet werden. Lernende sollen alle möglichen Aufgaben und Probleme, die zur Lösung die Anwendung des im Unterricht behandelten Prinzips oder Konzepts erfordern, irgendwann in der Zukunft angehen können. Dass dieser Praxistransfer möglich ist, zeigten Gentner, Loewenstein und Thompson (2003). In ihrer Studie lernten Studierende eine komplexe Verhandlungsstrategie per Vergleich von geschriebenen Beispielen. Sie konnten die Strategie dann in einer realen Verhandlungssituation besser anwenden als Studierende, die die Beispiele einzeln hintereinander bearbeiteten. Der Ansatz des Vergleichens hat somit das Potenzial, auch relativ fernen Wissenstransfer zu fördern. Das Erkennen von Gemeinsamkeiten ist zwar oft nicht einfach, aber diese wünschenswerte Erschwernis fördert den Prozess der Abstraktion und macht das Vergleichen lernwirksamer als das Blocken.

8.3 Kontrastieren

Das Kontrastieren soll Lernende beim Entdecken von relevanten Unterschieden zwischen Regeln, Prinzipien oder Konzepten unterstützen, welche die vorgegebenen Aufgaben differenzieren. Für dieses Ziel werden zwei oder mehr Aufgaben oder Beispiele gleichzeitig und gemeinsam wie beim Vergleichen präsentiert (siehe Abb. 8.1). Im Gegensatz zum Vergleichen geht es beim Kontrastieren nicht darum, Gemeinsamkeiten zu erkennen. Das Kontrastieren zielt darauf ab, Unterschiede herauszustellen und so ähnliche Regeln, Prinzipien und Konzepte besser unterscheidbar zu machen.

Das Kontrastieren fördert den strukturellen Abgleich, insbesondere den Lernprozess der Differenzdetektion (Gentner, 2010). Diese Förderung wurde in Studien demonstriert, in denen Lernenden zwei oder mehr Aufgaben entweder kontrastiert oder geblockt präsentiert wurden. Kontrastieren wurde dabei für ganz unterschiedliche Inhalte eingesetzt. So wurden bspw. richtige und falsche Lösungen (z. B. Booth, Lange, Koedinger & Newton, 2013), unterschiedliche Lösungswege (z. B. Rittle-Johnson, Star & Durkin, 2009) oder ähnliche Prinzipien und Konzepte, die Lernende oft verwechseln, kontrastiert. Wir fokussieren zur genaueren Illustration des Kontrastierens auf eine Reihe von Studien, in denen es um das Vorbeugen gegen Verwechslungen ging.

Die Studien untersuchten das Lernen von Algebra und dessen Regelsystem in der Schule (Ziegler, Edelsbrunner & Stern, 2018; Ziegler & Stern, 2014, 2016). Das Erlernen der Algebra ist ein zentrales Ziel des Mathematikunterrichts. Algebra bildet die Grundlage der modernen Mathematik (Leuders, 2016) und ist für viele andere Fächer von Relevanz. Allerdings haben Lernende oft Verständnisschwierigkeiten und Verwechslungsfehler sind häufig (z. B. Regeln der Addition werden bei der Multiplikation angewendet oder andersherum, siehe z. B. Blume & Heckman, 2000). Typischerweise werden bei der ersten Auseinandersetzung mit Algebra im Unterricht die arithmetischen Operationen nacheinander eingeführt (erst Addition, dann Multiplikation etc.). Ziegler und Kollegen führten nun bestimmte Operationen kontrastierend ein (siehe Abb. 8.2 für einen Ausschnitt aus den Lernmaterialien). Es zeigten sich interessante Ergebnisse, die Kontrastieren als eine wünschenswerte Erschwernis erkennen lassen. Kinder, die kontrastierend lernten, machten während und direkt nach dem Lernen mehr Fehler als Kinder, die die Operationen geblockt erarbeiteten. Diese Erschwernis des Lernprozesses drehte sich jedoch in einen Vorteil, wenn der Lernerfolg erst einige Zeit nach dem Unterricht erfasst wurde. Plötzlich machten diejenigen Kinder weniger Fehler, die kontrastierend gelernt hatten. Die Erschwernisse während des Lernens durch das Kontrastieren wurden also auf die lange Sicht wünschenswert.

xy + xy + xy = $3 \cdot xy$ = 3xy	xy · xy · xy = $x \cdot y \cdot x \cdot y \cdot x \cdot y$ = $x \cdot x \cdot x \cdot y \cdot y \cdot y$ = $x^3 \cdot y^3$ = x^3y^3
3cx + 3cx = $2 \cdot 3cx$ = 6cx	3cx · 3cx = $3 \cdot c \cdot x \cdot 3 \cdot c \cdot x$ = $3 \cdot 3 \cdot c \cdot c \cdot x \cdot x$ = $9 \cdot c^2 \cdot x^2$ = $9c^2x^2$

$c^2 + c^2 + c^2 + c^2$ = $4 \cdot c^2$ = $4c^2$	$c^2 \cdot c^2 \cdot c^2 \cdot c^2$ = $c \cdot c \cdot c \cdot c \cdot c \cdot c \cdot c \cdot c$ = c^8
$a^4 + a^4$ = $2 \cdot a^4$ = $2a^4$	$a^4 \cdot a^4$ = $a \cdot a \cdot a \cdot a \cdot a \cdot a \cdot a \cdot a$ = a^8
$x^3 + x^3 + x^3$ = $3 \cdot x^3$ = $3x^3$	$x^3 \cdot x^3 \cdot x^3$ = $x \cdot x \cdot x \cdot x \cdot x \cdot x \cdot x \cdot x \cdot x$ = x^9

Abb. 8.2: Ausschnitt aus den Lernmaterialien von Ziegler und Stern (2014, 2016). Dieser Ausschnitt zeigt schematisch den Aufbau der Lernmaterialien in der Kontrastbedingungen, in der direkt Addition und Multiplikation gegenübergestellt werden. In der geblockten Bedingung bearbeiteten die Kinder erst nur Additionsaufgaben (wie diejenigen auf der linken Seite) und erst danach die Multiplikationsaufgaben (wie diejenigen auf der rechten Seite). Kinder, die kontrastierend lernten, machten langfristig weniger Fehler als Kinder, die geblockt lernten.

8.4 Verschachteln

Das Verschachteln (engl. »interleaving«) soll – wie das Kontrastieren – Lernende beim Entdecken von relevanten Unterschieden zwischen Prinzipien oder Konzepten unterstützen, welche den vorgegebenen Aufgaben unterliegen, sowie Flexibilität fördern. Beim Verschachteln werden Aufgaben wie bei der geblockten Sortierung sequentiell präsentiert. Im Gegensatz zur geblockten Sortierung, bei der mehrere Aufgaben nach den zugrundeliegenden Prinzipien und Konzepten geordnet vorgeben werden, werden beim Verschachteln Aufgaben zu verschiedenen Prinzipien oder Konzepten gemischt und alterniert (siehe Abb. 8.1). Entsprechend bearbeiten Lernende zunächst eine Aufgabe, die ein Prinzip verdeutlicht, dann eine Aufgabe, die ein anderes Prinzip verdeutlicht etc. Lipowsky und Kollegen (2015) nennen diese Mischung Verschachteln. In vielen Studien zeigt sich das Verschachteln als lernwirksamer als das Blocken (Brunmair & Richter, 2019).

Das Verschachteln fördert nicht so offensichtlich direkt einen Lernprozess des strukturellen Abgleichs wie das Vergleichen (Abstraktion) oder das Kontrastieren (Differenzdetektion). Hingegen resultiert die Förderung aus einer Kombination von Lernprozessen des strukturellen Abgleichs (Gentner, 2010) und Aufmerksamkeitsprozessen (Carvalho & Goldstone, 2017). Die Lernenden müssen wegen der Mischung bei jeder Aufgabe ihre Aufmerksamkeit neu ausrichten. Sie müssen sich immer wieder überlegen, welches Konzept oder Prinzip ihnen wie bei der Lösung hilft und welches nicht. Dies regt die Differenzdetektion an, da Lernende erkennen müssen, was die Konzepte oder Prinzipien charakteristisch unterscheidet und wann sie anwendbar sind. Zudem müssen Lernende immer wieder ihr Wissen heranziehen (Prozess der Inferenzprojektion) und flexibel und adaptiv durch Re-Repräsentation auf eine neue Aufgabe anpassen (Nemeth, Werker, Arend & Lipowsky, 2021).

Schauen wir uns ein Beispiel an, um die Idee des Verschachtelns konkreter zu machen. Borromeo Ferri und Kollegen (2021) unterrichteten mehrere Stunden lang in siebten Schulklassen das mathematische Thema der Zuordnungen. Die Schülerinnen und Schüler lernten entweder anhand einer geblockten oder einer verschachtelten Sortierung drei Zuordnungsarten kennen. Die Forschenden erfassten sowohl die Entwicklung des prozeduralen Wissens (Anwendung von Handlungsmustern, Algorithmen und Rechenroutinen) als auch des konzeptuellen Wissens (Bewerten und Begründen von Zuordnungen in Beispielen). Tatsächlich ließe sich aufgrund der zugrundeliegenden Lerntheorien (Gentner, 2010; Carvalho & Goldstone, 2017) ein Vorteil für die geblockte Sortierung bezüglich der prozeduralen Wissensentwicklung vorhersagen. Denn die Lernenden können bei dieser Sortierung immer sicher sein, welche Zuordnung sie gerade erlernen und damit fokussiert das Automatisieren der spezifischen Rechenroutine üben. Die Ergebnisse der Studie zeigten jedoch keine Unterschiede zwischen den beiden Sortierungen bezüglich der Entwicklung des prozeduralen Wissens. Die Entwicklung des konzeptuellen Wissens verlief dafür günstiger und nachhaltiger bei den Schülerinnen und Schülern, die verschachtelt lernten. Am Anfang lernten sie zwar langsamer, aber in Tests, die erst einige Zeit nach Abschluss des Lernens durchgeführt wurden, vergrößerte sich ihr Vorteil. Dieses Muster lässt sich als Indikator für eine wünschenswerte Erschwernis durch Verschachteln deuten. Die Vorteile des Verschachtelns scheinen während des Unterrichts nicht sonderlich ausgeprägt (oder es wird sogar als nachteilig wahrgenommen, weil das Lernen langsamer ist), erst über die Zeit zeigen sich die Vorteile.

8.5 Gemeinsamkeiten und Unterschiede des Vergleichens, Kontrastierens und Verschachteln

Wir haben drei Sortierungen vorgestellt, die auf spezifische Art und Weise das Lernen fördern können. Sie sind aber nicht konkurrierend. Sie setzen jeweils andere Foki, fördern prototypisch andere Lernprozesse und sind damit für bestimmte Lernziele nützlicher als für andere (siehe Abb. 8.1). Die Effekte der Sortierungen haben wir anhand der Theorie des strukturellen Abgleichs (Gentner, 2010) erläutert. Die Theorie eignet sich dafür, spezifische Vorteile der Sortierungen praxisangemessen zu begründen. Gleichzeitig ist die Theorie eigentlich viel breiter angelegt.

Die Theorie des strukturellen Abgleichs will das Lernen und die Informationsverarbeitung von Menschen im Allgemeinen erklären. Wir gehen entsprechend davon aus, dass alle Sortierungen immer alle vier Lernprozesse (Abstraktion, Differenzdetektion, Inferenzprojektion und Re-Repräsentation) anregen. Aber die spezifischen Sortierungen regen – so vermuten wir basierend auf den bestehenden empirischen Ergebnissen – die einzelnen Prozesse unterschiedlich stark an. Es gibt durchaus Studien, die versucht haben, zwei oder drei der hier vorgestellten Sortierungen gegeneinander zu testen (siehe z. B. Corral, Kurtz & Jones, 2018; Sana, Yan & Kim, 2017; Schalk, Roelle, Saalbach, Berthold, Stern & Renkl, 2020). Dies macht aus einer wissenschaftlichen Sicht auch absolut Sinn, nur so werden die einzelnen Lernprozesse fassbarer. Aber die Ergebnisse sind bislang wenig eindeutig. Dies liegt vermutlich eben auch daran, dass sich die Sortierungen für unterschiedliche Lernziele unterschiedlich gut anbieten.

Je nachdem welches Wissen, welche Kompetenzen gerade aufgebaut werden sollen, sollten Lehrende entscheiden, welche Sortierung die passendste ist. Selbst das Blocken sollte dabei nicht vergessen werden. Erschwernisse können zwar wünschenswert sein, aber sie sollten auch nicht zu groß sein, sonst geben Lernende vermutlich einfach auf. Daher kann es sinnvoll sein, zunächst einzelne Konzepte oder Prinzipien geblockt einzuüben und erst danach Vergleichen, Kontrastieren oder Verschachteln einzuplanen. Goldwater und Gentner (2015) zeigten bspw., wie lernwirksam eine Kombination aus Blocken und Vergleichen ist. Die vier Sortierungen sollten also gemeinsam im didaktischen Repertoire von Lehrenden sein.

8.6 Vorschläge für die Praxis

Die Sortierungen lassen sich einfach in der täglichen Praxis im Unterricht auf allen Stufen nutzen. Aus den obigen Ausführungen sollte deutlich geworden sein, wie generell die Sortierungen sind. Sobald mit Aufgaben im Unterricht gearbeitet wird, und das passiert häufig und in ganz unterschiedlichen Situationen, kann man sich als Lehrperson fragen, welche Sortierung sinnvoll ist (als Unterstützung dient Abb. 8.1). Das Vergleichen, Kontrastieren und Verschachteln wird die Lernenden herausfordern. Lernende brauchen somit Unterstützung. So sollte man sie beim Vergleichen und Kontrastieren immer direkt dazu anregen, Gemeinsamkeiten und Unterschiede zu suchen und zu notieren. Beim Verschachteln kann man Lernende darauf hinweisen, dass sie die Aufgaben genau lesen und ansehen, da immer wieder etwas Anderes gefordert sein wird. Ohne diese Unterstützungen bleibt die Gefahr der nur oberflächlichen Bearbeitung. Selbstverständlich kann man für den Einsatz der Sortierungen auf bestehende Aufgaben zurückgreifen und diese neu ordnen.

Vergleichen, Kontrastieren und Verschachteln sind wünschenswerte Erschwernisse. Lehrende sollten ihre Lernenden darauf vorbereiten. Es lohnt sich, explizit auszudrücken, dass Lernen oft dann erfolgreicher ist, wenn es schwierig und herausfordernd ist. Fehler machen gehört dazu. Sie sollten aufgegriffen werden, um gezielt das Wissen und die Kompetenzen der Lernenden per individueller Rückmeldung und Korrektur weiter zu entwickeln. Die wünschenswerten Erschwernisse des Vergleichens, Kontrastierens und Verschachtelns führen langfristig zu nachhaltigerer Wissens- und Kompetenzentwicklung als das Blocken. Das werden die Lernenden merken und das »Erfolgserlebnis, das sich einstellt, wenn ich etwas plötzlich beherrsche, macht dann [...] glücklich und Lust auf mehr [...] « (E. Stern im Interview mit Oehninger, 2008, S. 2), auch wenn das Lernen »erst mal weh« (ebd.) getan hat.

8.7 Literaturverzeichnis

Alfieri, L., Nokes-Malach, T. J. & Schunn, C. D. (2013). Learning through case comparisons: A meta-analytic review. *Educational Psychologist, 48*, 87–113.
Bjork, R. A. (1994). Memory and metamemory considerations in the training of human beings. In J. Metcalfe & A. P. Shimamura (Eds.), *Metacognition: Knowing about Knowing* (pp. 185–205). Cambridge, MA: The MIT Press.
Blume, G. W. & Heckman, D. S. (2000). Algebra and functions. In E. A. Silver & P. A. Kenny (Eds.), *Results from the Seventh Mathematics Assessment of the National Assessment of Educational Progress* (pp. 269–300). Reston, VA: NCTM.
Borromeo Ferri, R., Pede, S. & Lipowsky, F. (2021). Auswirkungen verschachtelten Lernens auf das prozedurale und konzeptuelle Wissen von Lernenden über Zuordnungen. *Journal für Mathematik-Didaktik, 42*, 1–23.
Booth, J. L., Lange, K. E., Koedinger, K. R. & Newton, K. J. (2013). Using example problems to improve student learning in algebra: Differentiating between correct and incorrect examples. *Learning and Instruction, 25*, 24–34.
Brod, G. (2021). How can we make active learning work in K–12 education? Considering prerequisites for a successful construction of understanding. *Psychological Science in the Public Interest, 22*(1), 1–7.
Brunmair, M. & Richter, T. (2019). Similarity matters: A meta-analysis of interleaved learning and its moderators. *Psychological Bulletin, 145*(11), 1029–1052.
Carvalho, P. F. & Goldstone, R. L. (2017). The sequence of study changes what information is attended to, encoded, and remembered during category learning. *Journal of Experimental Psychology: Learning, Memory, and Cognition, 43*(11), 1699–1719.
Corral, D., Kurtz, K. J. & Jones, M. (2018). Learning relational concepts from within- versus between category comparisons. *Journal of Experimental Psychology: General, 147*(11), 1571–1596.
Estes, W. K. (1986). Array models for category learning. *Cognitive Psychology, 18*, 500–549.
Gentner, D. (2010). Bootstrapping the mind: Analogical processes and symbol systems. *Cognitive Science, 34*, 752–775.
Gentner, D., Loewenstein, J., & Thompson, L. (2003). Learning and transfer: A general role for analogical encoding. *Journal of Educational Psychology, 95*, 393–408.
Goldwater, M. B. & Gentner, D. (2015). On the acquisition of abstract knowledge: Structural alignment and explication in learning causal system categories. *Cognition, 137*, 137–153.
Goldwater, M. B., & Schalk, L. (2016). Relational categories as a bridge between cognitive and educational research. *Psychological Bulletin, 142*(7), 729–757.
Holyoak, K. J., & Thagard, P. (1997). The analogical mind. *American Psychologist, 52*, 35–44.
Leuders, T. (2016). *Erlebnis Algebra. Zum aktiven Entdecken und selbstständigen Erarbeiten*. Berlin, Heidelberg: Springer Spektrum.
Lipowsky, F., Richter, T., Borromeo Ferri, R., Ebersbach, M. & Hänze, M. (2015). Wünschenswerte Erschwernisse beim Lernen. *Schulpädagogik heute, 6*(11), 1–10.
Lombardi et al. (2021). The curious construct of active learning. *Psychological Science in the Public Interest, 22*(1), 8–43.

Nemeth, L., Werker, K., Arend, J. & Lipowsky, F. (2021). Fostering the acquisition of subtraction strategies with interleaved practice: An intervention study with German third graders. *Learning and Instruction, 71*, 101354.
Nosofsky, R. M. (1986). Attention, similarity, and the identification-categorization relationship. *Journal of Experimental Psychology: General, 115*, 39–57.
Oehninger, S. (2008). Lernen tut weh – Können macht Freude. Interview mit Elsbeth Stern. *FUTURA, 4*, 1–3.
Reusser, K. (2014). Aufgaben – Träger von Lerngelegenheiten und Lernprozessen im kompetenzorientierten Unterricht. *Thema, 4*, 77–101.
Rittle-Johnson, B., Star, J. R. & Durkin, K. (2009). The importance of prior knowledge when comparing examples: Influences on conceptual and procedural knowledge of equation solving. *Journal of Educational Psychology, 101*(4), 836–852.
Rohrer, D. (2012). Interleaving helps students distinguish among similar concepts. *Educational Psychology Review, 24*, 355–367.
Sana, F., Yan, V. X. & Kim, J. A. (2017). Study sequence matters for the inductive learning of cognitive concepts. *Journal of Educational Psychology, 109*(1), 84–98.
Schalk, L., Roelle, J., Saalbach, H., Berthold, K., Stern, E. & Renkl, A. (2020). Providing worked examples for learning multiple principles. *Applied Cognitive Psychology, 34*(4), 813–824.
Schalk, L., Saalbach, H. & Stern, E. (2016). Approaches to foster transfer of formal principles: Which route to take? *PLoS ONE, 11*(2), e0148787.
Stern, E. (2006). Lernen. Was wissen wir über erfolgreiches Lernen in der Schule. *Pädagogik, 58*(1), 45–49.
Yan, V. X., Bjork, E. L. & Bjork, R. A. (2016). On the difficulty of mending metacognitive illusions: A priori theories, fluency effects, and misattributions of the interleaving benefit. *Journal of Experimental Psychology: General, 145*(7), 918–933.
Ziegler, E. & Stern, E. (2014). Delayed benefits of learning elementary algebraic transformations through contrasted comparisons. *Learning and Instruction, 33*, 1–16.
Ziegler, E. & Stern, E. (2016). Consistent advantages of contrasted comparisons: algebra learning under direct instruction. *Learning and Instruction, 41*(1), 41–51.
Ziegler, E., Edelsbrunner, P. A. & Stern, E. (2018). The relative merits of explicit and implicit learning of contrasted algebra principles. *Educational Psychology Review, 30*(2), 531–558.

9 Vermeidung von Fehlkonzepten durch die Förderung des Verständnisses von Experimenten in der Grundschule

Peter Edelsbrunner & Sonja Peteranderl

Bei ihrer Forschung zum Lernen in den Naturwissenschaften beschäftigt sich Elsbeth Stern unter anderem mit zwei zentralen Zielen guten (naturwissenschaftlichen) Unterrichts: erstens mit dem Aufbau transferfähigen Wissens und zweitens mit dem Verhindern, der Verminderung und Umstrukturierung von Fehlkonzepten bei den Lernenden. In diesem Kapitel wird auf eine Studie eingegangen, die beide Themen verband: In der Studie wurde untersucht, ob ein Training zur sogenannten Variablenkontrollstrategie beim Experimentieren zu transferfähigem Wissen und damit dazu führt, dass ein häufiges Fehlkonzept zum Experimentieren bei Schüler*innen abgebaut wird.

In den letzten 10 Jahren lag einer der Forschungsschwerpunkte von Elsbeth Stern auf der grossen Schweizer MINT Studie (https://ifvll.ethz.ch/forschung/schweizer-mint-studie.html), in der vier Themenfelder aus der Physik (z. B. *Brücken bauen*) mit vielen aktivierenden Experimenten bereits in die Primarschule integriert werden. Ziel ist die Unterstützung von Schüler*innen dabei, inhaltliche Fehlkonzepte über naturwissenschaftliche Modelle zu vermindern und anschlussfähiges konzeptuelles Wissen aufzubauen, das in die Sekundarstufe mitgetragen wird, um dort in stetig vom MINT Lernzentrum der ETH Zürich weiterentwickelten Curricula (z. B. zum Thema Wasserdruck) wieder zur Anwendung zu kommen und ausgebaut zu werden. Die Studie baut auf einem Vorgängerprojekt auf, in das Elsbeth Stern involviert war und in dem gezeigt werden konnte, dass es bereits in der Grundschule möglich ist, Themen aus der Physik nachhaltig einzuführen (Hardy et al., 2006). Mit ihrer Forschung in der Schweizer MINT Studie trägt Elsbeth Stern dazu bei, dass entsprechende Lehrmaterialien auch von Grundschullehrpersonen selbst nach entsprechenden Fortbildungen eingesetzt werden, wobei dieser Einsatz bereits starke Lernzugewinne bei Schüler*Innen gezeigt hat (Edelsbrunner et al., 2018).

Es geht aber nicht nur um klassisches Inhaltswissen. In den letzten Jahrzehnten hat sich die Perspektive auf naturwissenschaftlichen Unterricht gewandelt (Sandoval et al., 2014). So sind heute nicht nur inhaltliche Themen im Vordergrund. Zusätzlich zu konzeptuellem Inhaltswissen sollen die Lernenden auch ein Verständnis über Wissenschaft und die dabei zentralen Prinzipien erwerben. Ein zentrales Prinzip, das sich durch sämtliche naturwissenschaftliche Bereiche zieht, ist die sogenannte Variablenkontrollstrategie (VKS).

Um die Variablenkontrollstrategie zu erläutern, stellen wir uns folgende hypothetische wissenschaftliche Studie vor. Nehmen wir an, wir möchten untersuchen, ob sich zwei Trainings unterschiedlich darauf auswirken, wie gut sich Schüler*innen Wissen über Stromkreise aneignen. Zum Beispiel können wir von 100 Schüler*innen, die an der Studie teilnehmen, 50 zufällig einer Gruppe zuweisen, die ein

Training durchläuft, in dem die Prinzipien hinter Stromkreisen von der Lehrperson erläutert und dann anhand von Experimenten unter Anleitung der Lehrperson direkt erfahren werden. Die anderen 50 zufällig ausgewählten Schüler*innen werden einer Kontrollgruppe zugewiesen. In der Kontrollgruppe führen sie zwar Experimente zum Thema Stromkreise durch, arbeiten dabei aber völlig selbstständig. Anschliessend achten wir darauf, dass sich weitere Bedingungen, die sich auf den Lernerfolg auswirken könnten – z. B. die Lernzeit oder die Lernumgebung, in der die Schüler*innen experimentieren – zwischen den Bedingungen nicht unterscheiden. Nach dem Experiment, nachdem wir also die Schüler*innen in beiden Gruppen mit dem jeweiligen Training haben lernen lassen, bearbeiten die Schüler*innen Tests zum Thema Stromkreise, um zu untersuchen, wie gut sie die Inhalte gelernt haben. Mit diesem Experiment wollen wir herausfinden, ob sich die Art des Trainings (durch die Lehrperson angeleitete Experimente vs. selbständiges Experimentieren in der Kontrollgruppe) auf den Lernerfolg der Schüler*innen auswirkt.

Wieso ist es nun wichtig, dass sich die beiden experimentellen Bedingungen (direktes Training vs. Kontrolltraining) nur in einer Sache unterscheiden? Wenn sich die beiden Bedingungen in mehr als einer Sache unterscheiden würden, dann wüsste man am Schluss nicht, woran es lag, falls man einen Unterschied im Lernerfolg beobachtet. Nehmen wir an, wir hätten nicht genau auf die Uhr geschaut und der Kontrollgruppe 10 Minuten mehr Zeit gegeben als der anderen Gruppe. Wenn dann eine der beiden Gruppen am Ende ein bisschen mehr gelernt hat als die andere, wissen wir nicht, ob es tatsächlich an den unterschiedlichen Trainings lag – was uns ursprünglich interessierte – oder an der unterschiedlichen Lernzeit. Es gilt also das Prinzip einzuhalten, zwischen unterschiedlichen Bedingungen eines Experimentes immer nur diejenige Sache unterschiedlich zu machen, deren Effekt man untersuchen möchte. Dieses Prinzip, dass bei einem Experiment immer nur eine Sache variiert werden darf, nennt man die *Variablenkontrollstrategie*. Dieses Prinzip gilt nicht nur für die Lehr- und Lernforschung – es ist in sämtlichen wissenschaftlichen Bereichen und auch in unserem Alltagsleben wichtig einzuhalten, wenn wir etwas herausfinden möchten. Deshalb beschäftigt sich die Lehr- und Lernforschung auch schon lange damit, wie das Verständnis dieses Prinzips bereits ab der Kindheit gefördert werden kann. Im Rahmen der Schweizer MINT Studie wurde bereits gezeigt, dass sich regelmässiges Experimentieren zu Physikthemen auf das Verständnis der Variablenkontrollstrategie positiv auswirken kann (Schalk et al., 2018).

Dieses Kapitel beschäftigt sich mit einer zweiten Studie zur Variablenkontrollstrategie, die aus der Schweizer MINT Studie entstanden ist. In dieser Studie wurde untersucht, ob sich ein Training der Variablenkontrollstrategie nicht nur ganz allgemein darauf auswirkt, wie gut Schüler*innen die Strategie anwenden können, sondern ob dabei auch ein Wissenstransfer auftritt. Nämlich, dass ein weiteres Fehlkonzept zu Experimenten, das sich bei Kindern und Jugendlichen häufig zeigt, verringert wird. Das Fehlkonzept, um das es dabei geht, ist der sogenannte *Engineering Approach*, das Ingenieurs-Konzept des Experimentierens, welches Kinder und Jugendliche häufig als Vorstellung des Experimentierens im Kopf haben. Kinder und Jugendliche, die dieses Konzept haben, nehmen an, dass man experimentiert, um ein gewünschtes Ergebnis zu erreichen (beispielsweise, dass ein Stromkreis funktioniert und ein Lämpchen leuchtet). Dementsprechend tendieren diese Kinder und Jugendlichen dazu, wenn sie Experimente durchführen, Variablen so zu verändern, dass das Experiment »funktioniert«, also einen gewünschten Effekt zeigt. Die wissenschaftliche Idee hinter einem Experiment ist jedoch herauszufinden, welche Variablen welche Einflüsse haben – unabhängig davon, wie das Ergebnis aussieht. Im Folgenden wird der Forschungsstand zum Verständnis der Variablenkontrollstrategie bei Kindern und Jugendlichen und dessen Bezug zum Fehlkonzept des Engineering Approach kurz erläutert, worauf basierend dann die vorliegende Studie eingeführt wird.

9.1 Forschungsstand zur Variablenkontrollstrategie (VKS)

In der früheren entwicklungspsychologischen Forschung wurde davon ausgegangen, dass Kinder vor der frühen Adoleszenz kein Verständnis der VKS entwickeln können (Inhelder und Piaget, 1958; Klahr et al., 1993; Siegler et al., 1973; Tschirgi, 1980). Neuere Forschungsergebnisse konnten diese Annahme allerdings widerlegen. So zeigte sich, dass bereits jüngere Kinder fähig sind, unkonfundierte Experimente (in denen korrekt immer nur eine Variable verändert wird) von konfundierten Experimenten (bei denen mehrere Variablen verändert werden, so dass diese zu keiner sicheren Aussage führen) zu unterscheiden (Sodian et al., 1991) und bereits im Alter von 8 Jahren unkonfundierte Experimente konfundierten Experimenten vorzuziehen (Bullock et al., 2009; Bullock und Ziegler, 1999). Bullock und Ziegler (1999) fanden außerdem, dass mehr als 50 % der Schüler*innen der 4. Klassenstufe, fast 80 % der Schüler*innen der 5. Klassenstufe und fast 100 % der Schüler*innen der 6. Klassenstufe ihre Wahl auch in Einklang mit der VKS begründen. Dennoch scheint es nicht so, als würde sich die Fähigkeit, die VKS korrekt zu verstehen und anzuwenden, bei allen Individuen ohne pädagogische Unterstützung von selbst entwickeln (Zimmerman, 2007; Zimmerman und Croker, 2013). Über das Jugendalter hinaus bis ins Erwachsenenalter zeigen Studien bei zahlreichen Personen ein nach wie vor unausgereiftes Verständnis der VKS in der Anwendung (für einen Überblick, Kuhn, 2007; Schwichow et al., 2020; Zimmerman und Croker, 2013; Zimmerman und Klahr, 2018).

9.2 Engineering-Approach als Fehlkonzept beim Experimentieren

Der Einfluss des Verständnisses der VKS beim Experimentieren in Verbindung mit dem Auftreten von Fehlkonzepten wurde im letzten Jahrzehnt mehrfach untersucht (Klahr & Chen, 2003; Piekny & Maehler, 2013; Schauble et al., 1991; Siler & Klahr, 2012).

Schauble et al. (1991) betrachteten vor allem die Zielsetzung des Experimentierens. Sie unterschieden zwischen zwei Modellen, die beim Prozess des Experimentierens aus kindlicher Perspektive involviert sind: Dem *Science Approach* und dem *Engineering Approach*. Ersterer hat beim Experimentieren die reine Suche nach Zusammenhängen zwischen unterschiedlichen Variablen zum Ziel. Beim Zweiteren (Engineering Approach) wird ein Experiment aufgrund eines bereits repräsentativen (erwünschten) Ergebnisses eines Experiments durchgeführt (meist basierend auf Vorwissen). Beim Science Approach wird angenommen, dass die Kinder ein Verständnis dafür entwickelt haben, dass Variablen einen Einfluss auf andere Variablen haben können und dass alle Variablen getestet werden müssen, bevor das Experiment beendet werden kann (also ein korrekteres Verständnis des Einsatzes der Variablenkontrollstrategie). Beim Engineering Approach tendieren Kinder dazu, Vergleiche zu wählen, die einen hohen Kontrast zwischen den Variablen zeigen und auf die jeweiligen Variablen fokussieren, die den ihrer Ansicht nach erwünschten Effekt zeigen sollen. Siler et al. (2013) gründeten ihre Theorie auf diesen Annahmen und beschrieben sogenannte *science goals*. Diese gelten als unabhängig von inhaltlichem Vorwissen. Sie stellen einen Weg dar, kausale Einflüsse unterschiedlicher Variablen mithilfe der korrekten Anwendung der VKS zu testen. Sogenannte »engineering goals« jedoch beschreiben die Autoren als mit inhaltlichen Vorannahmen verknüpft, die zu Experimenten mit der unbewussten oder bewussten Absicht führen, ein gewünschtes Ergebnis zu belegen.

9.3 Vorliegende Studie

Die hier beschriebene Studie untersuchte den Lerntransfer eines Trainings der Variablenkontrollstrategie auf die Nutzung von Fehlkonzepten, die mit dem »engineering approach« in Verbindung stehen, in der 5. und 6. Klassstufe Deutschschweizer Grundschulen. Diese Forschungsfrage soll verdeutlichen, dass sich Unterricht zu den Prinzipien und Methoden von Wissenschaft doppelt auszahlt, wenn er gut gemacht ist: Einerseits soll das Training natürlich dazu führen, dass die Schüler*innen im Vergleich zu einer Kontrollgruppe ein besseres Verständnis der Variablenkontrollstrategie entwickeln. Andererseits wurde das Training basierend auf viel vorhandener Literatur entwickelt, die zeigt, wie ein effektives, aber auch effizientes Training der Variablenkontrollstrategie aussieht, das auf aus der Lehr- und Lernforschung stammenden Prinzipien aufbaut: Innerhalb von nur drei Schulstunden wird den Schüler*innen vor Augen geführt, weshalb ein konfundiertes Experiment zu keinen Schlussfolgerungen führen kann (es wird dadurch ein sogenannter *kognitiver Konflikt* erzeugt), und die Schüler*innen erlernen anhand unterschiedlicher Beispiele, deren Gemeinsamkeiten hervorgehoben werden (die Methode des gezielten Vergleichens, um das Erkennen dahinterliegender Prinzipien zu unterstützen), wie ein kontrolliertes Experiment aufgebaut ist. Der Einsatz dieser Prinzipien soll unterstützend auf das Verständnis der Variablenkontrollstrategie wirken, so dass die Schüler*innen dadurch auch das Fehlkonzept des *Engineering Approachs* abbauen können, obwohl dieses Fehlkonzept beim Training nicht explizit angesprochen wird. Im Folgenden wird die Studie genauer methodisch beschrieben und danach werden statistische Analysen berichtet, welche diese Fragen abbilden und zu deren Beantwortung beitragen sollen.

Methoden & Material

Stichprobe und Design

Die Stichprobe bestand aus 29 fünften und 9 sechsten Klassen (insgesamt 38 Klassen). Die Datenbasis umfasste eine Gesamtstichprobe von $N = 618$ Schüler*innen (*Mittelwert*$_{Alter}$ = 11.67, SD_{Alter} = 0.65, 309 Mädchen, 309 Jungen). In allen Klassen wurden sowohl eine Experimentalgruppe (VKS-Training) als auch eine Kontrollbedingung (Kontrolltraining) umgesetzt. Die Schüler*innen wurden per Zufall innerhalb der Klasse entweder der Experimentalgruppe ($n = 318$) oder der Kontrollgruppe ($n = 300$) zugeordnet. Abbildung 9.1 zeigt den Ablauf der Datenerhebung. Im Vortest (VT) bearbeiteten die Schüler*innen einen Experimentierfähigkeitstest, der im Rahmen eines übergeordneten Forschungsprojektes entwickelt und ausführlich auf seine Aussagekraft hin evaluiert wurde (für detailliertere Informationen siehe Peteranderl, 2019). Anschließend wurden die Schüler*innen in sämtlichen Klassen zufällig in zwei Gruppen geteilt, von denen jeweils eine Gruppe das VKS-Training und die andere Gruppe das Kontrolltraining durchlief. Die Trainings liefen zeitgleich in unterschiedlichen Räumen ab und die Gruppen wechselten anschließend nicht. Beide Trainings umfassten je drei Lektionen über einen Zeitraum von zwei Wochen. Etwa eine Woche nach den abgeschlossenen Trainings fand der zweite Messzeitpunkt statt, an dem die gesamte Klasse den Experimentierfähigkeitstest als Nachtest (NT) ausfüllte.

Variablenkontrollstrategie (VKS) Training

Ziel des VKS-Trainings war das Erlernen und korrekte Anwenden der VKS. Das VKS-Training umfasste drei Lektionen. Es wurden mehrere Demonstrationsexperimente mit bewusst gesetzten kognitiven Konflikten gezeigt und eine explizite Einführung in die Variablenkontrollstrategie in den ersten beiden Lektionen gegeben. Während der dritten Lektion wurde das Lernen und Anwenden einzelner

9 Vermeidung von Fehlkonzepten

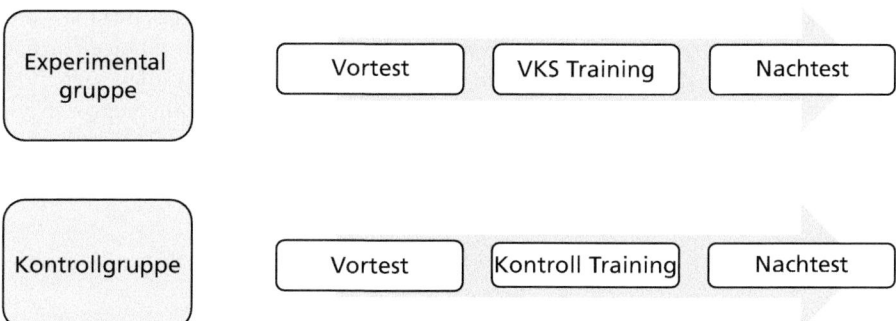

Abb. 9.1: Ablauf der Studie

Facetten der VKS in der gesamten Gruppe sowie als Hands-on Gruppen- oder Partneraktivität gefördert und umgesetzt. Das VKS-Training wurde jeweils von der Doktorandin durchgeführt, die das Training hauptverantwortlich entwickelt hatte und über Erfahrung als Grundschullehrerin verfügte.

Kontrolltraining

Auch die Kinder der Kontrollgruppe führten während ihres Unterrichts selbstständig Versuche durch, erhielten jedoch keine Instruktion der VKS. Das Ziel des Kontrolltrainings umfasste vielmehr die Einführung von inhaltlichem Wissen über Stromkreise und Schaltskizzen. Das Kontroll-Training wurde von der jeweiligen Klassenlehrperson durchgeführt.

Gesamttest Experimentierfähigkeiten

Der Experimentierfähigkeitstest beinhaltete insgesamt 15 Fragen, die unterschiedliche Aspekte wissenschaftlichen Denkens abdeckten, darunter die vier Facetten der Variablenkontrollstrategie nach Schwichow et al. (2016) sowie typische Fehlkonzepte bei der Planung von Experimenten (Siler & Klar, 2021; Schauble et al. 1991). Eine detaillierte Beschreibung aller Fragetypen findet sich in der Dissertation von Sonja Peteranderl (2019). Der Kern unserer Analysen befasst sich mit den Unteraufgaben zu den Fehlkonzepten beim Experimentieren, welche ebenfalls ein Bestandteil des Tests waren.

Aufgabe: Fehlkonzepte

Mit diesen Unteraufgaben wurde die Häufigkeit erhoben, mit der Kinder ein Experiment aufgrund des Fehlkonzeptes *engineering approach* bewerteten. Beide Aufgaben enthielten experimentelle Vergleiche, die zu einem Null-Resultat führten. Eines der beiden Experimente (bei Aufgabe 1; siehe Abb. 9.2a) zeigte jedoch einen unkonfundierten Vergleich, während das andere (bei Aufgabe 2; siehe Abb. 9.2b)

Teil II: Lernangebote gestalten

einen konfundierten Vergleich zeigte. Für die anschliessende Frage »Haben die Kinder ein gutes Experiment durchgeführt« wurden im Multiple-Choice-Format sechs Antwortalternativen vorgegeben. Die Kinder konnten auswählen zwischen einer korrekten Antwort, mehreren Antworten, die den Engineering Approach repräsentieren (basierend auf den Annahmen von Schauble et al., 1991), und einer Antwort, die von der korrekten Antwort ablenkte. Dies war ein im Training häufig genutzter Satz, der bei dieser Aufgabe jedoch nicht zutraf.

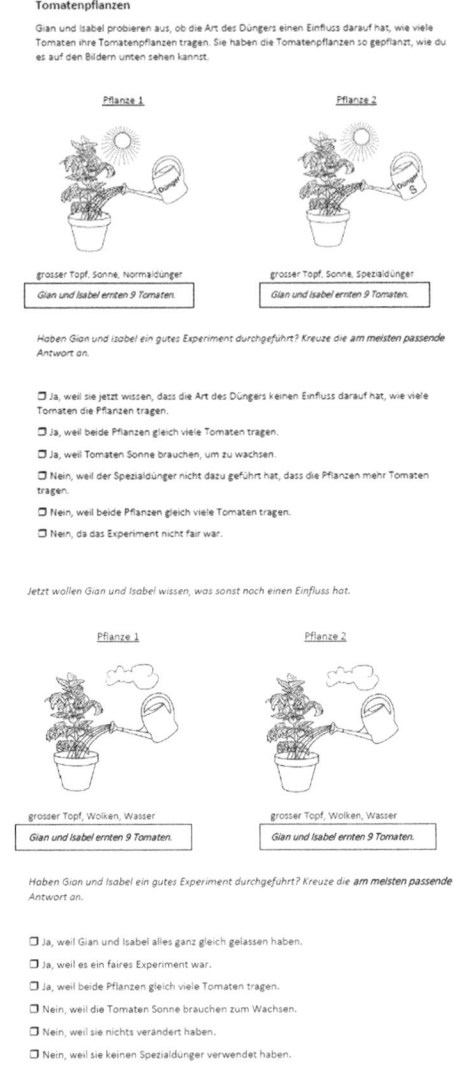

Abb. 9.2a und 9.2b: Aufgaben 1 (Abb. 9.2a) und 2 (Abb. 9.2b) zur Messung von Fehlkonzepten über Experimente

9.4 Ergebnisse

Deskriptive Statistik

Wie aus Abbildung 9.3 ersichtlich, wählten im Vortest 54.3 % der Kontrollgruppe mindestens einmal eine Engineering-Antwort und 51.6 % der Schüler*innen in der Experimentalgruppe. Am Vortest war dieses Fehlkonzept also bei ähnlich vielen Schüler*innen zumindest bei einer Antwort sichtbar. Im Nachtest hatten 41.7 % der Schüler*innen in der Kontrollgruppe mindestens einmal eine Engineering-Antwort gewählt sowie 23.0 % der Schüler*innen in der Experimentalgruppe. Das Training der Experimentalgruppe reduzierte also die Häufigkeit des Fehlkonzepts.

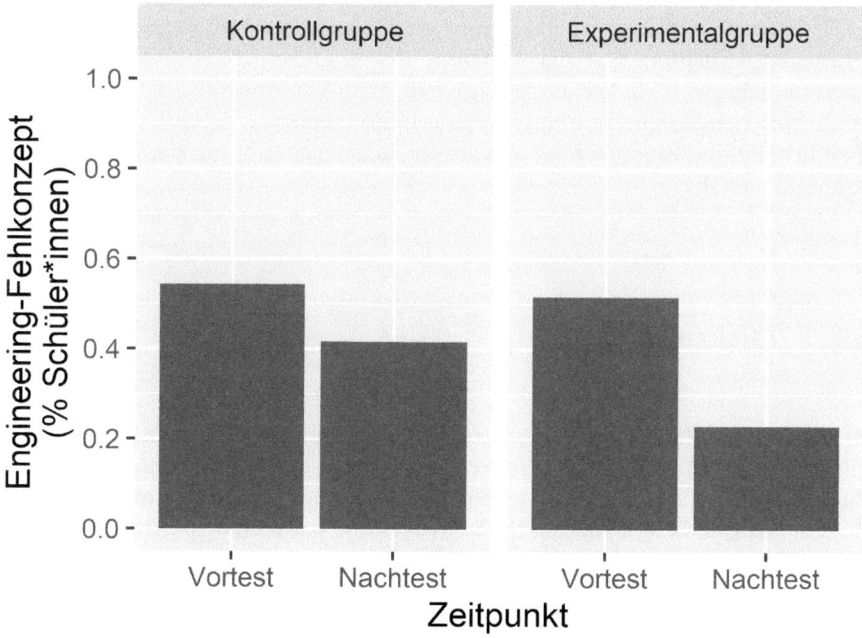

Abb. 9.3: Anteile der Schüler*innen, die in den beiden Gruppen das Engineering-Fehlkonzept zeigten, am Vor- und Nachtest

Statistisches Modell

Um statistisch abzusichern, ob die in der Experimentalgruppe stärker scheinende Verminderung im Engineering-Fehlkonzept tatsächlich über Stichprobenfehler hinausgeht, wurde ein statistisches Modell angepasst. Genauer handelte es sich um ein generalisiertes gemischtes lineares Regressionsmodell. *Generalisiert* bedeutet dabei, dass das Modell passend ist um Veränderung in der Variable Engineering-

Fehlkonzept (liegt nicht vor vs. liegt vor, was mathematisch einer bizonalen Variablen entspricht) abzubilden. Der *gemischte* Aspekt des Modells bedeutet, dass dieses passend war, um mit den Daten aus unterschiedlichen Schulklassen umzugehen, welche implizieren, dass sich Schüler*innen aus denselben Schulklassen ähnlicher sind als die aus unterschiedlichen Schulklassen (dies wird über einen *zufälligen Intercept* für Schulklassen im Modell erreicht). Im Rahmen dieser Art eines linearen Regressionsmodells wurden dann absolute Unterschiede in der Ausprägung des Fehlkonzeptes zwischen Vor- und Nachtest sowie zwischen den beiden Gruppen als statistische Effekte modelliert. Schlussendlich wurde im Modell der wichtigste Parameter geschätzt: ein Interaktionsparameter aus Zeitpunkt (Vor- vs. Nachtest) und Gruppe (Kontroll- vs. Experimentallgruppe). Wenn dieser Term statistische Signifikanz am 5 %-Entscheidungsniveau aufweist, dann wird die Hypothese – die Abnahme im Engineering-Fehlkonzept unterscheidet sich zwischen den beiden Gruppen – angenommen.

Die Ergebnisse dieses generalisierten gemischten linearen Regressionsmodells stützen die Annahme, dass die Abnahme des Engineering-Fehlkonzeptes in der Experimentalgruppe stärker ausgeprägt war als in der Kontrollgruppe: Die Interaktion zwischen Zeitpunkt und Gruppe war also statistisch signifikant. Die Wahrscheinlichkeit, das Engineering-Fehlkonzept zu zeigen, nahm in der Experimentalgruppe stärker ab.

9.5 Diskussion

Die vorliegende Studie zeigt, dass ein Training von nur drei Schulstunden zum Prinzip der Variablenkontrollstrategie dazu führen kann, dass Schüler*innen ein häufiges Fehlkonzept, im vorliegenden Fall den Engineering Approach, abbauen können, obwohl dieses Fehlkonzept beim Training gar nicht explizit angesprochen wurde. Wir nehmen an, dass durch die stetige Betonung, dass man bei den gezeigten Experimenten herausfinden wolle, welche Faktoren einen Einfluss haben und wie dies funktioniere, die Schüler*innen mitgelernt haben, dass eben dies das Ziel des Experimentierens ist und nicht die reine Produktion eines gewünschten Effektes. Das Unterrichten von wissenschaftlichen Prinzipien abseits von Inhalten wie Newton, Darwin und Co. zahlt sich also doppelt aus: Einerseits kann man, aufbauend auf jahrzehntelanger Literatur, ein Training zu wichtigen Prinzipien wie der Variablenkontrollstrategie effektiv und vor allem auch effizient mit wenig Zeitaufwand bereits in der Grundschule durchführen. Die dazu verwendeten Materialien sind nicht kostenintensiv und können von Lehrpersonen mittels einer kurzen Einschulung für die entsprechenden Trainings vollkommen selbstständig verwendet werden. Andererseits zeigt sich ein Transfer auf das Verständnis des Experimentierens, in der Abnahme des sogenannten »Engineering Approach«-Fehlkonzeptes. Somit geht die Wirksamkeit des Trainings über den Aufbau von einem grundlegenden Verständnis der Variablenkontrollstrategie und ihrer korrekten Anwendung hinaus und ist zweifach wirksam. Zudem verdeutlicht es den Stellenwert von auf psychologisch-pädagogischen Prinzipien beruhenden Unterrichts. Dieser sollte so gestaltet sein, dass Schüler*innen nicht nur zentrale inhaltliche Konzepte aus den Naturwissenschaften erwerben, sondern auch ein breiteres Verständnis von Wissenschaft generell bekommen und dabei häufig vorkommende Fehlkonzepte vermindert werden.

Für praktizierende Lehrpersonen zeigt diese Studie auf, dass sich eine recht frühe Behandlung wissenschaftlicher Prinzipien in mehreren Hinsichten pädagogisch auszahlt. Einerseits ist es vielen Instanzen unserer Gesellschaft, von Bildungsinstitutionen bis zu Lehrpersonen und Eltern wichtig, dass Schüler*innen heutzutage nicht nur naturwissenschaftliche Inhalte lernen sollen, über deren Nutzen sich teilweise selbst Fachexpert*innen teilweise uneinig sind. Stattdessen zeigen viele Forschungsprojekte aus den letzten Jahrzehnten, dass Lehrpersonen auch Prinzipien von Wissenschaft bereits recht früh ansprechen und in ihren Unterricht integrieren können. Dies legt den Grundstein dafür, dass Schüler*innen in ihrer Zukunft wissenschaftliche Information kritisch hinterfragen und in ihrer eigenen Entscheidungsfindung adäquat einordnen und berücksichtigen können.

Andererseits zeigt der Lerntransfer vom Verständnis der Variablenkontrollstrategie auf ein vermindertes Vorkommen des Engineering Approach-Fehlkonzeptes, dass Lehrpersonen durchaus davon ausgehen können, dass Schüler*innen von Unterricht, der sich mit Prinzipien der Wissenschaft beschäftigt, weitergehend profitieren als nur bezüglich des zentralen Lernzieles. Auch wenn in vielen Lehrplänen nicht genügend Raum vorhanden ist, um bei Schüler*innen ein tiefgehendes Verständnis von Wissenschaft zu fördern, sollte überlegt werden, bezüglich welcher anderen Aspekte ein ähnlicher Lerntransfer erwartet werden kann. Die Variablenkontrollstrategie kann dabei als Beispiel eines zentralen Konzeptes dienen, welches sich durch sämtliche Naturwissenschaften aber auch alle anderen Bereiche zieht, in denen experimentell gearbeitet wird (seien es die Sozial- und Verhaltenswissenschaften oder auch das Alltagsleben).

Welchen Stellenwert ordnen wir einer verstärkten Abnahme des Engineering Approach-Fehlkonzeptes bei der Entwicklung einer wissenschaftlichen Literalität zu? Dass Schüler*innen das grundsätzliche Ziel von Experimenten nicht als jenes verstehen, einfach einen gewünschten Effekt zu erzeugen, ist sicherlich ein zentraler Bestandteil der weiteren Entwicklung eines ausgereiften Wissenschaftsverständnisses. Das Experiment gilt als ein Königsweg zur Generierung verlässlicher Evidenz in Wissenschaft und im Alltagsleben. Weiter aufbauend könnte Schüler*innen vermittelt werden, welche Stärken und Schwächen experimentelle Herangehensweisen in unterschiedlichen Situationen haben können und wie sich diese von anderen wissenschaftlichen Methoden unterscheiden.

9.6 Literaturverzeichnis

Bullock, M. & Ziegler, A. (1999). Scientific reasoning: developmental and individual differences. In Individual development from 3 to 12: findings from the munich longitudinal study (pp. 38–54). Cambridge University Press.

Edelsbrunner, P. A., Schalk, L., Schumacher, R. & Stern, E. (2018). Variable control and conceptual change: A large-scale quantitative study in elementary school. *Learning and Individual Differences*, 66, 38–53.

Hardy, I., Jonen, A., Möller, K. & Stern, E. (2006). Effects of instructional support within constructivist learning environments for elementary school students' understanding of« floating and sinking«. *Journal of Educational Psychology*, 98(2), 307.

Inhelder, B. & Piaget, J. (1958). The growth of logical thinking from childhood to adolescence: An essay on the construction of formal operational structures (Vol. 22). Psychology Press.

Klahr, D. & Chen, Z. (2003). Overcoming the positive-capture strategy in young children: Learning about indeterminacy. *Child Development*, 74(5), 1275–1296.

Klahr, D., Fay, A. L. & Dunbar, K. (1993). Heuristics for scientific experimentation: A developmental study. Cognitive psychology, 25(1), 111–146.

Piekny, J. & Maehler, C. (2013). Scientific reasoning in early and middle childhood: The development of domain-general evidence evaluation, experimentation, and hypothesis generation skills. *British Journal of Developmental Psychology*, 31(2), 153–179.

Sandoval, W. A., Sodian, B., Koerber, S. & Wong, J. (2014). Developing children's early competencies to engage with science. *Educational Psychologist*, 49(2), 139–152.

Schalk, L., Edelsbrunner, P. A., Deiglmayr, A., Schumacher, R. & Stern, E. (2019). Improved application of the control-of-variables strategy as a collateral benefit of inquiry-based physics education in elementary school. *Learning and Instruction*, 59, 34–45.

Schwichow, M., Osterhaus, C. & Edelsbrunner, P. A. (2020). The relation between the control-of-variables strategy and content knowledge in physics in secondary school. *Contemporary Educational Psychology*, 63, 101923.

Siegler, R. S., Liebert, D. E. & Liebert, R. M. (1973). Inhelder and Piaget's pendulum problem: Teaching preadolescents to act as scientists. *Developmental Psychology*, 9(1), 97.

Siler, S. A. & Klahr, D. (2012). Detecting, classifying, and remediating Children's explicit and implicit misconceptions about experimental design.

Siler, S. A., Klahr, D. & Price, N. (2013). Investigating the mechanisms of learning from a constrained preparation for future learning activity. *Instructional Science*, 41(1), 191–216.

Sodian, B., Zaitchik, D. & Carey, S. (1991). Young children's differentiation of hypothetical beliefs from evidence. *Child development*, 62(4), 753–766.

Tschirgi, J. E. (1980). Sensible reasoning: A hypothesis about hypotheses. *Child development*, 1–10.

Zimmerman, C. (2007). The development of scientific thinking skills in elementary and middle school. *Developmental review*, 27(2), 172–223.

Zimmerman, C. & Croker, S. (2013). *Learning science through inquiry.* Springer Publishing Company

10 Konzeptuelles Verständnis und prozedurale Handlungskompetenz von Lernenden: Wie sie zusammenhängen und welche Unterrichtsmethoden sie stärken

Michael Schneider, Jennifer Paetsch & Anja Skibbe

Eine der Stärken von Elsbeth Stern ist es, komplexe Zusammenhänge gut auf den Punkt bringen zu können: »Lernen [ist] der wichtigste Hebel zur geistigen Entwicklung« (Stern, 2003), und »Lernen heißt Wissen konstruieren« (Stern, 2015), weil »Wissen […] der Schlüssel zum Können« ist (Stern & Schumacher, 2004). Man kann das Lernen nicht unabhängig von konkreten Wissensinhalten lernen, und das ist auch nicht notwendig, denn »wenn man über eine fundierte Wissensbasis verfügt, dann besitzt man damit auch eine geeignete Grundlage für die Erweiterung sowie für die Revision seines Wissens« (Stern & Schumacher, 2004, S. 130). »Schulisches Lernen verbessern heißt, Schülern Aufgaben stellen, bei denen sie ihr bereits vorhandenes Wissen erweitern, umstrukturieren und automatisieren müssen« (Stern, 2006), denn »intelligent wird Wissen erst durch seine Anwendung in unterschiedlichen Kontexten« (Stern & Schumacher, 2004, S. 133).

Diese prägnanten Aussagen fassen den aktuellen Stand der empirischen Lehr-Lern-Forschung treffend zusammen und werfen eine Reihe wichtiger Folgefragen auf. In diesem Kapitel der Festschrift für Elsbeth Stern diskutieren wir eine dieser Fragen: Was ist nützlicher für weiteres Lernen – konzeptuelles Wissen, das hilft, abstrakte Prinzipien und ihre Beziehungen untereinander zu verstehen, oder prozedurales Wissen, das hilft, zielgerichtet zu handeln und Probleme zu lösen? Welche der beiden Arten von Wissen sollte bei schulischem Lernen im Mittelpunkt stehen und wie kann der Erwerb gefördert werden? Kern des Kapitels bildet eine gemeinsame Studie der Kapitelautor*innen mit Elsbeth Stern am Max-Planck-Institut für Bildungsforschung in Berlin (Schneider & Stern, 2010), an der Michael Schneider als Doktorand, Jennifer Paetsch als studentische Hilfskraft und Anja Skibbe beratend beteiligt waren.

In der Forschung zu konzeptuellem und prozeduralem Wissen gibt es zwei Forschungsstränge, die eng verknüpft sind. In einem eher grundlagenwissenschaftlich orientierten Forschungsstrang wird mit Methoden der kognitiven Entwicklungspsychologie untersucht, was konzeptuelles und prozedurales Wissen ausmacht und wie sie sich entwickeln. In einem zweiten Forschungsstrang werden diese Erkenntnisse dann zur konkreten Verbesserung von Schulunterricht fruchtbar gemacht. Im Folgenden beschreiben wir kurz die Eigenschaften konzeptuellen und prozeduralen Wissens, gehen dann auf ihre entwicklungspsychologischen Beziehungen untereinander ein und geben dann einen Überblick über Unterrichtsmethoden, die zur Förderung konzeptuellen oder prozeduralen Wissens geeignet sind.

10.1 Charakteristische Eigenschaften konzeptuellen und prozeduralen Wissens

Beispiele für konzeptuelles Wissen sind das Verständnis des coulombschen Gesetzes in der Physik, das Verständnis, was eine Variable ist, in der Mathematik oder das Wissen darum, wie rekursive Funktionen in der Informatik funktionieren. Konzeptuelles Wissen wird als »Wissen, warum...« bezeichnet. Es ist vernetzt und verbalisierbar im Gehirn repräsentiert. Dadurch hilft konzeptuelles Wissen Lernenden, Zusammenhänge zu verstehen und zu bewerten. Dabei ist konzeptuelles Wissen abstrakt. Es ist Wissen über grundsätzliche wissenschaftliche Gesetze, Prinzipien und Zusammenhänge, die in vielen unterschiedlichen Situationen relevant sein und sich dort jeweils unterschiedlich zeigen können. Konzeptuelles Wissen hilft Lernenden daher, nicht an der Oberflächenstruktur von Problemen hängen zu bleiben, zum Beispiel dem Aussehen eines kaputten Geräts, sondern auch die einer Situation zugrundeliegende Tiefenstruktur zu verstehen, also wissenschaftliche Gesetzen und Prinzipien, die zum Beispiel für die Reparatur eines defekten Geräts relevant sind.

Beispielhaft für prozedurales Wissen ist Kenntnis davon, wie man die Stärke einer elektrischen Ladung berechnen kann, wie man zwei Gleichungen mit zwei Unbekannten lösen kann oder wie man ein Computerprogramm mit rekursiven Funktionen schreiben kann. Prozedurales Wissen wird daher auch als »Wissen, wie« oder Handlungswissen bezeichnet. Es ermöglicht effektives Handeln und Problemlösen, indem es angibt, mittels welcher Operatoren oder Handlungen welche Ziele erreicht werden können. Prozedurales Wissen kann durch Übung automatisiert werden, sodass es schnell und effizient abgerufen werden kann, ohne viele kognitive Ressourcen, zum Beispiel Arbeitsgedächtniskapazität, zu erfordern. Ein typisches Beispiel ist das Autofahren, das bei vielen Menschen so stark automatisiert ist, dass sie während des Autofahrens gut über andere Themen nachdenken und sich unterhalten können. Bei Schülerinnen und Schülern sind beispielsweise die Automatisierung der Grundrechenarten und des Lesens und Schreibens wichtige Unterrichtsziele. Im Kontext komplexerer Probleme können Schülerinnen und Schüler dann rechnen, lesen und schreiben, ohne sich dadurch zu sehr vom Durchdenken und Lösen des komplexeren Problems ablenken zu lassen.

10.2 Ist konzeptuelles oder prozedurales Vorwissen wichtiger für weiteres Lernen?

In der Forschung werden vier Hypothesen darüber diskutiert, wie konzeptuelles und prozedurales Wissen sich gegenseitig im Laufe des Lernens und der kognitiven Entwicklung beeinflussen (einen Literaturüberblick geben Rittle-Johnson et al., 2015). Dies werden in Abbildung 10.1 dargestellt.

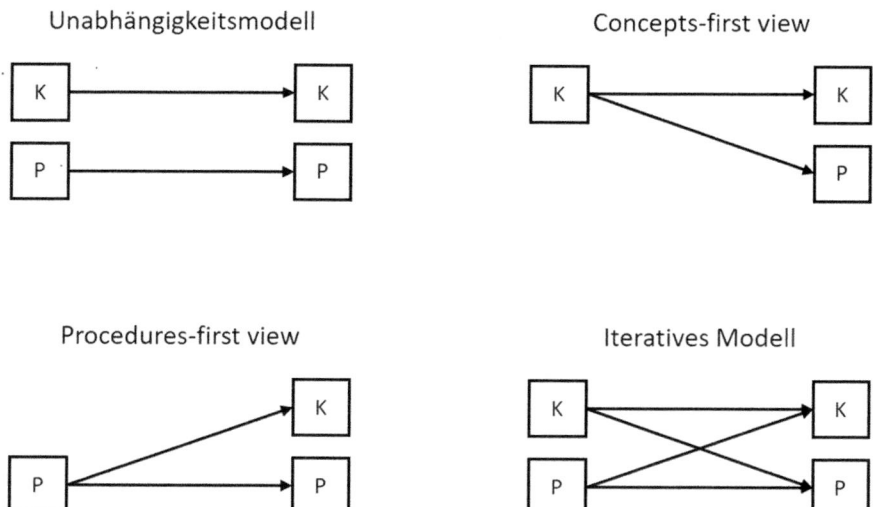

Abb. 10.1: Vier alternative Hypothesen zum Zusammenhang von konzeptuellem Wissen (K) und prozeduralem Wissen (P)

Der *Unabhängigkeitshypothese* zufolge entwickeln sich konzeptuelles und prozedurales Wissen, ohne sich gegenseitig zu beeinflussen (Abb. 10.1, oben links). Eine alternative Hypothese, der sog. *concepts-first view*, besagt, dass Lernende in der Regel konzeptuelles Wissen vor prozeduralem Wissen erwerben (Abb. 10.1, oben rechts). Diesem theoretischen Ansatz zufolge benötigt man zuerst ein grundlegendes Verständnis eines neuen Inhaltsbereichs, bevor man anfangen kann, in diesem Bereich auch Handlungserfahrungen zu sammeln und Fähigkeiten einzuüben. Dies entspricht dem Vorgehen in vielen Unterrichtsstunden, in denen die Lehrkraft zunächst Inhalte erklärt, bevor die Lernenden sie dann im Unterricht und zu Hause selbst einüben und anwenden. Ein Beispiel hierfür sind explizite Strategien des Fremd- bzw. Zweitsprachenlernens, in denen zuerst die systematische Vermittlung von Regeln erfolgt, bevor diese in Übungen mit aktiver Sprachverwendung eingeübt werden (Paetsch et al., 2013). Eine dritte Hypothese, der sog. *procedures-first view*, besagt, dass Lernende in der Regel durch Ausprobieren zuerst Handlungserfahrung in einer Inhaltsdomäne sammeln und prozedurales Wissen aufbauen, bevor sie aus ihren Handlungserfahrungen Einsichten über abstraktere Konzepte ableiten können (Abb. 10.1, unten links). Einer vierten Hypothese, dem sogenannten *iterativen Modell* (Abb. 10.1, unten rechts), zufolge ist die Erwerbsreihenfolge der beiden Wissensarten eher zufällig oder umweltabhängig, und beide Wissensarten beeinflussen sich immer wieder gegenseitig positiv (Rittle-Johnson et al., 2001).

Es gab lange Zeit in der Lehr-Lern-Forschung eine intensive Debatte darüber, welche dieser widerstreitenden Hypothesen zutreffender ist, sodass sich schulisches Lernen an ihr orientieren sollte (Rittle-Johnson et al., 2015a). Dabei ging es um die Frage, ob Schulunterricht stärker auf die Vermittlung von Konzepten abzielen sollte (weil diese dem concepts-first view zufolge die wichtigste Grundlage für weiteres konzeptuelles und prozedurales Wissen darstellen) oder stärker auf die Vermittlung von Prozeduren (weil diese dem procedures-first view zufolge die wichtigste Grundlage für weiteres konzeptuelles und prozedurales Wissen darstellen).

Beispielsweise erklären Vertreter des concepts-first view Probleme von Schülerinnen und Schülern beim Mathematiklernen oft durch die Annahme, dass im Mathematikunterricht zu viel gerechnet und geübt würde. Die Schülerinnen und Schüler lernen so Rechenprozeduren auswendig, ohne zu verstehen, warum und unter welchen Bedingungen diese Prozeduren korrekt sind. Mangels dieser Einsicht in die konzeptuelle Grundlage der Prozeduren können Schülerinnen und Schüler Prozeduren dann nicht auf neue Problemtypen und in das Leben außerhalb der Schule übertragen. Oberflächliches und unflexiblen Wissen sei die Folge. Um dem entgegenzuwirken, brauche man einen Unterricht, in dem Schülerinnen und Schüler Konzepte konstruieren, diskutieren, erproben und bewerten.

Vertreter des procedures-first view vertraten die umgekehrte Ansicht, dass komplexe mathematische Fertigkeiten (z. B. das Lösen von zwei Gleichungen mit zwei Unbekannten) die sichere Beherrschung einfacherer mathematischer Fertigkeiten (z. B. flüssige Beherrschung der Grundrechenarten) voraussetzen und auf sie aufbauen. Einsicht in mathematische Konzepte ist nutzlos, wenn Lernenden dabei die prozeduralen Fertigkeiten zur Lösung mathematischer Probleme fehlen. Langes Diskutieren und Reflektieren von Konzepten kann schädlich sein, weil es Zeit kostet, die dann zur Einübung mathematischer Problemlösefertigkeiten fehlt. Unterricht, der zu viel Zeit auf die Vermittlung von Konzepten verwendet, führt demzufolge dazu, dass Schülerinnen und Schülern zu jedem Thema etwas Kluges sagen, aber dieses Wissen nicht anwenden und zur Problemlösung einsetzen können. Um solche Defizite zu vermeiden, braucht man dem procedures-first view zufolge einen Unterricht, in dem viel und ambitioniert geübt wird mit klaren Übungszielen und zeitnahem Feedback. Im Fremd- und Zweitsprachenlernen spiegelt sich diese Annahme in Ansätzen des impliziten Sprachlernens wider, deren Vertreter*innen die Bedeutung des natürlichen Sprachgebrauchs zum Erlernen der Sprache betonen (Paetsch et al., 2013).

10.3 Was zeigen empirische Untersuchungen zu den Beziehungen zwischen konzeptuellem und prozeduralem Wissen?

Eine Reihe von älteren Studien testete die in Abbildung 10.1 veranschaulichten Hypothesen. Viele dieser Studien fanden vorläufige empirische Evidenz für das iterative Modell, demzufolge sich konzeptuelles und prozedurales Wissen beim Lernen gegenseitig beeinflussen (Rittle-Johnson et al., 2001). Diese Studien lieferten jedoch keine belastbaren Befunde, weil ungeklärt war, wie man konzeptuelles und prozedurales Wissen unabhängig voneinander messen kann. Zum Beispiel wird konzeptuelles Wissen oft gemessen, indem man Lernende einen Zusammenhang oder ein Prinzip erklären lässt. Aber woher weiß man, dass sie die Erklärung nicht auswendig gelernt haben und sie – wie prozedurales Wissen – einfach abspulen, ohne sie wirklich zu verstehen? Prozedurales Wissen wird oft gemessen, indem man Lernende Rechenaufgaben lösen lässt. Aber woher weiß man, dass sie einen korrekten Lösungsweg nicht mithilfe ihres konzeptuellen Wissens spontan neu konstruiert haben?

Um trotz dieser Probleme die in Abbildung 10.1 gezeigten Hypothesen empirisch testen zu können, entwickelten Schneider und Stern (2010) einen Test, der konzeptuelles und prozedurales Wissen über Dezimalbrüche jeweils mit vier verschiedenen Aufgabentypen erfasste. Konzeptuelles Wissen über die Eigenschaften und die Notation von Dezimalbrüchen wurde durch Aufgaben erfasst, die (a) die Bewertung von Rechenstrategien, (b) das Vergleichen von Zahlen, (c) das Visualisieren von Dezimalbrüchen in Tortendiagrammen und (d) das Erklären der Eigenschaften von Dezimalbrüchen in einem kurzen Text erforderten. Prozedurales Wissen über das Schätzen der Position von Dezimalbrüchen wurde gemessen durch (a) die Lösungsrate bei Zahlenstrahlschätzaufgaben mit Dezimalbrüchen, (b) die Lösungszeiten bei diesen Aufgaben, (c) die Zugriffsasymmetrie und (d) die dual-task-Kosten (s. Schneider & Stern, 2010, für die genauere Erklärungen der Maße). In einer ersten Studie untersuchten sie, wie sich unterschiedliche Arten von Unterricht über Konzepte oder Prozeduren auf die Maße auswirkt. In einer zweiten Studie modellierten sie das den acht Maßen zugrundeliegende konzeptuelle und prozedurale Wissen statistisch als latente Faktoren. Die Faktoren spiegeln dabei nur solches Wissen wider, das sich auf allen vier Maßen einer Wissensart gleichermaßen zeigt. Wissen, das sich selektiv bei einigen, aber nicht bei anderen Aufgaben zur Messung einer Wissensart zeigt, wird von den latenten Faktoren nicht erfasst. Das Wissen wurde vor einem kleinen Lernspiel (T1), nach dem Spiel (T2) und vier Monate später (T3) gemessen. Dadurch war es möglich, die Beziehungen zwischen den latenten Faktoren für konzeptuelles und prozedurales Wissen über die Zeit hinweg zu untersuchen wie in Abbildung 10.2 dargestellt.

Die Ergebnisse zeigten, dass konzeptuelles und prozedurales Wissen über Dezimalbrüche nicht unabhängig voneinander gemessen werden konnten, sodass keine Überprüfung der längsschnittlichen Beziehungen möglich war. Schneider und Stern erklärten das vor allen dadurch, dass das Wissen über Dezimalbrüche relativ einfach zu verstehen und nicht sehr umfangreich ist. Zwei nachfolgende Studien nutzten den von Schneider und Stern (2010) entwickelten methodischen Ansatz, um komplexere Inhalte – Brüche mit Bruchstrich (Lenz et al., 2019) sowie das Lösen linearer Gleichungssysteme (Schneider et al., 2011) – zu untersuchen. Diese Studien zeigten, dass konzeptuelles und prozedurales Wissen unabhängig voneinander gemessen werden können (Lenz et al., 2019) und dass ihre längsschnittlichen Beziehungen in beide Richtungen ungefähr gleich stark sind (Schneider et al., 2011).

Nach aktuellem Stand der Forschung (Rittle-Johnson et al., 2015) beeinflussen sich konzeptuelles und prozedurales Wissen also gegenseitig. Konkrete Handlungserfahrung hilft beim Aufbau abstrakten Konzeptwissens, und abstraktes Konzeptwissen hilft beim zielgerichteten Aufbau von Handlungskompetenz. Diese natürlichen Erwerbsmuster, die sich in Längsschnittstudien zeigen, führen dazu,

Teil II: Lernangebote gestalten

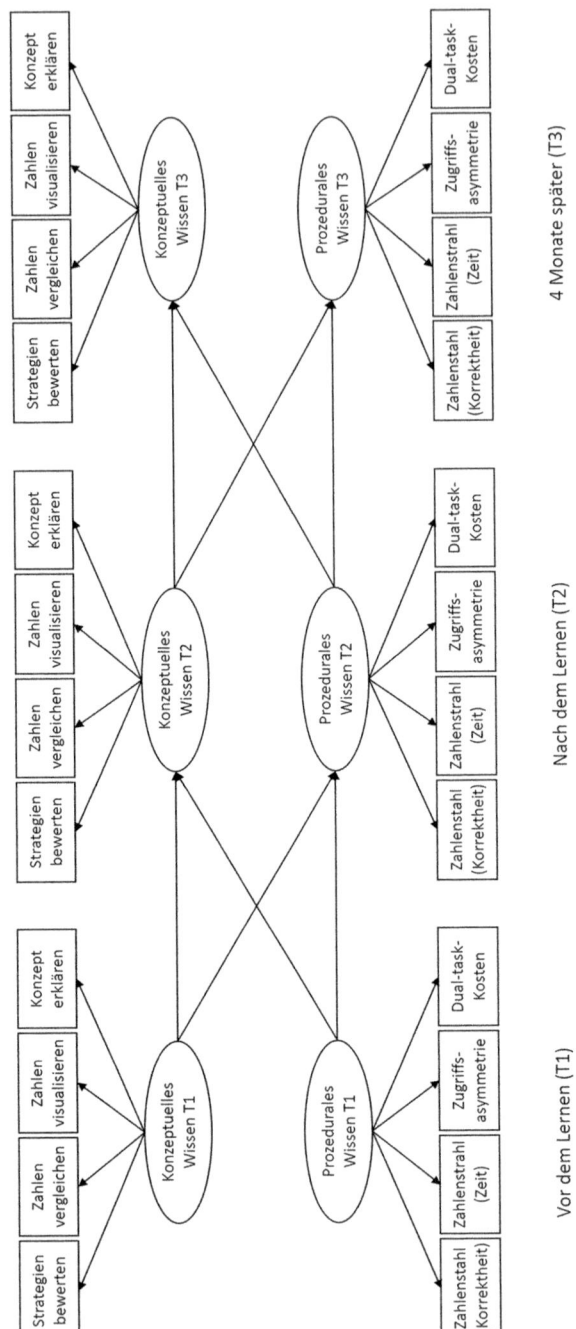

Abb. 10.2: Design der Längsschnittstudie von Schneider & Stern (2010)

dass Lernende selten nur eine Wissensart besitzen und die andere überhaupt nicht. Das ist positiv, weil konzeptuelles und prozedurales Wissen sich optimal ergänzen. Nur wer beides hat, kann in Leben und Arbeitswelt Probleme sowohl reflektiert und flexibel als auch schnell und effektiv lösen. Dies führt zu der Frage, wie Schulunterricht diese positiven natürlich auftretenden Entwicklungstendenzen noch zusätzlich fördern kann.

10.4 Wie kann Unterricht den Erwerb konzeptuellen und prozeduralen Wissens fördern?

Die empirische Forschung weiß viel darüber, wie der Erwerb konzeptuellen oder prozeduralen Wissens im Unterricht gefördert werden kann. Im Folgenden beschreiben wir einige ausgewählte Beispiele.

Förderung konzeptuellen Wissens

Da konzeptuelles Wissen im Langzeitgedächtnis idealerweise vernetzt gespeichert wird, kann der Erwerb konzeptuellen Wissens durch Unterrichtsmethoden gefördert werden, die eine solche Vernetzung unterstützen (Goldwater & Schalk, 2016). Dabei gibt es die folgend vorgestellten Möglichkeiten zur Vernetzung.

Vorwissen aktivieren

Lehrende können neue Lerninhalte mit dem Vorwissen der Lernenden vernetzen, indem sie zu Beginn einer Unterrichtseinheit das Vorwissen der Lernenden erfragen und dann im Unterricht aufgreifen und reflektieren lassen. Eine Möglichkeit dafür sind Konzeptinventare – also Fragebögen, die Lernenden unterschiedliche korrekte und inkorrekte Erklärungen eines Phänomens präsentieren und sie bitten, die Korrektheit jeder Aussage zu bewerten (Lichtenberger et al., 2017; Queloz et al., 2017). Andere Möglichkeiten sind kleine Erklärungs- oder Zeichenaufgaben, in denen die Lernenden ein Phänomen und seine Ursachen aus ihrer Sicht darstellen sollen (Vosniadou & Brewer, 1992).

Handlungserfahrungen ermöglichen

Da Schülerinnen und Schülern das Verständnis abstrakter Konzepte nicht immer leichtfällt, kann konzeptuelles Lernen auch durch die Vernetzung von konkreten Handlungserfahrungen und abstrakten Konzepten im Langzeitgedächtnis gefördert werden. Ein Beispiel dafür ist eine konstruktivistische Lernumgebung für Grundschüler:innen zum Thema Schwimmen und Sinken, in der die Kinder im

Schwimmbad luftgefüllte Gegenstände ins Wasser drücken, um das abstrakte Konzept der Auftriebskraft am eigenen Leibe zu erfahren (Stern et al., 2002; siehe auch das Kapitel von Hardy & Möller in diesem Band).

Visualisierungen nutzen

Eine weitere Art der Vernetzung von Wissen, die den Erwerb konzeptuellen Wissens fördert, besteht darin, konkrete Situationen in Form von Diagrammen darzustellen. Diagramme bieten zwei Vorteile. Zum einen stellen Diagramme eigentlich abstrakte Relationen anschaulich dar (z. B. veranschaulicht die Steigung eines Weg-Zeit-Graphen das Konzept von Geschwindigkeit als Weg pro Zeit). Zum anderen lassen Diagramme alle irrelevanten situationsspezifischen Details weg. Wenn zwei Situationen oberflächlich betrachtet unterschiedlich aussehen, aber beide durch denselben Diagrammtyp dargestellt werden können, kann dies die Bildung abstrakten, über Situationen hinweg transferierbaren Konzeptwissens fördern (Stern et al., 2003). Zum Beispiel kann die Bewegung eines Rennwagens und einer Schnecke jeweils in einem Weg-Zeit-Graphen dargestellt werden und in beiden Fällen repräsentiert die Steigung das Verhältnis von Weg zu Zeit.

Veranschaulichen mit Beispielen

Der Aufbau abstrakten, gut vernetzten Konzeptwissens kann auch durch das Vergleichen oder Kontrastieren von Beispielen gefördert werden (Hofer et al., 2018; Schalk et al., 2020; Ziegler et al., 2018; Ziegler & Stern, 2016). Beim Vergleichen werden Lernenden Beispiele gegeben, die sich oberflächlich unterscheiden, die aber in den zu lernenden konzeptuellen Relationen übereinstimmen. Beispielsweise könnten man Lernende vergleichend erklären lassen, warum ein Schiff auf dem Wasser schwimmt und warum ein Heißluftballon in der Luft fliegt. Dadurch können sie das beiden Situationen zugrundeliegende Konzept der Auftriebskraft, die von der spezifischen Dichte des schwimmenden oder fliegenden Körpers und der spezifischen Dichte des verdrängten Mediums (Wasser oder Luft) abhängt, besser verstehen. Lernen durch Kontraste funktioniert ähnlich, jedoch werden hier Beispiele präsentiert, die sich oberflächlich ähneln, aber in den zu lernenden konzeptuellen Relationen unterscheiden (s. Abb. 10.3).

Eine Metaanalyse über 57 Studien, die lernförderliche Effekte von Vergleichen und Kontrastierungen untersuchten, zeigt, dass sie den Lernerfolg mittelstark beeinflussen (Cohens d = 0.50) und dass diese positiven Effekte für unterschiedliche Inhaltsbereiche und Altersgruppen gefunden werden können (Alfieri et al., 2013). Die Vergleiche waren lernförderlicher, wenn den Lernenden das zu erwerbende Konzept *nach* dem Vergleichen erklärt wurde. Eine Erklärung des Konzepts vor dem Vergleichen oder der Verzicht auf so eine Erklärung war deutlich weniger effektiv.

A. Vergleichsbedingung (beide Lösungswege auf derselben Seite)

Mandys Lösung:		Ericas Lösung:	
$5(y + 1) = 3(y +1) + 8$	Ausmultiplizieren	$5(y +1) = 3(y + 1) + 8$	Subtrahieren
$5y + 5 = 3y + 3 + 8$	Zusammenfassen	$2(y +1) = 8$	Dividieren
$5y + 5 = 3y + 11$	Subtrahieren	$y + 1 = 4$	Subtrahieren
$2y + 5 = 11$	Subtrahieren	$y = 3$	
$2y = 6$	Dividieren		
$y = 3$			

1. Mandy und Erica haben die Aufgabe auf unterschiedliche Weise gelöst, aber sind beide auf dieselbe Lösung gekommen. Warum?
2. Warum würdest Du Ericas Lösungsweg bevorzugen?

B. Sequenzbedingung (ein Lösungsweg pro Seite)

Mandys Lösung:	
$5(y + 1) = 3(y +1) + 8$	Ausmultiplizieren
$5y + 5 = 3y + 3 + 8$	Zusammenfassen
$5y + 5 = 3y + 11$	Subtrahieren
$2y + 5 = 11$	Subtrahieren
$2y = 6$	Dividieren
$y = 3$	

1. Würdest Du die Aufgabe so lösen wie Mandy? Warum oder warum nicht?

~ ~ ~ ~ ~ *Seitenwechsel* ~ ~ ~ ~ ~

Ericas Lösung:	
$5(y +1) = 3(y + 1) + 8$	Subtrahieren
$2(y +1) = 8$	Dividieren
$y + 1 = 4$	Subtrahieren
$y = 3$	

1. Prüfe Ericas Lösung, indem Du sie in die Gleichung einsetzt. Hat sie die korrekte Lösung gefunden?

Abb. 10.3: Ein Beispiel für Lernen durch Kontraste (Abb. 10.3a) im Unterschied zum sequenziellen Lernen (Abb. 10.3b), übersetzt und adaptiert aus (Rittle-Johnson & Star, 2007)

Konstruktivistische Lernumgebungen gestalten

Im Idealfall werden die oben beschriebenen Unterrichtstechniken nicht isoliert verwendet, sondern in reichhaltige konstruktivistische Lernumgebungen eingebettet. Solche Lernumgebungen regen viel Eigenaktivität der Schülerinnen und Schüler an, um den Lerngegenstand zu explorieren, zum Beispiel durch Experimente und Stationenlernen. Sie bieten gleichzeitig jedoch auch viel instruktionale Unterstützung, um sicherzustellen, dass die Schülerinnen und Schüler die vorgesehenen Lernziele erreichen. Instruktionale Unterstützung kann zum Beispiel in sorgfältig vorstrukturierten Beobachtungsaufgaben bestehen, in zeitlich gut durchgeplanten Unterrichtsphasen und in der strukturierenden Moderation von

Diskussionen der Schülerinnen und Schüler durch die Lehrkraft (Hardy et al., 2006; Hofer et al., 2018). Dabei werden die Lernenden durch soziale Interaktion besonders gut angeregt, ihre konzeptuellen Vorstellungen zu erklären, zu vergleichen und weiterzuentwickeln (Chi, 2009). Auch die Fähigkeit zum Durchführen von Experimenten, d. h. das Testen von Hypothesen durch gezieltes Manipulieren einzelner Variablen unter Kontrolle anderer Variablen, ist eine wichtige Grundlage, um in konstruktivistischen Lernumgeben konzeptuelles Wissen erwerben zu können (Edelsbrunner et al., 2018).

Förderung prozeduralen Wissens

Prozedurales Wissen wird durch Übung erworben. Zahlreiche Studien haben untersucht, welche Eigenschaften das Üben besonders effektiv machen (einen Überblick gibt VanLehn, 1996).

Ausreichend üben

Mit zunehmender Übung werden Lernende nicht nur schneller und sicherer bei der Lösung von Aufgaben, sondern benötigen dabei auch immer weniger kognitive Ressourcen, wie Arbeitsgedächtniskapazität und Konzentration. Ein Unterricht, in dem ausschließlich Konzepte diskutiert werden, ist deswegen weniger effektiv als ein Unterricht, in dem zusätzlich auch die Ausführung prozeduralen Handlungswissens geübt wird. Die durch eine solche Automatisierung prozeduralen Wissens freigesetzten kognitiven Ressourcen können dann nachfolgend zur Lösung noch komplexerer Probleme oder zum Erwerb neuer Konzepte eingesetzt werden. Manche Experten befürchten, dass intensives Üben schnell langweilig und demotivierend wirkt und bezeichnen das Einüben prozeduralen Wissens daher im Englischen abwertend als *drill and kill*. Dieses Problem kann vermieden werden, indem Lehrende Übungsaufgaben vorgeben, die sinnvoll, abwechslungsreich und realitätsnah sind und Erfolgserlebnisse vermitteln (VanLehn, 1996).

Mit Feedback üben

Wenn Lernende beim Üben immer wieder dieselben Fehler machen, werden diese Fehler anstatt der korrekten Lösungsprozeduren automatisiert. Daher ist es essentiell, dass Lernende beim Üben zeitnahes Feedback erhalten und ihre Fehler korrigieren. Zu diesem Thema gibt es mehrere Hundert Studien, die in Metaanalysen zusammengefasst wurden (Hattie & Timperley, 2007; Kluger & DeNisi, 1996). In der Gesamtschau zeigen diese Befunde, dass Feedback effektiver ist, wenn die Formulierung sich auf Verbesserungsmöglichkeiten für die Zukunft anstatt auf Fehler in der Vergangenheit bezieht, wenn das Feedback sich auf konkrete Aufgabenlösungen statt auf die Lernenden als Person bezieht und wenn es sich auf Veränderliches (z. B. Lösungswege) anstatt auf feste Personeneigenschaften (z. B. Intelligenz) bezieht.

Regelmäßig üben

Eine weitere Eigenschaft effektiver Übung ist, dass sie aus mehreren, über die Zeit verteilten Einheiten bestehen sollte, statt aus einer längeren Einheit. Wenn man z. B. das Lösen mathematischer Gleichungssysteme übt, dann ist es effektiver, an drei Tagen jeweils eine Stunde zu üben als an einem Tag drei Stunden. Eine Metaanalyse fand gemittelt über 63 Studien aus unterschiedlichen Inhaltsbereichen und Altersgruppen, dass zeitlich verteilte Übung zu deutlich höheren Leistungen führt (Cohens $d = 0{,}46$) als zeitlich konzentrierte Übung (Donovan & Radosevich, 1999). Für die Gestaltung von Unterricht bedeutet das, dass viele kürzere Übungsgelegenheiten im Unterricht und in den Hausaufgaben lernförderlicher sind als gelegentliche Übungsmarathons.

Abbildung 10.4 zeigt eine Lerngelegenheit für prozedurales Wissen aus der Studie von Schneider und Stern (2010). Die Schüler*innen trainierten den Umgang mit Dezimalbrüchen in einem kleinen Lernspiel, in dem sie Monster auf einem Zahlenstrahl fingen, deren Position durch Dezimalbrüche verraten wurde. Dies erlaubte umfassende, regelmäßige Übung in einem spezifischen Inhalt der Schulmathematik mit zeitnahem sachbezogenem Feedback.

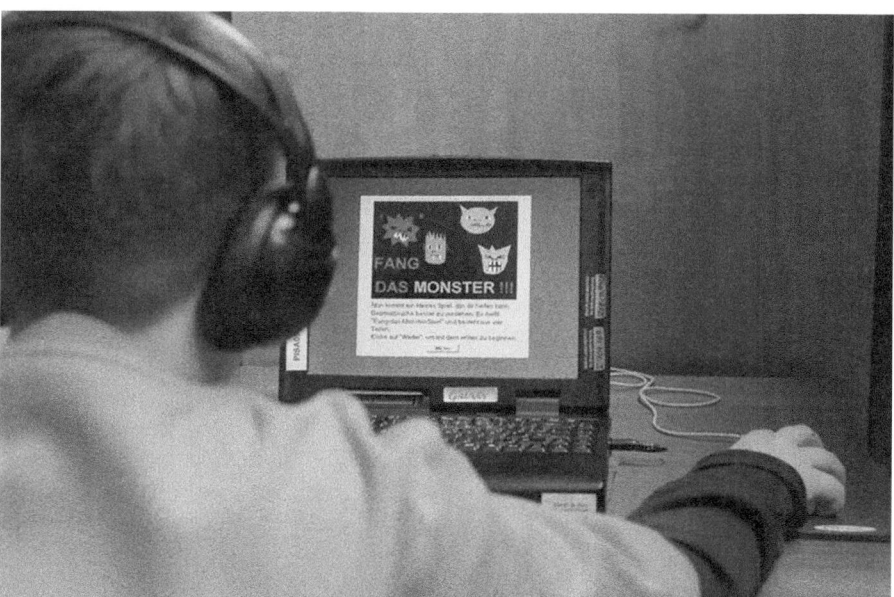

Abb. 10.4: Das Fang-das-Monster-Spiel (Schneider & Stern, 2010) als Lerngelegenheit für prozedurales Wissen über Dezimalbrüche (Foto: Norbert Michalke für Max-Planck-Gesellschaft)

Inhaltsspezifisch üben

Ziel einer Wissensvermittlung im Unterricht ist immer die Vermittlung von transferierbarem Wissen, also Wissen, das die Lernenden auf neue Situationen und Problemtypen übertragen können (Mähler & Stern, 2006). Wie die Forschung zeigt, findet Transfer nur in dem Ausmaß zwischen zwei Situationen statt, indem sie dieselben Wissenselemente erfordern. Deswegen ist es nach aktuellem Stand der Forschung nicht sinnvoll, unabhängig von konkreten Wissensinhalten »das Lernen zu lernen«, die Intelligenz zu trainieren, die Denkfähigkeiten durch formal anspruchsvolle Lerninhalte wie Latein oder Schach zu stärken oder durch Hirntrainings sozusagen den Denkmuskel als Ganzes zu trainieren (Haag & Stern, 2000; Sala & Gobet, 2017, 2019). Denn Transfer findet nur statt, wenn zwei Probleme dieselben Wissenselemente zu ihrer Lösung erfordern.

Diese Befunde bedeuten für die Unterrichtsgestaltung, dass Lehrende nicht einen Wissensinhalt unterrichten können und dann erwarten dürfen, dass die Lernenden diesen auf beliebig viele neue Problemtypen und Situationen anwenden können. Stattdessen ist Unterricht nur dann transferförderlich, wenn er möglichst lebens- und berufsrelevantes Wissen vermittelt und Wissenselemente mit unterschiedlichsten Problem- und Anwendungssituationen verknüpft. Dies zeigt die Wichtigkeit des Übens mit komplexen und realistischen Aufgabenstellungen.

10.5 Fazit

Dispute darüber, ob Unterricht vor allem konzeptuelles Verständnis oder prozedurale Handlungskompetenz fördern sollte, sind fehlgeleitet. Beide Wissensarten hängen eng zusammen und ergänzen sich: Konzeptuelles Wissen ermöglicht Verständnis, Abstraktion und Flexibilität. Prozedurales Wissen ermöglicht schnelles und effektives Problemlösen. Nur ein Zusammenwirken von beiden erlaubt ein Problemlösen, das flexibel und reflektiert, aber zugleich auch schnell und wirkungsvoll ist. Unterricht hat daher die Aufgabe, beide Wissensarten zu fördern und miteinander zu verknüpfen. Denn: »schulisches Lernen verbessern heißt, Schülern Aufgaben stellen, bei denen sie ihr bereits vorhandenes Wissen erweitern, umstrukturieren und automatisieren müssen« (Stern & Schumacher, 2004).

10.6 Literaturverzeichnis

Alfieri, L., Nokes-Malach, T. J. & Schunn, C. D. (2013). Learning through case comparisons: A meta-analytic review. *Educational Psychologist*, 48(2), 87–113. https://doi.org/10.1080/00461520.2013.775712

Chi, M. T. H. (2009). Active-constructive-interactive: A conceptual framework for differentiating learning activities. *Topics in Cognitive Science*, 1(1), 73–105. https://doi.org/10.1111/j.1756-8765.2008.01005.x

Donovan, J. J. & Radosevich, D. J. (1999). A meta-analytic review of the distribution of practice effect: Now you see it, now you don't. *Journal of Applied Psychology*, 84(5), 795–805. https://doi.org/10.1037/0021-9010.84.5.795

Edelsbrunner, P. A., Schalk, L., Schumacher, R. & Stern, E. (2018). Variable control and conceptual Change: A large-scale quantitative study in primary school. . *Learning and Individual Differences*, 66, 38–53. https://doi.org/10.1016/j.lindif.2018.02.003

Goldwater, M. B. & Schalk, L. (2016). Relational categories as a bridge between cognitive and educational research. . *Psychological Bulletin*, 142(7), 729–757. https://doi.org/10.1037/bul0000043

Haag, L. & Stern, E. (2000). Non scholae sed vitae discimus? Auf der Suche nach globalen und spezifischen Transfereffekten des Lateinunterrichts. *Zeitschrift für Pädagogische Psychologie*, 14, 146–157.

Hardy, I., Jonen, A., Möller, K. & Stern, E. (2006). Effects of instructional support within constructivist learning environments for elementary school students' understanding of »floating and sinking.«. *Journal of Educational Psychology*, 98(2), 307–326. https://doi.org/10.1037/0022-0663.98.2.307

Hattie, J. & Timperley, H. (2007). The power of feedback. *Review of Educational Research*, 77(1), 81–112. https://doi.org/10.3102/003465430298487

Hofer, S. I., Schumacher, R. & Rubin, H. (2018). Enhancing physics learning with cognitively activating instruction: A quasi-experimental classroom intervention study. *Journal of Educational Psychology*, 110(8), 1175–1191. https://doi.org/10.1037/edu0000266

Kluger, A. N. & DeNisi, A. (1996). The effects of feedback interventions on performance: A historical review, a meta-analysis, and a preliminary feedback intervention theory. *Psychological Bulletin*, 119(2), 254–284.

Lenz, K., Dreher, A., Holzäpfel, L. & Wittmann, G. (2019). Are conceptual knowledge and procedural knowledge empirically separable? The case of fractions. *British Journal of Educational Psychology*, 90(3), 809–829. https://doi.org/10.1111/bjep.12733

Lichtenberger, A., Wagner, C., Hofer, S. & Stern, E. (2017). Validation and structural analysis of the kinematics concept test. *Physical Review Physics Education Research*, 13(1). https://doi.org/10.1103/PhysRevPhysEducRes.13.010115

Mähler, C. & Stern, E. (2006). Transfer. In D. H. Rost (Ed.), *Handwörterbuch Pädagogische Psychologie* (pp. 782–793). Beltz.

Paetsch, J., Wolf, K. M., Stanat, P. & Darsow, A. (2013). Sprachförderung von Kindern und Jugendlichen aus Zuwandererfamilien. In K. Maaz, M. Neumann, & J. Baumert (Eds.), *Herkunft und Bildungserfolg von der frühen Kindheit bis ins Erwachsenenalter* (pp. 315–347). Springer VS.

Queloz, A. C., Klymkowsky, M. W., Stern, E., Hafen, E. & Köhler, K. (2017). Diagnostic of students' misconceptions using the Biological Concepts Instrument (BCI): A method for conducting an educational needs assessment. *Plos ONE*, 12(5).

Rittle-Johnson, B., Schneider, M. & Star, J. R. (2015). Not a one-way street: Bi-directional relations between procedural and conceptual knowledge of mathematics. *Educational Psychology Review*, 27, 587–597. https://doi.org/10.1007/s10648-015-9302-x

Rittle-Johnson, B., Siegler, R. & Alibali, M. W. (2001). Developing conceptual understanding and procedural skill in mathematics: An iterative process. *Journal of Educational Psychology*, 93(2), 346–362. https://doi.org/10.1037//0022-0663.93.2.346

Rittle-Johnson, B. & Star, J. R. (2007). Does comparing solution methods facilitate conceptual and procedural knowledge? An experimental study on learning to solve equations. *Journal of Educational Psychology, 99*(3), 561–574.

Sala, G. & Gobet, F. (2017). Does far transfer exist? Negative evidence from chess, music, and working memory training *Current Directions in Psychological Science, 26*(6), 515–520. https://doi.org/10.1177/0963721417712760

Sala, G. & Gobet, F. (2019). Cognitive training does not enhance general cognition. *Trends in Cognitive Sciences, 23*(1), 9–20. https://doi.org/10.1016/j.tics.2018.10.004

Schalk, L., Roelle, J., Saalbach, H., Berthold, K., Stern, E. & Renkl, A. (2020). Providing worked examples for learning multiple principles. *Applied Cognitive Psychology, 34*(4), 813–824. https://doi.org/10.1002/acp.3653

Schneider, M., Rittle-Johnson, B. & Star, J. R. (2011). Relations among conceptual knowledge, procedural knowledge, and procedural flexibility in two samples differing in prior knowledge. *Developmental Psychology, 47*(6), 1525–1538. https://doi.org/10.1037/a0024997

Schneider, M. & Stern, E. (2010). The developmental relations between conceptual and procedural knowledge: A multimethod approach. *Developmental Psychology, 46*(178–192). https://doi.org/10.1037/,,0010701

Stern, E. (2003). Lernen – Der wichtigste Hebel der geistigen Entwicklung – Teil 2. *Universitas, 58*(6), 567–582.

Stern, E. (2006). Was wissen wir über erfolgreiches Lernen in der Schule? *Pädagogik, 58*(1), 45–49.

Stern, E. (2015). Lernen heißt Wissen konstruieren: Kommentar zu Alexander Renkl. *Psychologische Rundschau, 66*(4), 226–228. https://doi.org/10.1026/0033-3042/a000278

Stern, E., Aprea, C. & Ebner, H. G. (2003). Improving cross-content transfer in text processing by means of active graphical representation. *Learning and Instruction, 13*(2), 191–203. https://doi.org/10.1016/S0959-4752(02)00020-8

Stern, E., Möller, K., Hardy, I. & Jonen, A. (2002). Warum schwimmt ein Baumstamm? . *Physik Journal, 1*(3), 63–67.

Stern, E. & Schumacher, R. (2004). Lernziel: Intelligentes Wissen. *Universitas, 59*(2), 121–134.

VanLehn, K. (1996). Cognitive skill acquisition. *Annual Review of Psychology, 47*, 513–539 https://doi.org/10.1146/annurev.psych.47.1.513

Vosniadou, S. & Brewer, W. F. (1992). Mental models of the earth: A study of conceptual change in childhood. *Cognitive Psychology, 24*(4), 535–585. https://doi.org/10.1016/0010-0285(92)90018-W

Ziegler, E., Edelsbrunner, P. A. & Stern, E. (2018). The relative merits of explicit and implicit learning of contrasted algebra principles. *Educational Psychology Review, 30*, 531–558. https://doi.org/10.1007/s10648-017-9424-4

Ziegler, E. & Stern, E. (2016). Consistent advantages of contrasted comparisons: Algebra learning under direct instruction. *Learning and Instruction, 41*, 41–51. https://doi.org/10.1016/j.learninstruc.2015.09.006

11 Konstruktivistisch orientierte Lernumgebungen in der Grundschule: Wie man Kinder zum Nachdenken über naturwissenschaftliche Sachverhalte herausfordert

Ilonca Hardy & Kornelia Möller

Abb. 11.1: Die »Schiffsfrage« aus dem Test zum Schwimmen und Sinken

Mit der Frage »Warum geht ein schweres Schiff aus Eisen im Wasser nicht unter?« zu Abbildung 11.1 kann nicht nur exemplarisch das Konzeptverständnis von Grundschulkindern beschrieben werden, sondern auch ein Unterrichtsansatz dargestellt werden, der im Rahmen einer mittlerweile als Unterrichtsmaterial publizierten, replizierten und vielfach erweiterten Unterrichtsreihe erfolgreich umgesetzt und auf weitere Unterrichtsthemen übertragen wurde. Die Arbeitsgruppen von Elsbeth Stern des Max-Planck-Instituts (MPI) für Bildungsforschung in Berlin und Kornelia Möller der Universität Münster erforschten in interdisziplinärer Zusammenarbeit von Lehr-Lernforschung und Sachunterrichtsdidaktik, wie Lernumgebungen gestaltet sein sollten, um Kinder zum Nachdenken über naturwissenschaftliche Sachverhalte herauszufordern und im wissenschaftlichen Denken zu unterstützen. Im Zuge der projektbezogenen Zusammenarbeit im Rahmen des DFG-Schwerpunktprogramms *Bildungsqualität von Schule* (BIQUA) wurden in den Jahren 2000 bis 2007 innovatives Lehr-Lernmaterial und Testinstrumente entwickelt, eine intensive videogestützte Forschung in Münsteraner Grundschulklassen und im Lernlabor des MPI Berlin durchgeführt und drei Leitfragen theoretisch ergründet und empirisch bearbeitet:

- Wie lässt sich die Konzeptentwicklung bei Grundschulkindern im Bereich der Naturwissenschaften fördern und mit Testverfahren erfassen?

- Welche Gestaltungsprinzipien lassen sich für einen qualitätsvollen Sachunterricht der Grundschule lerntheoretisch begründen und empirisch absichern?
- Inwieweit lässt sich ein solcher Unterricht durch Material- und Fortbildungsangebote für Lehrkräfte an Grundschulen nachhaltig verankern?

Im Folgenden werden die theoretischen Hintergründe zu den drei Leitfragen skizziert, die gemeinsamen Arbeiten mit Elsbeth Stern zur Beantwortung der Fragen herangezogen und jeweils mit unterrichtspraktischen Beispielen veranschaulicht.

11.1 Konzeptentwicklung in den Naturwissenschaften

Am Beispiel der Frage, warum ein Schiff aus Eisen im Wasser nicht untergeht, kann die Konzeptentwicklung von Kindern beschrieben werden. Bei Drittklässler*innen findet sich eine Vielzahl von Aussagen, die auf Alltagserfahrungen und die Formierung erster, häufig naiver Erklärungsansätze zurückzuführen sind. Dabei beziehen sich die häufigsten Kinderaussagen auf Vorstellungen zur Luft als einer aktiven, nach oben ziehenden Kraft, auf das Fokussieren des Gewichts von Gegenständen, deren Größe und deren Form, beispielsweise in Bezug auf den Rand oder das Vorhandensein von Löchern. Die wenigsten Grundschulkinder liefern spontan Erklärungen, welche die physikalischen Konzepte der Dichte oder des Auftriebs berücksichtigen (Hardy, Jonen, Möller & Stern, 2006). Beispiele für Kinderantworten vor der Unterrichtsreihe sind: »*Auf dem Schiff ist ein Kapiten. Das Schiff trägt schwere sache. Zum beischbil Fisch, Öl und Kole*«, »*wal die Luft das Schiff hebt. Wal das Schif aus bestimten metal gebaut ist. Wal das Schif Luft ab lest*«, »*Weil vielleicht im Schiff Luft drin ist oder weil es bestimmte Motoren hat.*« »*Vär leich wegen den Luft*«, zusammenfassend siehe Abbildung 11.2.

Nach einem konstruktivistisch orientierten Unterricht, der die Kinder kognitiv herausfordert und durch geeignete Strukturierungshilfen in ihrem Denken unterstützt (vgl. Kap. 2), werden signifikante Veränderungen in den Antworten der Kinder deutlich. So werden bei der Schiffsaufgabe zwar weiterhin verschiedene Aspekte aufgeführt, jedoch werden wesentlich häufiger wissenschaftlich tragfähige Erklärungen mit Druck, Verdrängung sowie dem Dichtevergleich genannt. So lauten typische Antworten »*Das Wasser will auf seinen alten Platz zurück, und das Wasser drückt ihn nach oben.*« »*Weil die gleiche mänge Wasser schwerer ist als das Schiff und weil das Wasser das Schiff hoch drückt.*« »*Das ligt Nicht an der luft, das ligt auch Nicht an das glachgewicht, es ligt an den Wasser.*«

Bei der Auswertung werden die Antworten auf unterschiedlichen Verständnisniveaus eingeordnet: (1) naive bzw. nicht tragfähige Fehlvorstellungen, (2) teilweise tragfähige Alltagsvorstellungen wie das Materialkonzept, (3) wissenschaftliche Vorstellungen, die auf die (in kindlicher Sprache formulierten) physikalischen

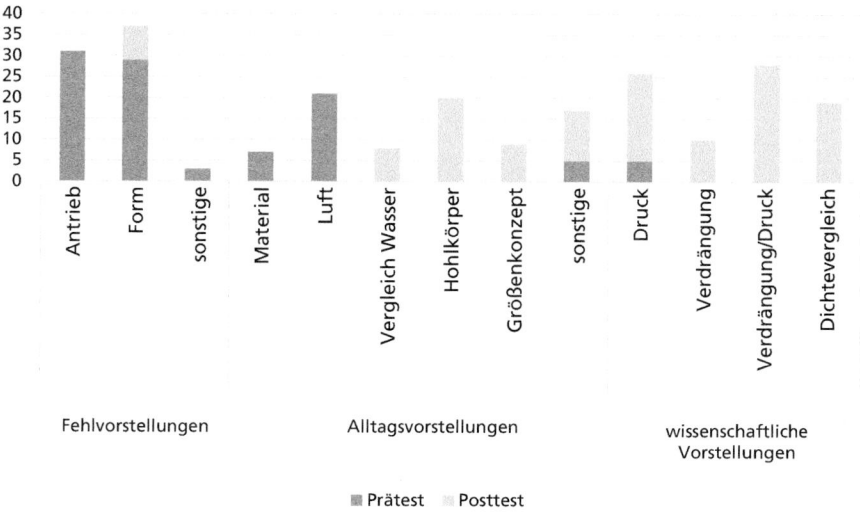

Abb. 11.2: Häufigkeiten der geäußerten Konzepte bei der Schiffsaufgabe im Prä- und Posttestvergleich (Prozent)

Konzepte der Verdrängung, Dichte und Auftrieb zurückgreifen. In den Antworten der Kinder zur »Schiffsaufgabe« zeigt sich also ein sogenannter konzeptueller Wandel, welcher die Ausdifferenzierung und Umstrukturierung von vorhandenem Konzeptwissen zu einem Gegenstandbereich beinhaltet (vgl. Adamina et al., 2018).

In den Kerncurricula der Grundschule findet sich eine Reihe von Themen, welche auf ähnlichen grundlegenden Alltagserfahrungen von Kindern aufbauen. Fragen wie »Was passiert mit dem Wasser in einer Pfütze nach dem Regen?«, »Warum werden bestimmte Dinge von Magneten angezogen, andere nicht?« oder »Wie kann eine Menge von Murmeln geschätzt werden?« können nicht durch erlerntes Faktenwissen beantwortet werden; sie erfordern vielmehr eine Erweiterung und Umstrukturierung von bestehendem Konzeptwissen.

Erwähnenswert ist, dass sich die kindlichen Konzepte bereits in der Grundschule zuverlässig und valide mit schriftlichen Testverfahren erfassen lassen. So wurde am MPI Berlin ein Test zum Schwimmen und Sinken mit 33 Multiple-Choice-Aufgaben und drei offenen Items (u. a. die »Schiffsfrage«) entwickelt, dessen Aufgaben auch in Folgeuntersuchungen einflossen (z. B. IGEL-Studie, Decristan et al., 2015; ProSach-Studie, Gabler et al., 2020; Science-P-Studie, Kleickmann et al., 2011). Dabei hat es sich bewährt, in den Fragen Alltagskontexte zu verwenden und in den Antwortalternativen typische Vorstellungen auf den unterschiedlichen Niveaus aufzunehmen. Es kann mit dem Test u. a. überprüft werden, inwiefern die Kinder ein integriertes Konzeptverständnis aufweisen, wobei insbesondere die Ablehnung von Fehlvorstellungen für ein fortgeschrittenes Konzeptverständnis spricht (Hardy et al., 2006). Wie sich in einer weiteren Studie zeigte, können entsprechende Aufgaben als formatives Assessment den Lehrkräften hilfreiche Informationen zum Stand des Konzeptwissens ihrer Schüler*innen liefern, so dass die Unterrichtsgestaltung und individuelle Förderung auf die Wissensstände abgestimmt werden können (z. B. Decristan et al., 2015; vgl. auch Dumont, 2019).

11.2 Gestaltungsprinzipien eines qualitätsvollen Unterrichts der Grundschule

Wie konzeptuelle Entwicklungen auch bei anspruchsvollen naturwissenschaftlichen Themen im Grundschulunterricht gefördert werden können, war Gegenstand gemeinsamer Forschungsprojekte der beiden Arbeitsgruppen. Drei Gestaltungselemente eines konstruktivistisch orientierten Unterrichts sollen vertieft dargestellt werden: (1) der Einsatz von Strukturierungselementen, (2) das Einfordern von Begründungen und (3) der Einsatz visueller Repräsentationsformen.

Die Bedeutung von Strukturierungselementen

Aus den vorgestellten Annahmen zur konzeptuellen Entwicklung lassen sich Schlussfolgerungen für die Gestaltung von Unterricht ableiten. So sollten insbesondere die naiven Vorstellungen von Kindern zu Phänomenen der Welt im Unterricht aufgegriffen und gemeinsam geprüft werden, um den Aufbau von Konzeptwissen zur Deutung von Naturphänomenen zu unterstützen. Zudem geht es darum, Grundschulkinder in der Anwendung von naturwissenschaftlichen Arbeits- und Denkweisen wie z. B. dem Begründen und Argumentieren zu fördern und entsprechende Selbstwirksamkeitserwartungen aufzubauen (vgl. Möller, Kleickmann & Sodian, 2011). Auch wenn solche Ziele zunächst einmal lerntheoretisch plausibel sind, ist die konkrete unterrichtliche Ausgestaltung von konstruktivistisch orientierten Unterrichtsumgebungen unterspezifiziert. Insbesondere wird die Bedeutung der Strukturierung von Lerngelegenheiten in Forschungsarbeiten thematisiert (z. B. Lazonder & Harmsen, 2016; Vorholzer & von Aufschnaiter, 2019). So wird das Herstellen einer angemessenen Balance zwischen konstruktiven und instruktiven Anteilen im Unterrichtsgeschehen als eine der größten Herausforderungen des Lehrkräfteberufs gesehen. Eine angemessene Strukturierung und adaptive Lernbegleitung wird auch mit dem Ansatz des *scaffolding* (z. B. Wood, Bruner & Ross, 1976) verbunden und als prozessorientierte Unterstützung der individuellen Wissenskonstruktion verstanden (Einsiedler & Hardy, 2010). Insgesamt erfordert der Einsatz von strukturierenden Elementen wie sprachlichen Impulsen, visuellen Repräsentationen oder fachlich abgestimmten Lernmaterialien im Unterricht von der Lehrkraft also eine Reihe anspruchsvoller Kompetenzen sowohl im fachlichen wie auch im didaktisch-methodischen Bereich.

In unserer BIQUA-Unterrichtsstudie I (vgl. Möller et al., 2002; Hardy et al., 2006) gingen wir mit insgesamt sechs unterrichteten dritten Klassen und zwei Klassen ohne Unterricht folgenden Fragen nach:

- Welchen Einfluss haben strukturierende Merkmale in einer konstruktivistisch orientierten Lernumgebung auf das langfristige konzeptuelle Verständnis von Drittklässlern im Inhaltsgebiet *Schwimmen und Sinken*?
- Sind differenzielle Effekte für leistungsstärkere und -schwächere Kinder zu verzeichnen?
- Gibt es Effekte auf motivationale und selbstbezogene Kognitionen?

In der Unterrichtsstudie I wurden zwei Unterrichtsreihen zum Thema *Wie kommt es, dass ein großes Schiff aus Eisen nicht untergeht?* mit jeweils acht Doppelstunden entwickelt. Beide Unterrichtseinheiten boten im Sinne eines konstruktivistisch orientierten Unterrichts Gelegenheit zum eigenen Experimentieren, förderten das kommunikative Aushandeln und kooperative Überprüfen von Vermutungen, regten die Anwendung des erarbeiteten Wissens an und unterstützten eigenständige Denkprozesse. Die Unterrichtsreihen unterschieden sich jedoch im Grad der Strukturierung in Bezug auf die Sequenzierung von Inhalten und die Verwendung von kognitiv strukturierenden Lehrkräteäußerungen. Die wichtigste Erkenntnis aus dieser Studie ist, dass ein konstruktivistisch orientierter Unterricht mit Strukturierungselementen einem ebensolchen Unterricht mit einem völlig offenen Materialangebot überlegen ist – nicht nur erwarben die Kinder im strukturierteren Unterricht ein integriertes und nachhaltiges Konzeptwissen zum Schwimmen und Sinken, – auch die leistungsschwächeren Kinder wurden besser gefördert. Gleichzeitig erwies sich dieser Unterricht auch in Bezug auf motivational-affektive Entwicklungen als vorteilhaft.

In der Gesprächsführung setzte die Lehrkraft z. B. folgende strukturierende Impulse ein:

- *Einfordern von Begründungen und Belegen:* »Warum glaubst du das? Kannst du das zeigen?«
- *Anregung zur Überprüfung von Vorstellungen:* »Probiere noch einmal aus, ob wirklich alles aus Metall untergeht.«
- *Herausstellen von Widersprüchen:* »Wieso geht eine Metallnadel unter und ein Metallknopf schwimmt?«
- *Anregen von Transfer:* »Wenn das Holzstück leichter ist als genauso viel Wasser und schwimmt, wie ist das wohl bei einem Stück Korken?«
- *Aufzeigen von Zusammenhängen und Mustern:* »Das kleine Holzstück schwimmt. Der große Holzstamm schwimmt. Der Holzlöffel schwimmt. Der Holzknopf mit Löchern schwimmt. Was bedeutet das?«

Wissenschaftliches Begründen

Das Anregen zum wissenschaftlichen Begründen lässt sich unter dem Schlagwort des wissenschaftlichen Denkens und Arbeitens im forschungsorientierten Unterricht (*inquiry science*) verorten (vgl. Leuchter & Hardy, 2021). Im sog. Forscherzyklus werden (Sprach-)Handlungen der Formulierung von Vermutungen, deren empirischer Prüfung und der Rückführung von Ergebnissen auf die Ausgangshypothese angestrebt (siehe Abb. 11.3). Entsprechende Zielsetzungen wie das Beschreiben, Begründen, Interpretieren und Argumentieren finden sich auch in vielen Bildungs- und Rahmenplänen des Sachunterrichts (vgl. GDSU, 2013).

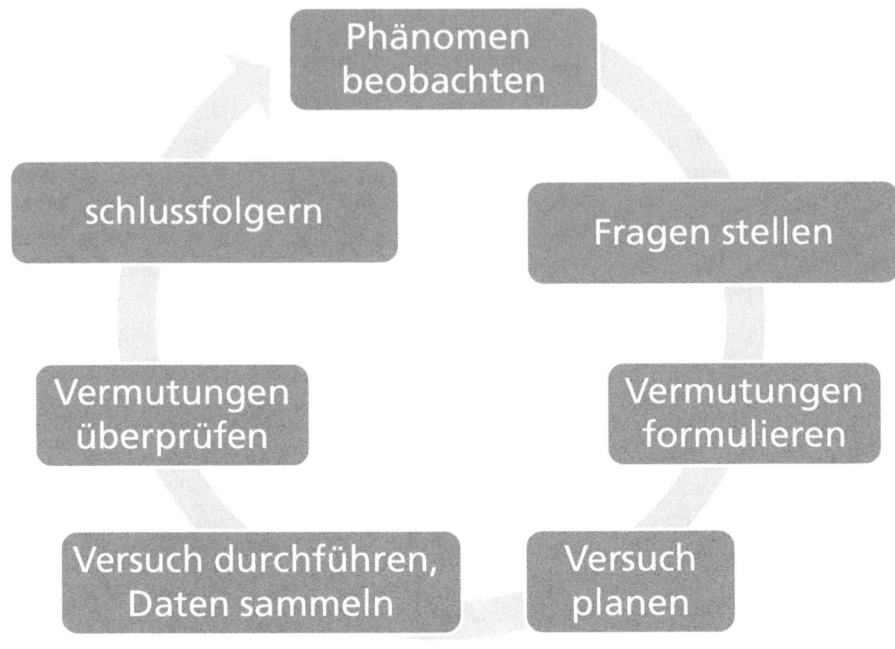

Abb. 11.3: Zyklus des wissenschaftlichen Denkens und Arbeitens

Wie bei Schramm, Hardy, Saalbach und Gadow (2013) ausgeführt, kann das wissenschaftliche Begründen auf unterschiedlichen Niveaus erfolgen. Beispielsweise nehmen Osborne, Erduran und Simon (2004) ein niedriges Niveau an, wenn einer Behauptung nur durch eine Gegenbehauptung entgegnet wird. Ein höheres Niveau besteht hingegen, wenn die Behauptung durch passende Fakten oder Beobachtungen gestützt wird. In Analysen zur Gesprächsführung in der Unterrichtsstudie I konnte gezeigt werden, dass das Begründungsniveau auch erhöht wird, wenn die Lehrkraft entsprechende Impulse setzt, was insbesondere in der Unterrichtsgruppe mit stärkerer Strukturierung der Fall war. Im folgenden Gesprächsausschnitt (bereits in Hardy, Hettmannsperger und Gabler, 2019) wird im Stuhlkreis über die Erkenntnisse aus Versuchen zur Verdrängung gesprochen. Diese wurden u. a. mit Quadern mit gleichem Volumen, aber unterschiedlicher Dichte (z. B. Eisen, Kork, Wachs) untersucht und anhand der in Abb. 11.4 gezeigten Aufgabenstellung an Stationen erarbeitet.

Liegt es am Gewicht, wie viel Wasser verdrängt wird?

Zeichne ein, wie hoch das Wasser jeweils steigt.

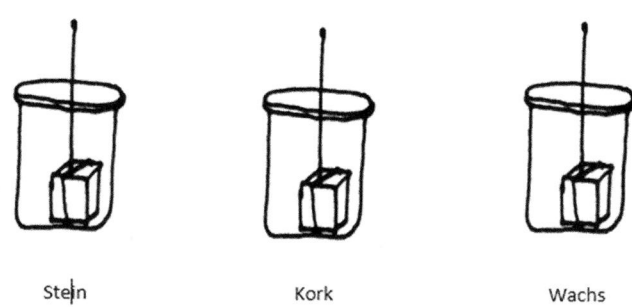

Stein   Kork   Wachs

Abb. 11.4: Aufgabe zur Verdrängung aus dem Curriculum Schwimmen und Sinken (Möller & Jonen, 2005; Abbildung © Westermann Gruppe).

Tab. 11.1: Gesprächsverlauf mit wissenschaftlichen Begründungen

1	Lehrkraft	Also, umso größer ein Gegenstand ist, umso mehr Wasser verdrängt er.	Aufstellen einer Behauptung
2		Hast du 'ne Idee, wie man das zeigen kann? Sophie?	Frage nach Daten
3	Sophie	Ähm, wenn man das jetzt mit den Würfeln am Draht ausprobiert, die sind alle gleich. Die verdrängen alle gleich viel Wasser.	Aufstellen einer Behauptung
4	Lehrkraft	Zeig das ruhig noch mal.	Frage nach Daten
5	Sophie	Also, wenn ich jetzt den hier nehme. Wenn ich jetzt den Korkwürfel nehme.	Stützung der Behauptung durch Daten
6	Lehrkraft	Warte mal, tu's am besten hier in das Glas, da sieht man das besser. (Geht in den Kreis, setzt sich wieder hin).	
7	Sophie	Und wenn ich den jetzt hier ins Wasser eintauche.	
8	Max	Nimm diesen hier, der ist besser.	
9	Lehrkraft	Ein widerspenstiger Korkwürfel. Aber jetzt mit dem Wachs klappt 's.	Stützung der Behauptung durch Daten
10	Yussef	Mach doch mal 'n Strich.	
11	Max	Auf 'n Boden drücken. Ja, so. (zweites Kind kommt in die Mitte, hält den Würfel fest; das andere Kind zieht einen Strich am Glas entlang).	

Tab. 11.1: Gesprächsverlauf mit wissenschaftlichen Begründungen – Fortsetzung

12	Sophie	Gut. Und jetzt den Steinwürfel. Steigt das gleich.	Relation zwischen Daten
13	Lehrkraft	Steigt genauso hoch wie bei dem Wachs-Würfel.	Relation zwischen Daten
14	Sophie	(Nimmt anderen Würfel). Das steigt genauso hoch.	
15	Yussef	Ah ha.	
16	Lehrkraft	Super	
17	Sophie	Sind alle gleich groß. Das kommt nicht auf das Gewicht an, sondern auf die Größe.	Formulierung der Regel

In der Gesprächsanalyse lässt sich zeigen, dass die Lehrkraft nach der Formulierung einer möglichen Erkenntnis aus dem Experiment die Schüler*innen zum Begründen mit Daten (empirischer Evidenz) auffordert (Zeile 2 in Tab. 11.1). Im Anschluss wird durch Sophie, Max und Yussef an den zuvor im Experiment eingesetzten Materialien demonstriert, wie mit den verschiedenen eingetauchten Würfeln der Wasserstand bestimmt werden kann (Zeilen 5–11). Dabei wird auch ein Vergleich zwischen den verschiedenen Datenpunkten (Relation) gezogen (Zeilen 12–13). Abschließend formuliert Sophie die zu Beginn von der Lehrkraft aufgestellte Regel zur Verdrängung in eigenen Worten (Zeile 17). Der Abschnitt zeigt, dass mit der Unterstützung der Lehrkraft Begründungen auf hohem Niveau konstruiert werden (Hardy, Kloetzer, Möller & Sodian, 2010). Der Ausschnitt zeigt auch die zentrale Rolle der Experimente und verwendeten Gegenstände, da durch diese für die Lerngruppe nachvollziehbare Belege ins Gespräch eingebracht werden.

Abb. 11.5: Schülerinnen beim Experimentieren zur Verdrängung

Die Nutzung von visuellen Repräsentationsformen

Visuelle Repräsentationen wie Graphen oder Diagramme eignen sich zur Strukturierung von komplexen Inhalten, da Lernende bei ihrer Anwendung aktiv neue Erkenntnisse gewinnen, Ko-Konstruktionen unterstützt werden und die metarepräsentationale Kompetenz aufgebaut wird (zusammenfassend Eilam & Gilbert, 2014). Eine wichtige Unterscheidung betrifft dabei die Verwendung von vorgegebenen bzw. konventionellen Formen (wie z. B. dem Koordinatensystem) und Formen, die von den Schüler*innen selbst konstruiert werden. In unserer Unterrichtsstudie II untersuchten wir die Auswirkungen von zwei Unterrichtsvarianten, in welchen die Schüler*innen entweder dazu angeregt wurden, selbst visuelle Darstellungen für die Dichte im Kontext von *Schwimmen und Sinken* zu entwickeln oder die Balkenwaage als eine vorgegebene Form der Darstellung zu nutzen (siehe Abbildungen 11.5 und 11.6). Uns interessierte, welche Auswirkungen die Verwendung dieser Formen auf das konzeptuelle Verständnis von *Schwimmen und Sinken*, das proportionale Verständnis und die Fähigkeit zur Interpretation von Graphen hat. Wir gingen davon aus, dass sich die Balkenwaage durch ihre quantitative Struktur insbesondere zur Förderung des proportionalen Verständnisses und der Visualisierungskompetenz eignen würde. Die Balkenwaage ist durch das Gleichgewichtsprinzip in ihrer Funktionsweise leicht verständlich und lässt über die aktive Handhabung Ursache-Wirkungs-Beziehungen direkt erfahren. Wird sie zur Veranschaulichung des Dichtekonzepts herangezogen, werden auf einer Seite Steine aufgesteckt, die das Volumen eines Gegenstandes repräsentieren; auf der anderen Seite wird die Masse durch Steine repräsentiert. Durch Verdoppeln der Steine auf jeder Seite kann ein größerer Gegenstand gleichen Materials repräsentiert werden, wobei der Balken im Gleichgewicht bleibt. Zur Selbstentwicklung von Repräsentationen wurden den Kindern hingegen verschiedene Materialien zur Verfügung gestellt, die zur Darstellung des Volumens und der Masse unterschiedlicher Gegenstände genutzt werden konnten. Diese individuellen Umsetzungen wurden im Unterricht vorgestellt und in der Klasse diskutiert (siehe Hardy, Jonen, Möller & Stern, 2004).

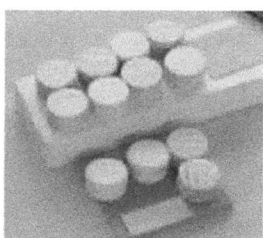
Selbstkonstruierte Repräsentation
aus Holzscheiben und Platten

Balkenwaage mit
Legosteinen für Masse (links) und
Duplosteinen für Volumen (rechts)

Abb. 11.6: Unterschiedliche Repräsentationen zur Dichte von Gegenständen

Es konnte gezeigt werden, dass die Kinder in beiden Unterrichtsgruppen nicht nur einen signifikanten Zugewinn im konzeptuellen Verständnis von *Schwimmen und Sinken* aufwiesen, sondern sich auch bei den Tests zum proportionalen Verständnis verbesserten. Darüber hinaus konnten Kinder der Balkenwaagengruppe in einer Interviewsituation lineare Graphen zur Dichte korrekt interpretieren, ohne dass diese zuvor im Unterricht behandelt wurden (Hardy, Schneider, Jonen, Möller & Stern, 2005). Diese Erkenntnisse konnten auch in einer Laborstudie am MPI bestätigt werden, in der die Kinder in kürzeren Unterrichtseinheiten und Kleingruppen mit visuellen Repräsentationen gefördert wurden. Auch hier zeigte sich insbesondere die Bedeutung der Balkenwaage für den Aufbau konzeptuellen und proportionalen Verständnisses (Hardy & Stern, 2011).

11.3 Professionalisierungsangebote und Unterrichtsmaterialien für Grundschullehrkräfte

Auf der Grundlage der Labor- und Unterrichtsstudien wurde am Standort Münster umfangreiches Unterrichtsmaterial, die sogenannten Klassenkisten, entwickelt (z. B. Jonen & Möller, 2005) und im Rahmen von Professionalisierungsmaßnahmen evaluiert (vgl. Möller et al., 2006). Dieses Materialangebot erwies sich sowohl in Studie III des BIQUA-Projekts (vgl. Kleickmann et al., 2016) als auch in weiteren Fortbildungsstudien (z. B. Decker et al., 2020; Gabler et al., 2020) als äußerst geeignet für die Professionalisierung von Grundschullehrkräften zum naturwissenschaftlichen Sachunterricht.

Die Klassenkiste zum Thema *Schwimmen und Sinken* enthält sowohl Versuchsmaterialien für bis zu 32 Kinder, Texte, Arbeitsblätter, Stationskarten, Bilder und Kopiervorlagen für den Unterricht als auch ein ausführliches begleitendes Handbuch mit theoretischem und fachlichem Hintergrund und Anregungen für den Unterrichtsaufbau, insbesondere für Unterrichtsgespräche und Reflexionen. Ein Schwerpunkt liegt auf Hinweisen zu kognitiv aktivierenden und strukturierenden Maßnahmen der Lehrpersonen. Ausgehend von den Forschungen zum Thema *Schwimmen und Sinken* wurden entsprechende Unterrichtsmaterialien und -handbücher für die Themen *Luft und Luftdruck, Schall, Stabilität von Brücken* entwickelt und publiziert (vgl. Möller, Kleickmann & Tröbst, 2009; Möller, 2010). Des Weiteren wurden die Klassenkisten als bildungsstufenübergreifendes Konzept vom Elementarbereich bis zur Sekundarstufe im Sinne eines Spiralcurriculums erweitert (hier die Themen *Schwimmen und Sinken, Magnetismus sowie Kräfte und Gleichgewicht*)[2].

---

2 Die Klassenkisten sind beim Westermann Verlag erhältlich; die Bezugsquellen für die Spiralcurricula sowie zahlreiche Materialien zum Download finden sich auf der Webseite der Deutsche Telekom Stiftung vgl. https://www.telekom-stiftung.de/minteinander-materialien

11.4 Ausblick

In diesem Beitrag wurden Forschungsarbeiten am Beispiel des Unterrichtsinhalts *Schwimmen und Sinken* in der Grundschule vorgestellt, die nur auf Grundlage einer intensiven interdisziplinären Zusammenarbeit der beiden Forschungsgruppen möglich wurden. Die so erreichten Forschungsergebnisse beziehen sich sowohl auf grundlegende Erkenntnisse in der Lehr-Lernforschung (Bedeutung von Strukturierung, Repräsentationshilfen) als auch auf fachdidaktische Erkenntnisse (Gestaltungsprinzipien für naturwissenschaftliche Lehr-Lernumgebungen), die über die erstellten Lehr-Lernmaterialien zudem einen sichtbaren praktischen Ertrag hatten. Im gesamten Forschungsprogramm konnte die bis dato wenig praktizierte Zusammenarbeit zwischen Fachdidaktik, Pädagogischer Psychologie und Grundschulpädagogik initiiert und nachhaltig umgesetzt werden. Zum heutigen Zeitpunkt gilt eine solche Kooperation in der Empirischen Bildungsforschung als conditio sine qua non.

Die vorgestellten Arbeiten haben unterschiedliche Weiterentwicklungen erfahren. So dienten sie als Grundlage für videogestützte Ansätze zur Professionalisierung für den naturwissenschaftlichen Unterricht (Sunder, Todorova & Möller, 2016) und für die Untersuchung weiterer Strukturierungselemente (Grimm, Robisch & Möller, 2018). Auch wurden sie mit Blick auf die heterogenen Lernausgangslagen von Schüler*innen, die Bedeutung der sprachlichen Entwicklungsstände für das naturwissenschaftliche Lernen und den sprachsensiblen Fachunterricht ausdifferenziert (vgl. Gabler et al., 2020; Grewe & Möller, 2020). Dabei bleibt hervorzuheben, dass sich auch in den Folgeprojekten die interdisziplinäre Kooperation als Kernelement einer anwendungsbezogenen empirischen Unterrichtsforschung bewährt hat und immer wieder wertvolle Impulse aus der Zusammenarbeit mit Elsbeth Stern in die Folgeprojekte eingeflossen sind.

11.5 Literaturverzeichnis

Adamina, M., Kübler, M., Kalcsics, K., Bietenhard, S. & Engeli, E. (2018): »*Wie ich mir das denke und vorstelle ...*« – *Vorstellungen von Schülerinnen und Schülern zu Lerngegenständen des Sachunterrichts und des Fachbereichs Natur, Mensch, Gesellschaft* (S. 21–33). Bad Heilbrunn: Klinkhardt.

Decristan, J., Hondrich, A. L., Büttner, G., Hertel, S., Klieme, E., Kunter, M., Lühken, A., Adl-Amini, K., Djakovic, S.-K., Mannel, S., Naumann, A. & Hardy, I. (2015): Impact of additional guidance in science education on primary students' conceptual understanding. *The Journal of Educational Research, 108(5),* 358–370.

Decker, A., Hardy, I., Hertel, S., Lühken, A. & Kunter, M. (2020): Die Entwicklung von fachdidaktischem Wissen und Überzeugungen von Grundschullehrkräften im Kontext von Lehrerfortbildungen zum »Schwimmen und Sinken«. *Psychologie in Erziehung und Unterricht, 67,* 61–76.

Dumont, H. (2019): Neuer Schlauch für alten Wein? Eine konzeptuelle Betrachtung von individueller Förderung im Unterricht. *Zeitschrift für Erziehungswissenschaft, 22*(2), 249–277.

Einsiedler, W. & Hardy, I. (2010): Kognitive Strukturierung im Unterricht. Einführung und Begriffsklärungen. *Unterrichtswissenschaft, 38(3)*, 194–209.

Eilam, B. & Gilbert, J. K. (2014): *Science teachers' use of visual representations* (Vol. 8). Berlin: Springer.

Gesellschaft für Didaktik des Sachunterrichts (GDSU) (2013): *Perspektivrahmen Sachunterricht.* Bad Heilbrunn: Klinkhardt

Gabler, K., Mannel, S., Hardy, I., Henschel, S., Heppt, B., Hettmannsperger-Lippolt, Sontag, C. & Stanat, P. (2020): Fachintegrierte Sprachförderung im Sachunterricht der Grundschule: Entwicklung, Erprobung und Evaluation eines Fortbildungskonzepts auf der Grundlage des Scaffolding-Ansatzes. In: Titz, C., Weber, S., Wagner, H., Ropeter, A., Geyer, S. & Hasselhorn, M. (Hrsg.). *Sprach- und Schriftsprachförderung wirksam gestalten: Innovative Konzepte und Forschungsimpulse.* Bildung durch Sprache und Schrift (S. 59–83). Stuttgart: Kohlhammer.

Grewe, O. & Möller, K. (2020): Die professionelle Unterrichtswahrnehmung von sprachsensiblen Maßnahmen im Sachunterricht der Grundschule fördern–ein video-und praxisbasiertes Seminar im Master of Education. *Herausforderung Lehrer*innenbildung-Zeitschrift zur Konzeption, Gestaltung und Diskussion, 3*(1), 323–359.

Grimm, H., Robisch, C. & Möller, K. (2018): Förderung hypothesenbezogener Schlussfolgerungen im naturwissenschaftlichen Sachunterricht durch gezieltes Scaffolding – Gelingt dies unter Feldbedingungen? *Zeitschrift für Grundschulforschung, 11*(2), 349–363. https://doi.org/10.1007/s42278-018-0019-z.

Hardy, I., Hettmannsperger, R. & Gabler, K. (2019): Sprachliche Bildung im Fachunterricht: Theoretische Grundlagen und Förderansätze. In: J. Ziehm, B. Voet Cornelli, B. Menzel & M. Goßmann (Hrsg.), *Schule migrationssensibel gestalten: Impulse für die Praxis* (S. 12–31). Weinheim: Beltz.

Hardy, I., Jonen, A., Möller, K. & Stern, E. (2004): Die Integration von Repräsentationsformen in den Sachunterricht der Grundschule. In: J. Doll & M. Prenzel (Hrsg.), Bildungsqualität von Schule: *Lehrerprofessionalisierung, Unterrichtsentwicklung und Schülerförderung als Strategien der Qualitätsverbesserung* (S. 267–283). Münster: Waxmann.

Hardy, I., Jonen, A., Möller, K. & Stern, E. (2006): Effects of instructional support within constructivist learning environments for elementary school students' understanding of »floating and sinking.« *Journal of Educational Psychology, 98(2)*, 307–326.

Hardy, I., Kloetzer, B., Möller, K. & Sodian, B. (2010): The analysis of classroom discourse: Elementary school science curricula advancing reasoning with evidence. *Educational Assessment, 15*, 197–221.

Hardy, I., Schneider, M., Jonen, A., Möller, K. & Stern, E. (2005): Fostering diagrammatic reasoning in science education. *Swiss Journal of Psychology, 64(3)*, 207–217.

Hardy, I. & Stern, E. (2011): Visuelle Repräsentationen der Dichte: Auswirkungen auf die konzeptuelle Umstrukturierung bei Grundschulkindern. *Unterrichtswissenschaft, 39(1)*, 35–48.

Jonen, A., Hardy, I. & Möller, K (2003): Schwimmt ein Holzbrett mit Löchern? Erklärungen von Kindern zum Schwimmen und Sinken verschiedener Gegenstände vor und nach dem Unterricht. In: A. Speck-Hamdan, H. Brügelmann, M. Föllig-Albers, S. Richter (Hrsg.), *Kulturelle Vielfalt. Religiöses Lernen* (Jahrbuch Grundschule, Band 4). Seelze: Kallmeyer.

Jonen, A. & Möller, K. (2005): *Klassenkisten für den Sachunterricht.* Ein Projekt des Seminars für Didaktik des Sachunterrichts im Rahmen von KiNT: »Kinder lernen Naturwissenschaft und Technik«. Schwimmen und Sinken. Essen: Spectra-Verlag.

Kleickmann, T., Hardy, I., Pollmeier, J. & Möller, K. (2011): Zur Struktur naturwissenschaftlichen Wissens von Grundschulkindern: Eine personen- und variablenzentrierte Analyse. *Zeitschrift für Entwicklungspsychologie und Pädagogische Psychologie, 43(4)*, 200–212.

Kleickmann, T., Tröbst, S., Jonen, A., Vehmeyer, J., & Möller, K. (2016): The effects of expert scaffolding in elementary science professional development on teachers' beliefs and motivations, instructional practices, and student achievement. *Journal of Educational Psychology, 108(1)*, 21–42.

Lazonder, A. W. & Harmsen, R. (2016): Meta-analysis of inquiry-based learning: Effects of guidance. Review of *Educational Research*, 86(3), 681–718. https://doi.org/10.3102/0034654315627366

Leuchter, M. & Hardy, I. (2021): Kognitive Prozesse als Grundlage des wissenschaftlichen Denkens und Argumentierens im frühen und mittleren Kindesalter. *Unterrichtswissenschaft*, 49, 17–30 (2021). https://doi.org/10.1007/s42010-021-00095-x

Möller, K., Hardy, I., Jonen, A., Kleickmann, T. & Blumberg, E. (2006): Naturwissenschaften in der Primarstufe – Zur Förderung konzeptuellen Verständnisses durch Unterricht und zur Wirksamkeit von Lehrerfortbildungen. In M. Prenzel & L. Allolio-Näcke (Hrsg.), *Untersuchungen zur Bildungsqualität von Schule*. Abschlussbericht des DFG-Schwerpunktprogramms BiQua (S. 161–193). Münster: Waxmann Verlag.

Möller, K., Jonen, A., Hardy, I. & Stern, E. (2002): Die Förderung von naturwissenschaftlichem Verständnis bei Grundschulkindern durch Strukturierung der Lernumgebung. *Zeitschrift für Pädagogik*, 45. Beiheft, 176–191.

Möller, K., Kleickmann, T. & Tröbst, S. (2009): Die forschungsgeleitete Entwicklung von Unterrichtsmaterialien für die frühe naturwissenschaftliche Bildung. *Beiträge zur Lehrerbildung*, 27(3), 415–423.

Möller, K. (2010): Lehrmittel als Tools für die Hand der Lehrkräfte – ein Mittel zur Unterrichtsentwicklung? *Beiträge zur Lehrerbildung*, 28(1), 97–108.

Möller, K., Kleickmann, T. & Sodian, B. (2011): Naturwissenschaftlich-technischer Lernbereich. In Einsiedler, W. et al. (Hrsg.), *Handbuch Grundschulpädagogik und Grundschuldidaktik* (S. 509–517). Bad Heilbrunn: Klinkhardt.

Osborne, J., Erduran, S. & Simon, S. (2004): Enhancing the quality of argumentation in school science. *Journal of Research in Science Teaching*, 41(10), 994–1020.

Schramm, K., Hardy, I., Saalbach, H. & Gadow, A. (2013): Wissenschaftliches Begründen im Sachunterricht. In: M. Becker-Mrotzek, K. Schramm, E. Thürmann & H. Vollmer (Hrsg.), *Sprache im Fach: Sprachlichkeit und fachliches Lernen* (S. 271–290). Münster: Waxmann.Sherin, Reiser & Edelson, 2004).

Sunder, C., Todorova, M. & Möller, K. (2016): Förderung der professionellen Wahrnehmung bei Bachelorstudierenden durch Fallanalysen. Lohnt sich der Einsatz von Videos bei der Repräsentation der Fälle? *Unterrichtswissenschaft*, 44(4), 339–356.

Wood, D., Bruner, J. & Ross, G. (1976): The Role of Tutoring in Problem Solving. *Child Psychology*, 17, 89–100.

Vorholzer, A. & von Aufschnaiter, C. (2019): Guidance in inquiry-based instruction–an attempt to disentangle a manifold construct. *International Journal of Science Education*, 41(11), 1562–1577. https://doi.org/10.1080/09500693.2019.1616124

Teil III:
Lernprozesse begleiten

12 Verständnisorientierung im Mathematikunterricht: Profitieren davon auch schwächere Schülerinnen und Schüler?

Alexander Renkl

12.1 Einleitung

Die Arbeiten, die Elsbeth Stern bekannt und renommiert gemacht haben, begannen 1987 mit ihrem Wechsel von der Universität Hamburg an das Max-Planck-Institut für Psychologische Forschung in München. Ihr Themenfeld wechselte damals von der psychologischen Diagnostik zur Lehr-Lern-Forschung, die durch eine Entwicklungsperspektive angereichert war, ganz in Sinne von Franz E. Weinert, dem Gründungsdirektor dieses Max-Planck-Instituts. Ich hatte das Glück, 1988 als Doktorand ebenfalls an dieses Institut zu kommen und Elsbeth Stern dort kennenzulernen. Es herrschte damals im 3. Stock, auf dem die Mehrzahl der Mitarbeiter*innen von Franz E. Weinert ihren Schreibtisch hatten, eine recht locker-humorige Atmosphäre. Es wurde viel geschertzt und gefrotzelt, und Elsbeth war mitten drin. Natürlich habe ich mit Elsbeth (und etlichen anderen auf diesem Stockwerk) nicht nur viel gelacht, sondern mich oft auch fachlich ausgetauscht – wer hätte anderes erwartet, wir waren ja schließlich an einem Max-Planck-Institut.

Gleichwohl arbeiteten Elsbeth Stern und ich zunächst in unterschiedlichen Teilbereichen der beiden damaligen, miteinander verflochtenen Großprojekte LOGIK (z. B. Weinert, 1998) und SCHOLASTIK (z. B. Weinert & Helmke, 1997). Elsbeth Stern war im Rahmen von LOGIK und SCHOLASTIK in erster Linie an der Entwicklung des mathematischen Verständnisses bei Kindern interessiert (Stern, 1998). In meinem Promotionsprojekt im Rahmen des SCHOLASTIK-Projekts, das operativ in erster Linie von Andreas Helmke betrieben wurde, ging es um die Aufgaben- und Rückmeldungsgestaltung von Grundschullehrkräften und deren Auswirkungen auf die Entwicklung von Mathematikleistungen (Renkl, 1991). Die Mathematikleistungen wurden über Aufgaben erfasst, die Elsbeth Stern für das SCHOLASTIK-Projekt konstruiert hatte. Elsbeth Stern war natürlich auch an Unterrichtsmerkmalen (z. B. der Gestaltung von Lernaufgaben) als einer wichtigen Bedingung für die Entwicklung mathematischen Verständnisses interessiert. Insofern war es naheliegend, dass wir auch gemeinsam publizierten.

In der im Folgenden dargestellten Studie von Renkl und Stern (1994), die in der Zeitschrift für Pädagogische Psychologie erschien, ging es bereits um Themengebiete, zu denen Elsbeth Stern in ihrer Karriere noch Jahrzehnte später Beiträge verfasste, so etwa zum Einfluss von Intelligenz auf die Nutzung von Lerngelegenheiten (z. B. Vaci et al., 2019), zur Förderung des mathematischen Verständnisses durch eine Fokussierung der Lernenden auf mathematische Strukturen und Prinzipien (Ziegler et al., 2018) oder zu den Effekten von Lernaufgaben im Unterricht auf das konzeptuelle Verständnis der Schüler*innen (Hofer et al., 2018). Insofern repräsentiert unsere gemeinsame Publikation von 1994 noch immer sehr gut das Werk und die Interessen von Elsbeth Stern.

12.2 Renkl und Stern (1994): Die Bedeutung von kognitiven Eingangsvoraussetzungen und schulischen Lerngelegenheiten für das Lösen von einfachen und komplexen Lernaufgaben

In dieser Studie, die Teil des SCHOLASTIK-Projekts war, ging es darum, interindividuelle Unterschiede bei Grundschüler*innen in den Fertigkeiten, einfache und komplexe mathematische Textaufgaben zu lösen, zu erklären. Wir fokussierten zwei Bereiche, von denen wir starken Einfluss auf die mathematische Leistungsentwicklung erwartet hatten und von denen wir annahmen, dass sie in Wechselwirkung hätten treten können. Erstens ging es um die beiden kognitiven Lernvoraussetzungen der fluiden Intelligenz und des bereichsspezifischen Vorwissens. Zweitens betrachteten wir als einen wichtigen Indikator für die Qualität des Unterrichts und damit der Lerngelegenheiten die Art der eingesetzten Lernaufgaben. Dafür standen Daten aus 33 Grundschulklassen mit 568 Schüler*innen (mit vollständigen Datensätzen) zur Verfügung (Teil der SCHOLASTIK-Stichprobe).

Die fluide Intelligenz bezieht sich auf grundlegende Prozesse des Denkens; sie ist weitgehend erfahrungsunabhängig und somit, so die Annahme, in erster Linie genetisch determiniert (im Gegensatz zur kristallinen Intelligenz, die erworben wird; Carroll, 1993). Diese Art der Intelligenz, die man, etwas leger formuliert, als die Grundausstattung in Bezug auf generelle kognitive Fähigkeiten ansehen kann, wurde über einen entsprechenden Test gegen Ende der 1. Klasse erfasst. Das bereichsspezifische Vorwissen wurde über die Leistung bei mathematischen Textaufgaben am Ende der 2. Klasse erhoben. Die in dieser Studie zu erklärende Leistung bei einfachen Textaufgaben (2 Größen sind in 1 Lösungsschritt miteinander in Beziehung zu setzen) und bei komplexen Textaufgaben (mehrere Lösungsschritte) wurde am Ende der 3. Klasse getestet (Beispiel für einfache Textaufgaben: »Hans hat 8 Birnen. Er hat viermal so viele Birnen wie Peter. Wie viele Birnen hat Peter?«; komplexe Textaufgabe: »Peter hat 2 Käfige mit Hamstern. Im großen Käfig sind 7 Hamster. Im kleinen Käfig sind 3 Hamster weniger. Wie viele Hamster hat Peter insgesamt?«).

Der Mathematikunterricht in der 3. Klasse wurde in fünf bis sechs regulären Unterrichtsstunden beobachtet. Dabei wurde u. a. bestimmt, wie oft Lehrkräfte im Unterricht (mit der gesamten Klasse) bestimmte Lernaufgaben (z. B. in Form von Fragen im fragend-entwickelnden Unterricht) einsetzten. Es wurde zwischen performanzorientierten und strukturorientierten Lernaufgaben unterschieden. Bei performanzorientierten Lernaufgaben ging es darum, Rechenprozeduren zu erlernen und einzuüben, ohne dass die den Prozeduren zugrundeliegende Logik thematisiert wurde. Bei strukturorientierten Aufgaben ging es um konzeptuelles Wissen über mathematische Strukturen und Prinzipien, die hinter den Rechenprozeduren standen. Der Tabelle 12.1 sind Beispiele für die beiden Aufgabentypen zu entnehmen.

Tab. 12.1: Beispiele für performanz- und strukturorientierte Aufgaben (Grundschulbereich)

Performanzorientierte Aufgaben	Strukturorientierte Aufgaben
3 + 4 ist wieviel?	Darf man beim Addieren die Zahlen vertauschen?
Was ergibt 8 × 3?	Wer kann mir, ohne zu rechnen, sagen, ob 2345 + 1234 dasselbe ergibt wie 1234 + 2345?
54 + 23 ist ...?	Aus wie vielen Hundertern, Zehnern und Einsern besteht die Zahl 245?
Wie kann man 54 + 23 rechnen?	Warum kann es nicht sein, dass wir beim Subtrahieren 2 borgen müssen?
Ist 45 − 21 = 34 korrekt?	Warum kann man statt 25 + 12 auch schreiben: 25 + 10 + 2?
Wie viele Äpfel hat Gerd?	Wie konntest du 12 + 35 − 12 so schnell ausrechnen?
Wie kann man die gesuchte Zahl der Äpfel ausrechnen?	Welche Information ist in der Textaufgabe überflüssig?

Anmerkung. Performanzorientierte Aufgaben wurden nur dann als solche kodiert, wenn sie nicht im Kontext der Betrachtung mathematischer Strukturen oder Prinzipien gestellt wurden.

Es zeigten sich folgende Hauptbefunde:

1. Intelligenz hatte einen bedeutsamen, über das Vorwissen hinausgehenden Einfluss auf die Fertigkeiten, Textaufgaben zu lösen, was insbesondere für komplexere Textaufgaben galt. Einen noch stärkeren Einfluss auf die Leistung bei Textaufgaben hatten die Unterschiede zwischen Schüler*innen, die darin bestanden, dass sie zugleich eher hohe Intelligenz sowie hohes Vorwissen hatten oder aber beides eher in niedriger Ausprägung aufwiesen (technisch gesprochen: konfundierte Varianz). Dies wies darauf hin, dass sich die Intelligenz primär indirekt auswirkte, nämlich darüber, dass hohe Intelligenz den Erwerb einer guten Vorwissensbasis erlaubte, die sich wiederum auf die Leistung bei Textaufgaben auswirkte. Der spezifische Effekt des Vorwissens war am stärksten. Dieser Befund reihte sich in das generelle Befundmuster in der Lehr-Lern-Forschung ein, welches das Vorwissen als wichtigste Lern- und Leistungsvoraussetzung ausweist (VandenBos, 2007).
2. Strukturorientierte Aufgaben wurden im Mittel ca. 16 mal pro Unterrichtsstunde eingesetzt; performanzorientierte Aufgaben wurden häufiger verwendet (im Mittel ca. 34 mal). Überdurchschnittlich viele strukturorientierte Aufgaben

wirkten sich deutlich positiv auf die Fertigkeiten aus, Textaufgaben zu lösen (siehe auch Staub & Stern, 2002). Für einfache Textaufgaben war zudem der überdurchschnittliche Einsatz performanzorientierter Aufgaben hilfreich.
3. Schüler*innen mit guten und weniger guten kognitiven Lernvoraussetzungen (Vorwissen, Intelligenz) profitierten von häufigen strukturorientierten Aufgaben. Diese Art der Aufgaben förderte also *nicht* einseitig die besseren Schüler*innen. Analoges galt für performanzorientierte Aufgaben; deren häufige Vorgabe führte *nicht* zu einer besonderen Förderung der schwächeren Schüler*innen.
4. Es gab einen deutlichen Zusammenhang zwischen dem Intelligenz- und dem Vorwissensniveau einer Klasse und dem Ausmaß, in dem Lehrkräfte strukturorientierte Aufgaben stellten. Prima vista mag dies als adaptive Maßnahme der Lehrkräfte erscheinen. Die vorstehenden Befunde zeigten jedoch, dass dies insofern sub-optimal war, als auch schwächere Schüler*innen von strukturorientierten Aufgaben profitierten.

Im folgenden Abschnitt werden diese Befunde in Hinblick auf die Unterrichtspraxis diskutiert. Vor diesem Hintergrund ist es nützlich, einige weitere Befunde, teils auch aus anderen Publikationen aus dem SCHOLASTIK-Projekt, zu berichten, um einerseits die Befunde von Renkl und Stern (1994) besser einordnen zu können und um andererseits nicht gerechtfertigten Interpretationen dieser Befunde vorzugreifen.

5. Die Schwierigkeiten der beiden Aufgabentypen unterschieden sich nicht wesentlich. Performanzorientierte Aufgaben wurden zu ca. 84 % im ersten Anlauf korrekt gelöst; bei strukturorientierten Aufgaben waren es ca. 80 %. Der Unterschied von 4 % kam dadurch zustande, dass es bei strukturorientierten Aufgaben ca. 4 % mehr teilrichtige Lösungen gab (Renkl, 1991). Die Schwierigkeit der Aufgaben war nicht für die Leistungsentwicklung bedeutsam, sondern eben nur die Art der Aufgaben.
6. Die Ergebnisse aus Renkl und Stern (1994) sprechen vor allem strukturorientierten Aufgaben einen bedeutenden Stellenwert zu. Dies liegt daran, dass hier die Fertigkeiten der Schüler*innen im Lösen von Textaufgaben unter die Lupe genommen wurden. Betrachtet man die Lernergebnisse aus dem Mathematikunterricht etwas umfassender, indem man sowohl die Einübung und (partielle) Automatisierung von basalen Rechenfertigkeiten als auch Problemlösefertigkeiten bei komplexeren arithmetischen Aufgaben (z. B. «? – 23 = 5«) und Textaufgaben in Betracht zieht, erweisen sich beide Aufgabentypen als relevant. Strukturorientierte Aufgaben dienen vor allem der Förderung der Problemlösefertigkeiten; performanzorientierte Aufgaben dienen insbesondere der Förderung der Einübung und Automatisierung basaler Rechenfertigkeiten (siehe dazu Renkl & Helmke, 1992). Letztgenannte Fertigkeiten sind in ihrer Bedeutung nicht zu unterschätzen, da sie weiteres Lernen in Mathematik erleichtern (die Lernenden müssen dann nicht mehr mit den »Basics« kämpfen) (z. B. Arroyo et al., 2010).

7. Vor dem Hintergrund des gerade Gesagten könnte man vermuten, dass sich ein Zielkonflikt ergibt. Es könnte schwierig sein, beide Arten von Aufgaben häufig einzusetzen, um so sowohl die Automatisierung basaler Fertigkeiten als auch Problemlösefertigkeiten zu fördern. Die Befunde aus dem SCHOLASTIK-Projekt sprechen aber eine andere Sprache. Es gab keinen Zusammenhang zwischen der Häufigkeit des Einsatzes der beiden Aufgabentypen. Es fanden sich also Lehrkräfte, denen es gelang, beide Aufgabentypen relativ häufig einzusetzen. Wie kann das sein? Die SCHOLASTIK-Befunde weisen darauf hin, dass Lehrkräfte viele Lernaufgaben beider Arten in der verfügbaren Unterrichtszeit einsetzen konnten, wenn sie eher kleinschrittig mit ihren Lernaufgaben bzw. Fragen vorgingen, wenn sie sich nicht übermäßig lange mit nicht-korrekten Antworten der Schüler*innen aufhielten und wenn sie mit guter Klassenführung die angesetzte Unterrichtszeit weitestgehend für Fachliches nutzten (vgl. z. B. Renkl, 1991). Damit bestand nicht das potenzielle Dilemma, dass man nur die eine oder andere Art von Lernaufgabe hätte überdurchschnittlich häufig stellen können.

12.3 Praktische Implikation: Man sollte auch bei schwächeren Schüler*innen ein Verstehen mathematischer Strukturen und Prinzipien anzielen

Eine zentrale praktische Konsequenz der Befunde von Renkl und Stern (1994) ist, dass eine Anpassung an schwächere Lernvoraussetzungen (Vorwissen und Intelligenz) in Form einer Reduktion des Fokus auf Verstehen, um dafür ggf. den Erwerb von Rechenprozeduren in den Vordergrund zu stellen, nicht sinnvoll ist. Dies gilt für die Klassenebene als auch für die Individualebene. Es sollten also auch in schwächeren Klassen häufig Aufgaben, die auf mathematische Strukturen und Prinzipen abzielen, verwendet werden (was im Gegensatz zu dem steht, was die von Renkl & Stern, 1994, untersuchte Gruppe von Lehrkräften typischerweise tat). Analoges gilt für die innere Differenzierung. Auch hier wäre es nicht sinnvoll, schwächeren Schülern weniger auf Verständnis abzielende Aufgaben vorzugeben (z. B. im Sinne einer inneren Differenzierung durch Aufgabenauswahl). Dies wäre nicht nur in Bezug auf den »direkten« Lernerfolg in der entsprechenden Unterrichtseinheit abträglich, sondern auch in Bezug auf weiteres Lernen, da ein fehlendes Verständnis grundlegender mathematischer Strukturen und Prinzipien substantiell den Erwerb neuer mathematischer Kenntnisse erschwert (vgl. dazu z. B. Leuders et al., 2020; Moser Opitz, 2010). Es ist auch nicht notwendig, solch eine suboptimale Aufgabendifferenzierung anzuwenden, da es Optionen zur inneren Differenzierung gibt, die geeignet sind, Verständnislücken bei schwächeren Schüler*innen aufzuarbeiten (siehe dazu z. B. Leuders & Prediger, 2016).

Auf den ersten Blick scheinen die geschilderten Befunde nahezulegen, mehr strukturorientierte Aufgaben zu stellen, etwa der Art »Darf man beim Addieren die Zahlen vertauschen?« Eine zweite Möglichkeit ist es aber, performanzorientierte Aufgaben anzureichern. Man kann bei Aufgaben, die zunächst »nur Rechnen« erfordern, die Schüler*innen dazu auffordern, sich die Logik von Rechenwegen zu erklären (d. h. Selbsterklärung zu geben), um so ihr Verständnis zu vertiefen (für eine Übersicht zu den Effekten von Selbsterklärungen in Mathematik siehe Rittle-Johnson et al., 2017). Um die Begrifflichkeiten von Renkl und Stern (1994) aufzugreifen, werden durch Selbsterklärungsaufforderungen (Selbsterklärungs-Prompts) – zumindest in vielen Fällen – performanzorientierte Aufgaben um einen Strukturfokus ergänzt. Beispielsweise könnte man Grundschüler*innen dazu auffordern, jeweils eine falsche und eine korrekte Schülerlösung bei Aufgaben wie »7 + 3 + 9 = 7 + _« zu vergleichen und zu begründen, warum die falsche Lösung falsch und die korrekte Lösung korrekt ist (siehe McEldoon et al., 2013).

Eine dritte Möglichkeit besteht darin, Aufgaben in Übungsphasen nicht nur so zu gestalten, dass sie der Konsolidierung und teilweisen Automatisierung dienen, sondern auch der weiteren Verstehensförderung. Solche ein Vorgehen firmiert oft unter der Bezeichnung intelligentes Üben (z. B. Leuders, 2009). Ein Beispiel dafür wäre es, verwechslungsträchtige Aufgabentypen (z. B. proportionale und antiproportionale Zuordnungsaufgaben) in gemischter Form vorzugeben und die Schüler*innen explizit dazu aufzufordern, die Aufgaben miteinander zu vergleichen (z. B. Nemeth et al., 2021). Ein anderes Beispiel wäre die Aufgabe, Übungsaufgaben nach strukturellen Aspekten von den Schüler*innen sortieren zu lassen (für weitere Möglichkeiten siehe Leuders, 2009).

Insgesamt gesehen gibt es verschiedene Möglichkeiten der Verständnisförderung. Welche spezifische Option eingesetzt wird, ist wohl nicht entscheidend. Wichtig ist, dass das mathematische Verständnis der Schüler*innen explizit durch entsprechende Aufgabengestaltung gefördert wird.

12.4 Drei kritische Nachfragen und Antworten dazu

In diesem Abschnitt werden mögliche kritische Fragen zu den im vorstehenden Absatz dargestellten praktischen Implikationen aufgegriffen. Bei der Beantwortung dieser Fragen werden auch Forschungsbefunde jenseits der Arbeit von Renkl und Stern (1994) oder anderer SCHOLASTIK-Publikationen herangezogen.

»Kommen denn andere Studien zu vergleichbaren Befunden?«

Es ist in aller Regel nicht sinnvoll, aufgrund einer einzelnen Studie Praxisempfehlungen auszusprechen. Insofern stellt sich die Frage, was typische Befunde zu einem

Verständnisfokus für schwächere Schüler*innen sind. In Bezug darauf, dass Lehrkräfte (potenziell) dazu neigen, ihre Konzeption des Unterrichts an das Leistungsniveau ihrer Schüler*innen in dem Sinne anzupassen, dass für Schwächere weniger verstehensorientierter Unterricht präferiert wird, gibt es weitere Befunde. So konnten beispielsweise Diedrich et al. (2002) bei deutschen und Schweizer Lehrkräften zeigen, dass sie speziell für schwächere Schüler eher zu einer rezeptiven Konzeption von Unterricht neigen, der unter anderem besonderen Wert auf die Einübung von Prozeduren legt (siehe Rakoczy et al., 2005). Zudem gibt es etliche Studien, bei denen alle Schüler*innen, oder sogar besonders die schwächeren, von einem Verständnisfokus bei mathematischen Lernaufgaben profitieren konnten. Dies zeigt insbesondere die Forschung zu Selbsterklärungs-Prompts in Mathematik, die performanzorientierte Aufgaben mit einem Strukturfokus anreichern (z. B. Lange et al., 2014; Renkl et al., 1998).

Insgesamt gesehen sind die beiden zentralen Befunde von Renkl und Stern (1994) zu einer oft ungünstigen Adaptation von Verstehensanforderungen nach unten bei schwächeren Schüler*innen und zum Nutzen eines Verstehensfokus bei diesen Schüler*innen also keine singulären Befunde. Sie stehen vielmehr mit weiteren Befunden in Einklang.

»Ist das Verstehen mancher Aspekte nicht doch für schwächere Schüler*innen einfach zu viel verlangt?«

Es gibt sicherlich Aspekte von Verständnis, die gute Schüler*innen erreichen können, deren Erreichen für schwächere Schüler*innen aber keine sinnvolle Zielsetzung wäre. In diesem Kontext ist die folgende Differenzierung von Lernstoffaspekten nützlich (Moser Opitz, 2010):

- »Basaler Lernstoff bzw. mathematischer Basisstoff: Zentrale Lerninhalte, die intensiv erarbeitet und auch automatisiert werden müssen und Voraussetzung sind für weiterführende Lernprozesse.
- Zentrale Lerninhalte, die thematisiert und angesprochen werden sollen, bei denen jedoch formale Aspekte und Automatisieren noch nicht im Vordergrund stehen. Dieser Lernstoff wird zu einem späteren Zeitpunkt auch zu mathematischem Basisstoff, aber erst, wenn die dafür notwendigen Voraussetzungen bzw. der basale Lernstoff erarbeitet worden ist.
- Lerninhalte, die nicht zum basalen Lernstoff gehören und bei auftauchenden Schwierigkeiten auch weggelassen werden können bzw. nicht zwingend bearbeitet werden müssen.« (S. 57)

Folgt man dieser Einteilung, so kann man auf die Förderung eines tieferen Verständnisses bei schwächeren Schülern bei den Stoffinhalten aus dem 3. Aufzählungspunkt verzichten; bei den Stoffinhalten aus dem zweiten Aufzählungspunkt kann man dies (partiell) verschieben. Wichtig ist jedoch, das Verständnis vor allem derjenigen Aspekte zu fördern, die für das weitere Lernen in künftigen Stoffgebieten wichtig sind. Hier sollte nicht auf einen Verständnisfokus verzichtet werden. Auf die

Frage, welche Stoffbereiche dies betrifft, geben fachdidaktische Analysen eine Antwort. Hier sei exemplarisch auf Leuders et al. (2020) verwiesen, die für das Ende der 4. Klasse bzw. für den Beginn der 5. Klasse eine Analyse zu zentralen Bereichen der Arithmetik vorlegen und entsprechende Diagnose- und Fördermöglichkeiten diskutieren (siehe https://ibbw.kultus-bw.de/site/pbs-bw-km-root/get/documents_ E1159147070/KULTUS.Dachmandant/KULTUS/Dienststellen/ls-bw/Lernstandser hebungen/dokumente/lst5docs/l5_m_praxispapier.pdf).

»Selbst, wenn man sehr anspruchsvolle Verstehensziele ausklammert, wie kann man bei schwächeren Schüler*innen die Gefahr des Scheiterns bei verstehensorientierten Lernaufgaben vermeiden?«

In Hinblick auf den Nutzen verständnisorientierter Lernaufgaben zeigen einige Studien in der Tat, dass z. B. Selbsterklärungs-Prompts bei Lernenden mit weniger günstigen Lernvoraussetzungen zu falschen oder qualitativ weniger hochwertigen Antworten führen können; diese Art von Antworten sind für den Lernerfolg nicht förderlich oder bisweilen gar abträglich (z. B. Berthold & Renkl, 2009). In diesem Fall gilt es, die schwächeren Lernenden bei Aufgaben mit Verständnisfokus zu unterstützen, indem z. B. ein kleinschrittiges Vorgehen beim Erarbeiten von Verständnis gewählt wird, wie dies auch ein Teil der Lehrkräfte aus der SCHOLASTIK-Studie taten, oder dadurch, dass man die Antworten vorstrukturiert. Letzteres kann etwa dadurch geschehen, dass man in einem ersten Schritt die Erklärungen oder die Lösungen anderer Schüler beurteilen lässt (vgl. das bereits genannte Beispiel von McEldoon et al., 2013, bei der Diskussion von Selbsterklärungs-Prompts); alternativ kann man bei ersten Aufgaben Antwortmöglichkeiten oder Teile der korrekten Antwort vorgeben (vgl. dazu Rittle-Johnson et al., 2017).

Zusammenfassend betrachtet ist es also wichtig, die verständnisfördernden Aufgaben so zu gestalten, dass sie für schwächere Schüler*innen nicht zu schwer sind. Dies scheint den meisten Lehrkräften, die Renkl und Stern (1994) untersucht hatten, auch weitgehend gelungen zu sein, da deren strukturorientierte Aufgaben vorwiegend richtig beantwortet wurden und auch die schwächeren Schüler*innen von ihnen profitierten.

12.5   Zum Abschluss

Eine Empfehlung auf der Basis wissenschaftlicher Befunde in der Unterrichtspraxis umzusetzen, ist nur in seltenen Ausnahmefällen trivial. Dies liegt u. a. daran, dass es nicht alleine darauf ankommt, etwas (irgendwie) umzusetzen; es kommt vielmehr entscheidend darauf an, in welcher Qualität man etwas umsetzt (z. B. Renkl, 2015).

Dies trifft auch auf den vorliegenden Fall zu. Entscheidet sich eine Lehrkraft dazu, künftig noch mehr Wert darauf zu legen, auch den schwächeren Schüler*innen oder schwächeren Klassen ein Verständnis der essentiellen Inhalte zu ermöglichen, stellen sich unmittelbar eine Reihe von Detailfragen, die weder von solch einem Kapitel noch von einer ausführlicheren Schrift hätten vollständig beantwortet werden können. Vielmehr sind das Erfahrungswissen einer Lehrkraft und ihr Wissen um die spezifischen Bedingungen und den Kontext ihres Unterrichts hier ebenfalls von essentieller Bedeutung; und in einigen Fällen gilt es, sich weiteres wissenschaftlich fundiertes Wissen (z. B. fachdidaktisches oder diagnostisches Wissen) anzueignen.

Ein Beispiel für Fragen, die zu klären wären, bezieht sich darauf, welche Inhalte wichtig zu verstehen wären, weil sie für das Erlernen weiterer Inhalte von Bedeutung sind; dies erfordert z. B. fachdidaktisches Wissen und Wissen um die Spezifika der jeweils gültigen Standards. Eine weitere Frage wäre, wie man angemessen erfassen kann, welches Verständnisniveau Schüler*innen nach bestimmten Unterrichtsphasen erreicht haben; dies erfordert diagnostisches Wissen (vgl. dazu auch Leuders et al. 2020). Es könnte hier eine Reihe weiterer relevanter Fragen genannt werden. Die beiden aufgeführten Fragen sollen aber genügen, um die Komplexität des Unterfangens zu illustrieren. Vor diesem Hintergrund kann man vermuten, dass erste Umsetzungsversuche nicht in jedem Fall gleich zum erwünschten Erfolg führen und Lehrkräfte ihr Vorgehen im Weiteren optimieren müssen. Insofern wünsche ich allen, die etwas von dem hier Diskutierten umsetzen wollen, kreative Ideen dafür, wie sie wissenschaftliche Erkenntnisse und ihr Erfahrungswissen integrieren können, ein gutes Durchhaltevermögen, wenn es nicht bei den ersten Versuchen befriedigend klappt, und ein Gefühl der Genugtuung, wenn es am Ende doch Früchte trägt.

12.6   Literaturverzeichnis

Arroyo, I., Woolf, B. P., Royer, J. M., Tai, M. & English, S. (2010). Improving math learning through intelligent tutoring and basic skills training. In V. Aleven, J. Kay, & J. Mostow (Eds.), *Lecture Notes in Computer Science: Vol. 6094. Intelligent tutoring systems* (pp. 423–432). Berlin: Springer.

Berthold, K. & Renkl, A. (2009). Instructional aids to support a conceptual understanding of multiple representations. *Journal of Educational Psychology, 101*, 70–87.

Carroll, J. B. (1993). *Human cognitive abilities: A survey of factor-analytical studies*. New York: Cambridge University Press.

Diedrich, M., Thußbas, C. & Klieme, E. (2002). Professionelles Lehrerwissen und selbstberichtete Unterrichtspraxis im Fach Mathematik. In M. Prenzel & J. Doll (Hrsg.), *Bildungsqualität von Schule: Schulische und außerschulische Bedingungen mathematischer, naturwissenschaftlicher und überfachlicher Kompetenzen* (S. 107–123). Weinheim: Beltz.

Hofer, S. I., Schumacher, R., Rubin, H. & Stern, E. (2018). Enhancing physics learning with cognitively activating instruction: A classroom intervention study. *Journal of Educational Psychology, 110*, 1175–1191.

Lange, K. E., Booth, J. L. & Newton, K. J. (2014). Learning algebra from worked examples. *Mathematics Teacher, 107*, 534–540.

Leuders, T. (2009). Intelligent üben und Mathematik erleben. *Mathemagische Momente*, 1, 130–143.

Leuders, T., Poloczek, J., Reiber, K., Kowalk, S. & Schulz, A. (2020). *Lernstand 5 – Mathematik Einsatz der Fördermaterialien in der Schulpraxis*. Stuttgart: IBBW.

Leuder, T. & Prediger, S. (2016). Flexibel differenzieren im Mathematikunterricht. *Pädagogik*, 9/16, 24–29.

Moser Opitz, E. (2010). Innere Differenzierung durch Lehrmittel: (Entwicklungs-) Möglichkeiten und Grenzen am Beispiel von Mathematiklehrmitteln. *Beiträge zur Lehrerbildung*, 28 (1), 53–61.

McEldoon, K. L., Durkin, K. L. & Rittle-Johnson, B. (2013). Is self-explanation worth the time? A comparison to additional practice. *British Journal of Educational Psychology*, 83, 615–632.

Nemeth, L., Werker, K., Arend, J. & Lipowsky, F. (2021). Fostering the acquisition of subtraction strategies with interleaved practice: An intervention study with German third graders. *Learning & Instruction*, 71, 101354.

Rakoczy, K., Buff, A. & Lipowsky, F. (2005). Befragungsinstrumente. In E. Klieme, C. Pauli & K. Reusser (Hrsg.), *Dokumentation der Erhebungs- und Auswertungsinstrumente zur schweizerischdeutschen Videostudie »Unterrichtsqualität, Lernverhalten und mathematisches Verständnis«* (Materialien zur Bildungsforschung, Band 13). Frankfurt am Main: GFPF.

Renkl, A. (1991). *Die Bedeutung der Aufgaben- und Rückmeldungsgestaltung für die Leistungsentwicklung im Fach Mathematik* (unveröffentlichte Dissertation). Universität Heidelberg.

Renkl, A. & Helmke, A. (1992). Discriminant effects of performance-oriented and structure-oriented mathematics tasks on achievement growth. *Contemporary Educational Psychology*, 17, 47–55.

Renkl, A. (2015). Drei Dogmen guten Lehrens: Warum sie falsch sind. *Psychologische Rundschau*, 66, 211–220.

Renkl, A. & Stern, E. (1994). Die Bedeutung von kognitiven Eingangsbedingungen und schulischen Lerngelegenheiten für das Lösen von einfachen und komplexen Textaufgaben. *Zeitschrift für Pädagogische Psychologie*, 8, 27–39.

Renkl, A., Stark, R., Gruber, H., & Mandl, H. (1998). Learning from worked-out examples: The effects of example variability and elicited self-explanations. *Contemporary Educational Psychology*, 23, 90–108.

Rittle-Johnson, B., Loehr, A. M. & Durkin, K. (2017). Promoting self-explanation to improve mathematics learning: A meta-analysis and instructional design principles. *ZDM Mathematics Education*, 49, 599–611.

Staub, F. & Stern, E. (2002). The nature of teachers' pedagogical content beliefs matters for students' achievement gains: Quasi-experimental evidence from elementary mathematics. *Journal of Educational Psychology*, 93, 144–155.

Stern, E. (1998). *Die Entwicklung des mathematischen Verständnisses im Kindesalter*. Lengerich: Pabst Publisher.

Vaci, N., Edelsbrunner, P., Stern, E., Neubauer, A., Bilalic, M. & Grabner, R. H. (2019). The joint influence of intelligence and practice on skill development throughout the life span. *Proceedings of the National Academy of Sciences* 116 (37), 18363–18369.

VandenBos, G. R. (2007). Domain-specific knowledge. In APA dictionary of psychology. American Psychological Association. https://dictionary.apa.org/domain-specific-knowledge.

Weinert, F. E. (Hrsg.). (1998). *Entwicklung im Kindesalter*. Weinheim: Beltz.

Weinert, F. E. & Helmke. A. (Hrsg.). (1997). *Entwicklung im Grundschulalter*. Weinheim: Psychologie Verlags Union.

Ziegler, E., Edelsbrunner, P.A. Stern, E. (2018). The relative merits of explicit and implicit Learning of contrasted algebra principles. *Educational Psychology Review*, 30, 531–558.

13 Die Nutzung von Repräsentationen als Denkwerkzeuge in der Grundschule

Susanne Koerber & Ilonca Hardy

13.1 Das Projekt ENTERPRISE – Wissenschaftlicher Unternehmensgeist

Mit dem Projekt ENTERPRISE startete Elsbeth Stern im Jahr 1997 am Max-Planck-Institut für Bildungsforschung, Berlin, eine Arbeitsgruppe mit dem Ziel, die Bedeutung externer Repräsentationssysteme wie Diagramme und Graphen für den Wissenstransfer zu erforschen und in der Lehr- und Lernforschung ebenso wie in der schulischen Praxis sichtbar zu machen. ENTERPRISE steht als Akronym für **E**NHANCING **K**NOWLEDGE **T**RANSFER and **E**FFICIENT **R**EASONING by **P**RACTICING **R**EPRESENTATION **I**N **S**CIENCE **E**DUCATION und verweist auf die Bedeutung von visuellen Repräsentationsformen für den Aufbau von konzeptuellem Verständnis und Wissenstransfer insbesondere in mathematisch-naturwissenschaftlichen Domänen. Der Wissenstransfer wurde auch innerhalb der Arbeitsgruppe ENTERPRISE praktiziert, u.a. mit Wissenschaftler*innen aus den Niederlanden, der Volksrepublik China und den USA. Diese internationalen Kooperationen brachten das Wissen um die unterrichtliche Nutzung von Repräsentationsformen auch über Deutschland hinaus voran. Wissenschaftliche Grundlage der Arbeiten waren drei Annahmen, die im Folgenden näher dargestellt werden:

- die Bedeutung des Lernkontexts in der Theorie der Situierten Kognition,
- die Nutzung von Repräsentationen als Denkwerkzeug zum Aufbau von Konzeptwissen und
- die frühen Fähigkeiten von Kindern zum Umgang mit Repräsentationsformen.

13.2 Situierte Kognition oder Wie der Lernkontext das Lernen beeinflusst

Dass nicht nur Gegenstände wie Hammer und Meißel veritable Werkzeuge sind, um Neues zu erschaffen und Veränderungen zu bewirken, sondern dass auch Symbolsysteme wie die Sprache, Formeln oder andere Arten externer Repräsentationen als Werkzeuge genutzt werden können, ist zentral in den Theorien von Lev Vygotsky.

Vygotsky (1978) prägte den Begriff der psychologischen Werkzeuge (psychological tools), deren Wirkrichtung – im Gegensatz zu herkömmlichen Werkzeugen – von außen, also der Umwelt, nach innen, also dem menschlichen Denken, angenommen wird. Basierend u. a. auf diesem theoretischen Ansatz stellen Vertreter*innen der Situierten Kognition die Bedeutung der Umwelt für Wissensaufbau, Wissensspeicherung und Denkprozesse in den Vordergrund, mehr noch: Sie sprechen von einer unmittelbaren *Verbundenheit* von Wissen mit dem jeweiligen Kontext. Diese Verankerung des Wissens in der sozialen und materiellen Umgebung kann nach Gibson (1979) mit dem Begriff der »Affordances« beschrieben werden. Gemeint sind ein Handlungsangebot bzw. die spezifische Handlungsaufforderung (eines Gegenstandes). Elsbeth Stern übersetzt den Begriff der Affordances auch mit *funktionalen Handlungsmöglichkeiten* (Stern, 1998). Beispielsweise fordert ein Hammer dazu auf, ihn am Griff zu halten und mit dem Eisenstück Objekte zu bearbeiten. Ein Stuhl fordert dazu auf, sich auf ihn zu setzen. Anders ausgedrückt wird ein Stuhl als *sitonable*, d. h. *darauf sitzbar* wahrgenommen. Dennoch sind jenseits dieses Aufforderungscharakters auch andere Nutzungsvarianten denkbar; diese sind allerdings weniger unmittelbar wahrnehmbar.

Im Ansatz der Situierten Kognition bilden Mensch und Umwelt also ein kohärentes Ganzes, in dem die Aktivitäten des Menschen und die Handlungsangebote der Umwelt ineinandergreifen. Interessant ist dabei, dass Gegenstände und Materialien nicht als Objekte an sich wahrgenommen werden, sondern in ihren Handlungsaufforderungen und Funktionen, also dem, was sie in der Interaktion mit dem Menschen leisten können (z. B. Gibson, 1979; Greeno et al., 1993). Daher kommt im Ansatz der Situierten Kognition dem Lernkontext eine herausragende Bedeutung für die Wissensgenerierung von Schüler*innen zu, da Kontexte mit ihren Lernmaterialien zu bestimmten mentalen Aktivitäten auffordern bzw. diese unterstützen. Übertragen auf Repräsentationssysteme, die im mathematisch-naturwissenschaftlichen Unterricht eine große Bedeutung haben, kann also ein kartesisches Koordinatensystem als Möglichkeit zur Darstellung für die Beziehung zwischen zwei Größen (angetragen an der x- und y-Achse) wahrgenommen werden und entsprechende Lernaktivitäten unterstützen.

13.3 Repräsentationssysteme oder Wie Diagramme als Lernwerkzeug dienen können

Repräsentationen lassen sich unterschiedlich klassifizieren. Eine klassische Einteilung unterscheidet zwischen Deskriptionen (also der geschriebenen Sprache oder Symbolen) und Depiktionen (visuellen Darstellungen). Depiktionen können wiederum in dreidimensionale (z. B. Balkenwaage oder andere manipulierbare Gegenstände) und zweidimensionale (z. B. realistische Bilder und visuell-graphische Bilder wie Diagramme und Graphen) Darstellungen unterschieden werden. Dabei kann sowohl die Dimension der Manipulierbarkeit als auch der Abstraktheitsgrad von Darstellungen variieren (vgl. Hardy & Koerber, 2010; 2011). Besonders bedeutsam ist bei visuell-graphischen Repräsentationen wie Säulen-, Balken-, Linien- oder Streudiagrammen, dass der (2-dimensionale) Raum genutzt wird, um nichträumliche Elemente und Beziehungen darzustellen. So werden bei einem Graphen zeitliche Verläufe häufig auf der x-Achse abgetragen und Größenangaben auf der y-Achse. Im Zusammenspiel der beiden abgetragenen Variablen ergeben sich nicht nur konkrete Berechnungen eines Verhältnisses, sondern auch visuell wahrnehmbare Verläufe, beispielsweise von Geschwindigkeiten. Im Abschnitt 13.4 wird erläutert, inwiefern Kinder schon mit diesem Abbildungsmechanismus vertraut sind.

Didaktisch bedeutsam ist neben dem Abbildungsmechanismus, inwiefern Repräsentationen den Schüler*innen vorgegeben oder aber von ihnen selbst entwickelt werden (Hardy, 2002). Diese Unterscheidung ist für den Einsatz im Unterricht besonders wichtig, wird hier doch die Lernaktivität stärker konstruktiv als Entwicklung von Modellen für einen Lerngegenstand gesehen oder aber rekonstruktiv im Sinne der Erkenntnisgewinnung aus Repräsentationen. Unabhängig vom Ausmaß der Eigenkonstruktion dienen insbesondere graphisch-visuelle Repräsentationen zum Aufbau und zur Weiterentwicklung von Konzeptwissen, so dass sie als Denkwerkzeuge für Schüler*innen gelten. Sie eignen sich zur Strukturierung von komplexen Inhalten und zur Fokussierung von zentralen Merkmalen und ihrer Zusammenhänge. Beispielsweise erfordert die Nutzung von Koordinatensystemen, dass Lernende ihre Aufmerksamkeit auf die an den beiden Achsen abgetragenen Größen richten, so dass deren Bedeutung für die Vorhersage in den proportionalen Inhaltsgebieten wie der Dichte, Konzentration oder Geschwindigkeit (siehe Felbrich, 2005; Koerber, 2003) hervorgehoben wird. Auch können Repräsentationen im Unterricht dazu genutzt werden, unterschiedliche Darstellungsweisen zu vergleichen, spezifische Vor- und Nachteile herauszuarbeiten und diskursive Lerngelegenheiten zu schaffen. Insgesamt bieten graphisch-visuelle Repräsentationen also Möglichkeiten, den Lernprozess individuell zu unterstützen, das Konzeptwissen zu erweitern und den Transfer zwischen Repräsentationssystemen anzuregen.

13.4 Frühe Fähigkeiten von Kindern zum Umgang mit Repräsentationen oder »Vom unterschätzten Grundschulkind«

Obwohl dem kompetenten Umgang mit Repräsentationen eine große Bedeutung für das mathematische und naturwissenschaftliche Lernen zugeschrieben wird, hat sich sowohl die Forschung als auch die schulische Praxis lange fast ausschließlich auf das Sekundarschul- und Erwachsenenalter konzentriert. Aktuellere Studien zeigen jedoch, dass schon Kindergartenkinder erstaunliche Fähigkeiten zeigen, nicht nur die Regeln im Umgang mit Diagrammen und Graphen zu erlernen, sondern diese sogar situativ passend einzusetzen, um Vorhersagen zu treffen und Aussagen abzuleiten.

Räumliche Metaphern sind in unserer Sprache gang und gäbe (»er ist am Gipfel seiner Karriere«, »das zieht mich runter«, »sie ist ihrer Zeit voraus«), aber können junge Kinder den Raum auch aktiv zur Darstellung von zeitlichen Abläufen nutzen? Diese Überlegungen wurden von Susanne Koerber innerhalb ihrer Arbeit im ENTERPRISE Projekt angestellt und in mehreren anschließenden Studien untersucht. In einer Studie mit 3- bis 5-jährigen Kindern und Erwachsenen präsentierten Koerber und Sodian (2008) Geschichten mit einem zeitlichen Verlauf. So ging es beispielsweise um einen Besuch auf dem Bauernhof, wobei zunächst eine Kuh, dann ein Hahn und schließlich ein Pferd auftauchte. Nachdem sichergestellt war, dass die Kinder sich die Art und Reihenfolge der Tiere gemerkt hatten, wurden sie gebeten, diesen zeitlichen Verlauf zu visualisieren. Dabei bekamen sie nacheinander (aber in beliebiger Reihenfolge) entweder jeweils ein kleines Spielzeugtier oder schlichte einfarbige Plättchen (die jeweils für eines der Tiere standen) und sie wurden gebeten, diese so auf ein quadratisches Brett zu stellen, dass man sehen kann, was zuerst, dazwischen und zuletzt gesehen wurde.

Es zeigte sich ein deutlicher Alterseffekt zwischen drei und fünf Jahren, wobei der Großteil der Fünfjährigen – wie die Erwachsenen – spontan die zeitliche Reihenfolge in eine räumlich-lineare Reihenfolge »übersetzte« (siehe Abb. 13.1, Mitte), und zwar zumeist in der Schreibrichtung von links nach rechts. In der Altersgruppe der Vierjährigen hingegen machte es einen großen Unterschied, ob ein Kind die zeitliche Reihenfolge mit den roten Plättchen oder mit kleinen Miniaturtieren repräsentieren sollte. Im Gegensatz zur gängigen Vorstellung, dass Kinder mit möglichst konkreten Materialien konfrontiert werden sollen, waren die Kinder mit den Plättchen deutlich eher geneigt, die zeitliche Reihenfolge in eine räumliche Ordnung zu übersetzen als die andere Gruppe. Abstrakte Symbole wirkten sich bei den Vierjährigen also positiv auf die spontane Fähigkeit zum Ordnen zeitlicher Beziehungen aus.

Abb. 13.1: Beispielanordnungen der zeitlichen Reihenfolge eines Bauernhofbesuchs mit konkreten Symbolen (links und Mitte) sowie abstrakten Symbolen (rechts)

Eine Erklärung dieses Ergebnisses liegt in der »Dualen Repräsentationshypothese« von DeLoache (2000). Wenn Kinder um das dritte Lebensjahr die Entdeckung machen, dass ein Symbol für etwas anderes steht, dann ist dieser Symbolcharakter leichter zu erfassen, wenn ein abstraktes Element vorgelegt wird – dadurch wird die Aufmerksamkeit des Kindes nicht durch den Gegenstand selbst abgelenkt, sondern sie richtet sich auf das zu Symbolisierende. Auch viele weitere Studien belegen, dass

Kinder schon vor Eintritt in die Schule den Symbolcharakter von Visualisierungen erkennen und nutzen können (z. B. Koerber & Sodian, 2009; Koerber, 2011).

13.5 Repräsentationen zur Überwindung von mathematischen Fehlvorstellungen

In einer experimentellen Trainingsstudie sollte im Rahmen des Projekts ENTERPRISE die Wirkung von visuell-graphischen Repräsentationen als Denkwerkzeug für das proportionale Verständnis von Grundschulkindern untersucht werden. In der Dissertation von Susanne Koerber (Koerber, 2003) wurden zunächst die Effekte von drei Repräsentationsformen (mit unterschiedlichen Affordanzen) auf das proportionale Verständnis von Viertklässler*innen untersucht und in einer Folgeerhebung zwei Jahre später erhoben, ob durch dieses kurze Training nachhaltige Lernzuwächse erreicht werden können.

Eingebettet wurde die Studie in das Verständnis von Verhältnissen. Man stelle sich eine Situation vor, in der Kinder gefragt werden, ob eine Saftmischung aus 2 Gläsern Orangensaft und 1 Glas Zitronensaft mehr, weniger oder genauso intensiv nach Orange schmeckt wie eine Mischung aus 6 Gläsern Orangensaft und 3 Gläsern Zitronensaft. Ein Großteil von Grundschulkindern wird ankreuzen, dass die zweite Mischung orangiger schmecke und damit dem sogenannten additiven Misskonzept aufliegen. Kinder, die ein solches additives Misskonzept halten, vergleichen die Differenz zwischen der Menge an Orangensaft- und Zitronensaftgläsern in beiden Mischungen (also 6 Gläser Orangensaft minus 3 Gläser Zitronensaft ist 3, und 2 Gläser Organsaft minus 1 Glas Zitronensaft ist 1), statt die Verhältnisse der Gläseranzahlen (6:3 = 2 und 2:1 = 2). Proportionales Denken ist also ein relationales Denken. Dies heißt, dass additive Strategien zum Vergleich von Mengen überwunden werden müssen.

Repräsentationen für Proportionen

Wie können Repräsentationen helfen, dieses additive Misskonzept zu überwinden und proportionales Denken zu erwerben? Abbildung 13.2 zeigt zwei Liniendiagramme mit dem Graph einer linearen Steigung sowie ein manipulierbares Objekt, eine Balkenwaage. Liniendiagramme sind per se dazu geeignet, Informationen unterschiedlicher Komplexität relativ einfach abzubilden. Im genannten Beispiel können an den Achsen die Mengen der jeweiligen Säfte abgetragen und im Koordinatensystem die Mischverhältnisse sichtbar gemacht werden. Handelt es sich um gleiche Mischverhältnisse über unterschiedliche Mengen hinweg, zeigt sich dies in einem Graph linearer Funktionen. Darüber hinaus besitzen Liniendiagramme dank ihrer abstrakten, kontextunabhängigen Struktur den Vorteil, auf verschiedenste Inhaltsgebiete transferierbar zu sein. Dementsprechend ist auch der Einsatz des

Graphen nicht nur zur Darstellung von intensiven Größen (Mischungen) wie im genannten Beispiel, sondern auch von Größen wie Geschwindigkeit oder Dichte geeignet. Allerdings sind die arbiträren Konventionen zur Interpretation des Graphen für junge Kinder nicht ohne weiteres intuitiv erschließbar.

Einen durch eigene Erfahrungen mit der Wippe intuitiveren Zugang bildet hingegen eine Balkenwaage. Wird – bei gleichem Abstand zum Mittelpunkt – auf eine Seite der Balkenwaage ein größeres Gewicht aufgelegt, so ist dies durch das Senken dieser Seite unmittelbar wahrnehmbar. Die Balkenwaage ist nicht mehr in Balance. Die Anzahl der Gewichte auf der einen Seite symbolisiert den Wert der einen Dimension (z. B. Zitronensaft), die Anzahl der Gewichte auf der anderen Seite den Wert der zweiten Dimension (z. B. Orangensaft). Der Vergleich von zwei Verhältnissen wird ermöglicht, indem nach dem Stecken des ersten Verhältnisses der Balken durch entsprechende Verschiebungen in Balance gebracht wird. Steckt man die Werte des zweiten Verhältnisses auf die so eingestellte Balkenwaage, deutet eine gleichbleibende Balance Proportionalität der Verhältnisse an, während das Senken zu einer Seite Nicht-Proportionalität zeigt.

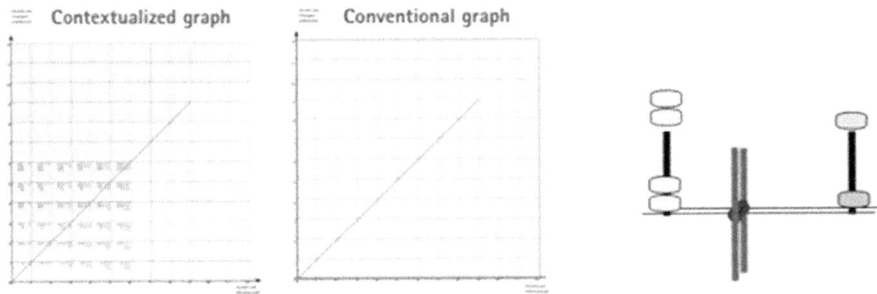

Abb. 13.2: Darstellung von Saftmischungen mit kontextualisierten Graphen (links), im konventionellen Graphen (Mitte) und an der Balkenwaage (rechts). (In den Kästchen des kontextualisierten Graphen ist in den ersten sechs Koordinaten jeweils die konkrete Anzahl an Orangensaft- und Zitronensaftgläsern abgebildet.)

Neben dem Graphen und der Balkenwaage wurde im Trainingsexperiment eine weitere Repräsentationsform eingesetzt: Der kontextualisierte Graph. Dieser wurde auf die relevanten Elemente des Problemkontextes abgestimmt, indem Schattierungen im Hintergrund des Koordinatensystems mögliche Verhältniskonzentrationen visualisierten und in einem Teil der Koordinaten die konkrete Anzahl an Gläsern von Zitronen- und Orangensaft eingefügt wurde. Mit dem Einbezug der konkreten Elemente des Problemkontextes in die Repräsentationsform sollte eine bedeutungsvolle Beziehung zwischen dem für die Kinder bis dato unbekannten Repräsentationsformat und dem Mischungskontext hergestellt werden.

Insgesamt wurden mit den drei Repräsentationen also zwei Dimensionen unterschieden, siehe Abb. 13.3:

a) Sind die Repräsentationen taktil manipulierbar und erfahrbar?
b) Weisen die Repräsentationen einen visuellen Bezug zur konkreten Problemsituation auf?

Bezüglich des Kriteriums a) unterscheidet sich die Balkenwaage von Liniendiagrammen. Durch die direkte, taktile Manipulierbarkeit der Balkenwaage können unterschiedliche (Gewichts-)Verhältnisse direkt erfahrbar werden und ein Zugang zur Funktionsweise der Balkenwaage erscheint intuitiver – auch durch die Assoziation mit einer bekannten Erfahrung im Kontext Wippe. Der vollständige Zugang zum Liniendiagramm verlangt hingegen die Kenntnis kulturell definierter Regeln. Bezüglich des Kriteriums b) weisen sowohl der kontextualisierte Graph als auch die Balkenwaage einen Bezug zum Mischungskontext durch farbliche Markierungen auf.

Eigenschaften	Balkenwaage	Kontextualisierter Graph	Konventioneller Graph
Struktur	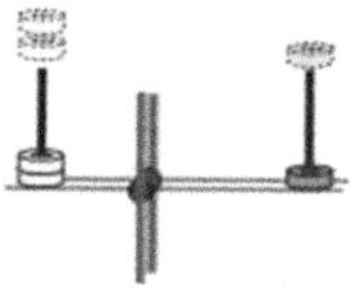	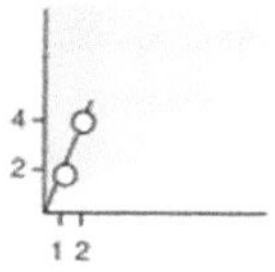	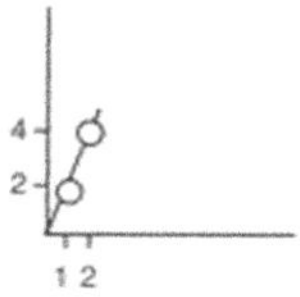
Manipulierbarkeit	Ja	Nein	Nein
Kontextbezug	Ja	Ja	Nein

Abb. 13.3: Eigenschaften der drei Repräsentationen in der Trainingsstudie.

Ablauf der Studie und Ergebnisse

In unserer Trainingsstudie wurden insgesamt 67 Viertklässler*innen in zwei Sitzungen an zwei aufeinander folgenden Nachmittagen in Kleingruppen unterrichtet und mit der Repräsentationsform vertraut gemacht. Damit die jeweilige Repräsentationsform konstruktiv für den Problemlösekontext genutzt werden konnte, wurde das Training so konzipiert, dass diejenigen kognitiven Prozesse angesprochen wurden, die als essentiell für den Einsatz mathematischer Werkzeuge gesehen werden: 1.) das Erkennen des Bezugs zwischen den Symbolen (Elementen der Repräsentation) und den jeweiligen Größen des Problemkontextes sowie 2.) eine Förderung, Elaboration und Routine im Umgang mit symbolischen Manipulationen. Diese konstruktive Auseinandersetzung mit der Repräsentationsform und dem Lerngegenstand wurde von den beiden Trainerinnen durch Ermutigungen zu individuellen und gemeinsamen Explorationen, Verbalisierungen der Erkenntnisse und Reflexionen sowie durch eine Moderation der Schüler*innengespräche gefördert. Eine ausführliche Beschreibung des Trainings findet sich bei Koerber (2003).

Wie Abbildung 13.4 zeigt, haben *alle* Trainingsgruppen, nicht aber die Kontrollgruppe, signifikant bezüglich ihres Proportionsverständnisses profitiert. Besonders förderlich für den *Erwerb* proportionalen Denkens war die Balkenwaage. Die Kinder dieser Trainingsgruppe waren nicht nur in den Aufgaben zum proportionalen Denken besser, sie zeigten auch eine stärkere Tendenz, ihre Balkenwaage als Werkzeug für schwierige Aufgaben zum proportionalen Denken einzusetzen. Interessant waren die Befunde vor allem in Hinblick auf den Langzeiteffekt.

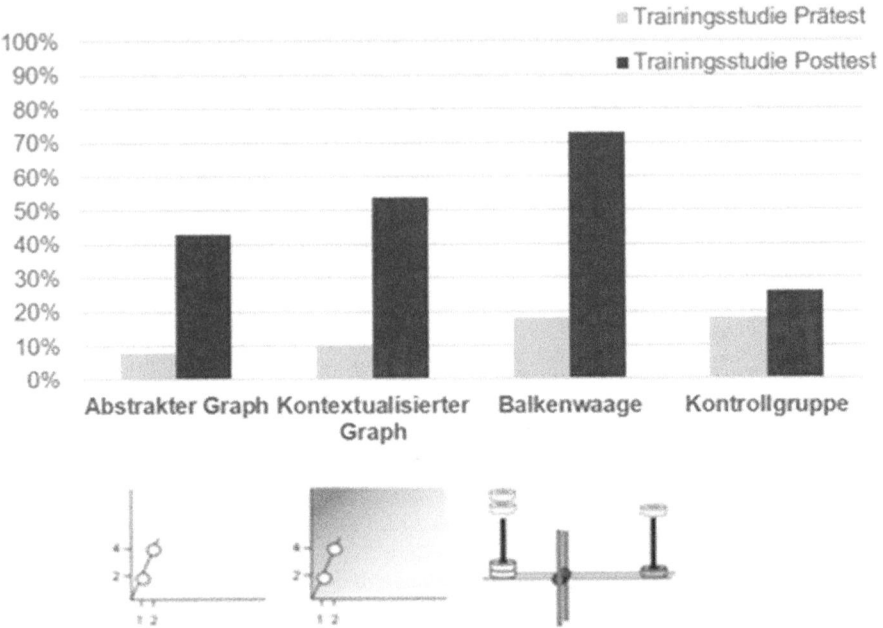

Abb. 13.4: Prozent korrekt gelöster Aufgaben zum Proportionsverständnis vor und nach dem Training in der vierten Klasse

Zwei Jahre nach der ursprünglichen Trainingsstudie konnte mehr als die Hälfte der Studienteilnehmer*innen sowie ihre Klassenkamerad*innen (als Kontrollgruppe) für einen Nachtest gewonnen werden. Damit konnten Langzeiteffekte dieses kurzen Trainings in Bezug auf das proportionale Verständnis erfasst werden. In der sechsten Klasse verfügten – wie erwartet – auch die nicht-trainierten Kinder über ein grundlegendes Proportionsverständnis und alle trainierten Gruppen hatten sich deskriptiv verbessert. Im Gegensatz zum Test unmittelbar nach dem Training zeigen die Befunde unserer Nacherhebung jedoch einen klaren Vorsprung für die mit den Graphen trainierten Kinder – dies galt sowohl für den kontextualisierten Graphen als auch für den abstrakten Graphen. Darüber hinaus war es besonders der kontextualisierte Graph, der es den Kindern dieser Gruppe ermöglichte, schwierige Aufgaben zum proportionalen Denken unter Nutzung ihrer Repräsentationsform zu lösen. Es scheint also, dass insbesondere der kontextualisierte Graph eine sinnvolle Verbindung zwischen dem Problemkontext und den Eigenschaften der Repräsentationsform anregt.

Zusammengenommen zeigt diese Studie nicht nur, dass bereits Viertklässler*innen mit anspruchsvollen Repräsentationsformen wie dem Graphen vertraut gemacht werden können, sondern dass diese bereits in der vierten Klasse als Denkwerkzeug für proportionales Verständnis genutzt werden. Darüber hinaus weisen die Langzeiteffekte darauf hin, dass selbst ein kurzes Training mit dieser Repräsentationsform ausreicht, Kindern eine eigenständige Weiterentwicklung ihres Wissens über Proportionen zu ermöglichen.

13.6 Ausblick

Welche Implikationen können aus diesen Befunden für die unterrichtliche Praxis gezogen werden? Ein Anliegen dieses Kapitels war es zu zeigen, dass Repräsentationen trotz ihrer vielfältigen Funktionsmöglichkeiten oftmals in ihrem Potenzial nicht ausgeschöpft werden. In der Trainingsstudie konnten wir zeigen, dass der aktive Umgang nicht nur eine Strukturierungshilfe, sondern auch ein entscheidendes Werkzeug zum Überwinden von robusten Fehlvorstellungen sein kann, auf welches späteres Lernen in der Sekundarstufe aufbauen kann.

Potenzial anspruchsvoller Repräsentationsformen

Vor allem abstrakte Repräsentationsformen werden in Theorie und Praxis häufig unterschätzt – und zwar in zweierlei Hinsicht. Ein Einsatz im Unterricht findet zum einen zu selten statt und zum anderen in eingeschränkter Funktion (Shah & Hoeffner, 2002). Abstrakte Repräsentationen werden häufig als effiziente Hilfen der Aufgabenbearbeitung beispielsweise im Physikunterricht eingesetzt oder sie werden genutzt, um Informationen zu bündeln. Jedoch wird mit diesen Funktionen ihr Potential zum Erwerb von neuem Wissen nicht ausgeschöpft. Studien aus dem ENTERPRISE Projekt konnten demonstrieren, dass Repräsentationen auch für kognitiv anspruchsvolle Aufgabenfelder genutzt werden können und den Konzepterwerb bei komplexen Inhalten, beispielsweise der Dichte, unterstützen (Hardy & Stern, 2011).

Nutzung des Werkzeugcharakters anspruchsvoller Repräsentationsformen

Generell ist es ein Anliegen der Studien aus dem ENTERPRISE-Projekt, den Werkzeugcharakter von anspruchsvolle Repräsentationsformen hervorzuheben und die Nutzung hinsichtlich (a) Differenzierung, (b) selbständigem Arbeiten und der

Gruppenarbeit sowie (c) Transfer aufzuzeigen. So sind Graphen und Diagramme auch hervorragend als Mittel zur *Differenzierung* geeignet, mit deren Hilfe Schüler*innen unterschiedlich schwierige Aufgaben bearbeiten können. Dies ist sowohl bei *selbständigem Arbeiten* als auch in der *Partner- oder Gruppenarbeit* möglich. Gerade bei Gruppenarbeiten können Diagramme als Mittel eingesetzt werden, auf die gemeinsam der Fokus der Aufmerksamkeit gelegt wird (*joint attention*) und damit zielgerichtete Diskussionen ermöglichen. Ist der Umgang mit diesem kulturellen Werkzeug erst einmal verstanden, so kann dies – analog zu anderen Zeichensystemen – für den Transfer und die Erarbeitung neuer Inhalte genutzt werden (siehe hierzu Hardy & Koerber, 2010).

Repräsentationsformen schon in der Grundschule

Entgegen der Annahme, Grundschulkinder seien konkrete Denker und die Nutzung abstrakter, wenig manipulierbarer Repräsentationen und Lernmaterialien stellten eine Überforderung dar, sind Grundschulkinder durchaus in der Lage, mit Repräsentationen neue Erkenntnisse zu gewinnen und Transferleistungen zu zeigen. Sogar Vorschulkinder können nach einer kurzen Einführung in die Konventionen eines Diagramms Informationen aus einem einfachen Säulendiagramm ablesen und anhand von abstrakten Gegenständen Beziehungen abbilden. In Anbetracht ihrer breiten Anwendung in Disziplinen wie der Ökonomie oder den Naturwissenschaften und der nachweislichen Transfereffekte aus einer frühen Familiarisierung von Kindern mit entsprechenden Repräsentationsformen wird an dieser Stelle also die Nutzung von Repräsentationsformen als Denkwerkzeug im Grundschulunterricht unterstrichen.

Kognitiv aktivierender Umgang mit Repräsentationen

Nach Mayer (2004) ist zu unterscheiden zwischen kognitiver und handelnder Schüler*innenaktivität. Beim Umgang mit Repräsentationen im Unterricht kommt es entsprechend weniger auf die Handlung als auf die kognitive Aktivität an. Dies schließt nicht aus, dass manipulierbare Repräsentationen wie die Balkenwaage Vorteile für den Wissenserwerb in bestimmten Inhaltsgebieten mit sich bringen können. In jedem Falle bedeuten die Aussagen von Mayer aber, dass das Aufgreifen von Schüler*innenvorstellungen, das Weiterentwickeln von Ideen und Konzepten und die individuelle Verständnisentwicklung mit Hilfe von Repräsentationen, also die kognitive Aktivität, im Mittelpunkt des didaktischen Umgangs mit Repräsentationen stehen sollten.

13.7 Literaturverzeichnis

Felbrich, A. (2005). *Kontrastierungen als effektive Lerngelegenheiten zur Vermittlung von Wissen über Repräsentationsformen am Beispiel des Graphen einer linearen Funktion.* Unveröffentlichte Dissertation, TU Berlin.

Gibson, J. J. (1979). *The ecological approach to visual perception.* Boston: Houghton Mifflin Company.

Greeno, J. G., Smith, D. R. & Moore, J. L. (1993). Transfer of situated learning. In: D. K. Detterman & R. J. Sternberg (Hrsg.), *Transfer on trial: Intelligence, cognition, and instruction* (pp. 99–167). Norwood, NJ: Ablex Publishing Corp.

Hardy, I. (2002). Repräsentationsaktivitäten zur Förderung proportionalen und graphisch-visuellen Verständnisses im Grundschulalter. In H. Petillon (Ed.), *Individuelles und soziales Lernen in der Grundschule.* Kindperspektive und pädagogische Konzepte (S. 43–49). Leverkusen: Leske + Budrich.

Hardy, I., Jonen, A., Möller, K. & Stern, E. (2004). Die Integration von Repräsentationsformen in den Sachunterricht der Grundschule. In: J. Doll & M. Prenzel (Hrsg.), *Bildungsqualität von Schule: Lehrerprofessionalisierung, Unterrichtsentwicklung und Schülerförderung als Strategien der Qualitätsverbesserung* (S. 267–283). Münster: Waxmann.

Hardy, I. & Koerber, S. (2010). Kognitive Strukturierung und Öffnung von Unterricht: Die Bedeutung von graphisch-visuellen Repräsentationen in der Grundschule. In: I Bohl, T. Kansteiner-Schänzlin, K. Kleinknecht, M. Kohler & B. Nold, A. (Hrsg.), *Selbstbestimmung und Classroom-Management.* Forschungsbefunde, Praxisbeispiele, Perspektiven (S. 129–143). Bad Heilbrunn: Klinkhardt.

Hardy, I. & Koerber, S. (2011). Scaffolding learning by the use of visual representations. In: N. M. Seel (Hrsg.). *Encyclopedia of the Sciences of Learning.* Springer.

Hardy, I. & Stern, E. (2011). Visuelle Repräsentationen der Dichte: Auswirkungen auf die konzeptuelle Umstrukturierung bei Grundschulkindern. *Unterrichtswissenschaft, 39(1)*, 35–48.

Koerber, S. (2003). *Der Einfluss externer Repräsentationsformen auf proportionales Denken im Grundschulalter.* Hamburg: Verlag Dr. Kovac.

Koerber, S. (2011). Der Umgang mit visuell-graphischen Repräsentationen im Grundschulalter. *Unterrichtswissenschaft, 39(1)*, 49–62.

Koerber, S. & Sodian, B. (2008). Preschool children's ability to visually represent relations. *Developmental Science, 11(3)*, 390–395.

Koerber, S. & Sodian, B. (2009). Reasoning from graphs in young children. Preschoolers' ability to interpret and evaluate covariation data from graphs. *Journal of Psychology of Science & Technology, 2(2)*, 73–86.

Mayer, R. (2004). Should there be a three-strikes rule against pure discovery learning? The case for guided methods of instruction. *American Psychologist, 59(1)*, 14–19.

Shah, P. & Hoeffner, J. (2002). Review of graph comprehension research: Implications for instruction. *Educational Psychology Review, 14(1)*, 47–69.

Stern, E. (1998). *Die Entwicklung des mathematischen Verständnisses im Kindesalter.* Pabst Science Publishers.

Stern, E., Hardy, I. & Koerber, S. (2002). Die Nutzung graphisch-visueller Repräsentationsformen im Sachunterricht. In: K. Spreckelsen, K. Möller & A. Hartinger (Hrsg.), *Ansätze und Methoden empirischer Forschung zum Sachunterricht* (S. 119–131). Bad Heilbrunn: Verlag Julius Klinkhardt.

Vygotsky, L.S. (1978). *Mind in Society.* Cambridge, MA: Harvard University Press

14 Sprache als wichtiges Werkzeug der Lehrenden: Verbale Interaktion zur Unterstützung des frühen MINT-Lernens

Henrik Saalbach & Sebastian Kempert

14.1 Einleitung

Die »Berliner Phase« von Elsbeth Stern war geprägt durch die wissenschaftliche Suche nach Möglichkeiten, Kindern mathematische und naturwissenschaftliche Kompetenzen bereits vor dem Eintritt in die Schule zu vermitteln (z. B. Stern, 2003). Dabei schwebte ihr keineswegs vor, Kinder im Vorschulalter an Schulbänke zu fesseln, um sie frühzeitig mit Schulstoff zu beschäftigen. Nein, es ging ihr darum, im Vor- und Grundschulalter gezielt, aber altersgerecht die Grundlagen für den späteren systematischen Erwerb mathematischer und naturwissenschaftlicher Kompetenzen zu legen (Saalbach, Grabner & Stern, 2013; Saalbach, Leuchter & Stern, 2010). Dass bei diesem Ansatz die professionellen Kompetenzen des (früh-)pädagogischen Personals eine entscheidende Rolle spielen, war Elsbeth Stern klar (Staub & Stern, 2002). Professionelle Kompetenzen sind dabei keineswegs auf das Fachwissen beschränkt, sondern umfassen darüber hinaus fachdidaktisches Wissen sowie Wissen und Überzeugungen im Hinblick auf das Lernen der Kinder im Allgemeinen (vgl. Shulman, 1986). Elsbeth Sterns Arbeiten waren somit wegbereitend für eine mittlerweile intensiv bearbeitete Forschungsrichtung: der Professionsforschung im Lehrberuf.

Elsbeth Stern hat während ihrer Forschungstätigkeit einer Vielzahl von Mitarbeiterinnen und Mitarbeitern als Vorbild und Inspiration gedient. Beeinflusst von ihren Kernthemen wurden im Laufe der Zeit eine ganze Reihe von Forschungsarbeiten hervorgebracht. Diese weisen eindeutige Bezüge zu ihren wissenschaftlichen Schwerpunkten auf, erweitern jedoch auch das Forschungsfeld in unterschiedlichen Formen. In diesem Beitrag erfolgt die Erweiterung durch einen Fokus auf die Rolle der Sprache beim fachlichen Lernen. Wir beleuchten die sprachlichen Interaktionen zwischen Lehrperson bzw. Fachkraft und Kind aus unterschiedlichen Perspektiven vor dem Hintergrund eigener empirischer Studien. Dabei liegt ein Schwerpunkt auf den zugrundeliegenden (kognitions-)psychologischen Mechanismen lernwirksamer Interaktionen sowie auf der Ableitung sprachlicher Unterstützungsmaßnahmen.

Ausgangspunkt für die Erklärung der Wirksamkeit verbaler Interaktionen im Lehr-Lern-Kontext sind Studien, die im Überschneidungsbereich der Forschung zu kognitiver Entwicklung, symbolischer/sprachlicher Repräsentation und schulischer Lehr-Lern-Prozesse angesiedelt sind. Die Bezüge zu Elsbeth Sterns Arbeit sind zum einen in den untersuchten fachlichen Inhalten zu sehen, die sich insbesondere auf mathematische und naturwissenschaftliche Kompetenzen beziehen. Zum anderen wird die entwicklungspsychologische Facette von Elsbeth Sterns Forschung durch die Fokussierung auf das Zusammenspiel von Sprache, kognitiver Entwicklung und schulischen Lehr-Lern-Prozessen bei Kindern im Vor- und Grundschulalter (sowie teilweise auch im Sekundarstufenalter) adressiert.

Das folgende Transkript eines Unterrichtsgesprächs veranschaulicht einleitend, welche unterschiedlichen kognitiven Funktionen die von der Lehrperson gesteuerte verbale Interaktion bedienen kann. Das Gespräch zwischen der Lehrperson und zwei Grundschulkindern findet im Kontext einer naturwissenschaftlichen Lernumgebung zum Thema *Schwimmen und Sinken* statt. In der Sequenz erhalten die Kinder den Auftrag, Annahmen über das Schwimmverhalten bestimmter Objekte aus verschiedenem Material zu machen und diese Annahmen zu begründen, bevor sie diese durch eigene Versuche konkret überprüfen.

Lehrperson (L):	Warum ist das gesunken?
Kind 1(K1):	Ja. Vielleicht auch weil, wegen ...
L:	Wegen dem Loch?
K1:	Ja
L:	Was würde denn das für die anderen Dinge bedeuten? Müssen wir dann überhaupt weiter testen?
K1:	Nein
L:	Wenn Jonas sagt: »Ja, wegen dem Loch.«
K2:	Wir müssen weiter testen.
K2:	Das da geht nicht unter.
L:	Aber das hat doch auch ein Loch
K2:	Ja, äh, aus, das kommt darauf an. Wenn's anderes Material ist, dann geht's, dann. Es kommt ja aufs Material drauf an. Und wenn Holz geht, kommt wieder hoch.
L:	Jonas hat gesagt, es kommt aufs Loch drauf an.
K1:	Ja. Nicht so auf das Material. Vielleicht geht der auch unter, weil der auch zu schwer ist und auch ein Loch drinnen hat.
L:	Obwohl der kleiner ist als der da?
K1:	Ja.
L:	Geht trotzdem unter?
L:	Da müssen wir dann schauen. Wir gehen jetzt schön der Reihenfolge nach. Okay, was meinst du? Ist das der große oder der kleine?
K2:	Nehmen wir den nicht raus?
L:	Nee, nehmen wir dann, das fischen wir dann alles raus. Meinst du, das ist der große oder der kleine?
K1:	Der große
L:	Nochmal überprüfen, ob das der richtige ist. Also gut, ja
K2:	Er geht hoch.
K1:	Hmm ... runter.
L:	Okay. Wir sagen er geht hoch, was macht er dann?
K2:	Er schwimmt.
L:	Und wenn er runtergeht?

K2:	Taucht ... Sinkt
L:	Er sinkt, genau. Also was denkst du?
K2:	Er schwimmt
L:	Und du?
K1:	Er sinkt.
L:	Also da wollen wir mal schauen.
L:	Achtung ... [reicht das Trockentuch]. Okay, einzeichnen ... Gut, dann sag mal, Jonas, weshalb hast du gedacht, dass der sinkt?
K1:	Hm, weil das ein bisschen schwer ist.
L:	Und weshalb hast du gedacht, dass er schwimmen wird?
K2:	Ja, Holz schwimmt.
L:	Immer?
K2:	Manchmal.

Die Lehrperson reguliert das Verhalten der Kinder und organisiert die Situation. Gleichzeitig zielen ihre Äußerungen auf die Strukturierung und die Anregung der Denkprozesse, indem sie Vergleiche zwischen den unterschiedlichen Objekten anregt, offene Fragen stellt oder auf Widersprüche aufmerksam macht. Zudem hilft sie den Kindern, die richtigen Begriffe bzw. Bezeichnungen zu verwenden. Aus diesem Ausschnitt wird deutlich, dass sprachliche Interaktionen im Lehr-Lern-Prozess mindestens drei kognitive Funktionen erfüllen:

1. Durch die Lehrpersonen werden sprachliche Mittel bereitgestellt, mit denen die Kinder dann kognitiv operieren können.
2. Die Lehrpersonen strukturieren und regen durch bestimmte Äußerungen bzw. Fragen die Denkprozesse der Kinder an.
3. Die Lehrpersonen regulieren über sprachliche Interaktionen das Verhalten und die Emotion der Kinder und damit den Lernprozess.

Im Folgenden werden wir die ersten beiden Funktionen vertiefen und anhand einiger ausgewählter Ergebnisse der eigenen Forschung mit Bezug zu den Arbeiten von Elsbeth Stern illustrieren. Auf die dritte Funktion, die nicht minder wichtig ist, gehen wir an dieser Stelle nicht ein. Im Anschluss an die Vertiefung wenden wir den Blick der Forschung zur Umsetzung dieser Funktionen in den sprachlichen Interaktionen im Unterricht zu.

14.2 Funktionen sprachlicher Interaktion im fachlichen Lernen

Vermittlung sprachlicher Mittel

Die Befunde der entwicklungspsychologischen Grundlagenforschung zeigen, dass die sprachliche Interaktion ein zentraler Faktor für die Sprachentwicklung von Kindern ist (z. B. Dickinson & Porche, 2011; Huttenlocher, Vasilyeva, Cymerman & Levine, 2002). Insbesondere konnte gezeigt werden, dass die Quantität und die Komplexität der Sprache der Eltern oder anderer Bezugspersonen, wie einer pädagogischen Fachkraft, in einem positiven Zusammenhang zur Sprachentwicklung des Kindes steht. Lehrpersonen können durch ihre Sprache eine im Hinblick auf die Sprachentwicklung anregungsreiche Umgebung schaffen. Erste Arbeiten zu fachspezifischen sprachlichen Interaktionen konnten zudem zeigen, dass das fachliche Lernen der Kinder durch Merkmale der Lehrpersonensprache substanziell unterstützt werden kann (Klibanoff, Levine, Huttenlocher, Vasilyeva & Hedges, 2006; Leuchter & Saalbach, 2014; Studhalter, Leuchter, Tettenborn, Elmer, Edelsbrunner & Saalbach, 2021). Klibanoff und Kolleg*innen fanden etwa, dass der Umfang mathematikbezogener Sprache der Lehrperson in Zusammenhang zur Entwicklung mathematischer Fähigkeiten der Kinder im Vorschulalter steht. Studhalter und Kolleg*innen konnten in einer weiteren Studie zudem einen Zusammenhang zwischen der verwendeten Fachsprache und dem Lernen der Kinder im Kontext einer naturwissenschaftlichen Lerneinheit in der Elementarstufe zeigen. Mit anderen Worten: Kinder erweitern durch die verbalen Interaktionen mit Lehrpersonen und Fachkräften ihre sprachlichen Fähigkeiten, und dies ermöglicht es ihnen, sich auch kognitiv weiterzuentwickeln. Welche psychologischen Mechanismen liegen diesem Effekt zugrunde?

Soziokulturelle Erklärungsansätze in der Tradition Vygotskys nehmen an, dass das Lernen einer Sprache zu einer dramatischen Entwicklung der vorsprachlichen kognitiven Fähigkeiten des Kindes führt (z. B. Saalbach, Grabner & Stern, 2013; Tomasello, 1999; Vygotsky, 2012). Sprache wird als Denkwerkzeug und damit als die Grundlage für höhere kognitive Funktionen betrachtet. Vygotskys theoretische Grundlagen erleben eine stetige Wiederbelebung, die v. a. mit Namen wie Jerome Bruner, Michael Tomasello oder auch Dedre Gentner verbunden ist. Gerade Gentners *Language as a Tool-Kit*-Ansatz (Gentner, 2016) nimmt die Ideen Vygotkys auf und differenziert die zugrundeliegenden kognitiven Mechanismen. Tatsächlich konnte eine Reihe von kognitiven Prozessen bzw. Mechanismen identifiziert werden, die das Zusammenspiel von Sprache und kognitiver Entwicklung erklären könnten. So ermöglicht die Aneignung und Verwendung von Sprache etwa *Inferenzen* über Bedeutungen (*sprachliches Bootstrapping*), *induktives Schließen* sowie das *Modellieren textbasierter Aufgabenstellungen*. Was bedeutet das konkret?

Sprachliches Bootstrapping

Stellen Sie sich die folgende Szene vor: Man sieht zwei Hände in einer unbekannten Substanz wühlen, die sich in einem eimerähnlichen Behälter befindet. Dazu hören Sie Wörter, die Sie nicht kennen, auf die Sie sich jedoch einen Reim machen können: »Das ist Sibben«, »Das ist ein Sib«, oder »das ist etwas Sib«. Sie bemerken, dass, je nachdem welche grammatische Konstruktion verwendet wird, Ihre Aufmerksamkeit auf andere Aspekte der Situation gelenkt wird. Bei der ersten Bezeichnung werden Sie daher vermuten, dass sich das Wort auf die Handlung des Wühlens bezieht. Bei der zweiten Bezeichnung liegt der Bezug zum Gefäß nahe, während die dritte Bezeichnung vermutlich eher auf die Substanz im Gefäß referiert.

Dieses Gedankenexperiment, aber auch unzählige Studien zeigen, dass die grammatische Konstruktion Inferenzen über Bedeutungen beeinflusst. D. h. wiederum, dass einerseits ein gutes grammatisches Verständnis eine wichtige Voraussetzung für die Erschließung neuer Begriffe ist (z. B. Hirsh-Pasek & Golinkoff, 1999); andererseits ist die bewusste Verwendung sprachlicher Erklärung eine Voraussetzung für gelingende Lernprozesse (Überblick in Kempert, Schalk & Saalbach, 2019).

Ein weiteres Beispiel für sprachliches Bootstrapping sind sogenannte generische Konstruktionen. Generische Sprache unterscheidet sich von nicht-generischer Sprache, indem sie Informationen über eine ganze Kategorie zum Ausdruck bringt (z. B. »Elefanten sind grau« versus »Benjamin Blümchen kann sprechen«). Die Sprache ermöglicht mittels generischer Konstruktionen ein schnelles und effizientes soziales Lernen, womit eine mühsame und zeitintensive eigene Wissensaneignung umgangen werden kann (z. B. Cimpian & Markman, 2008; Gelman, Star & Flukes, 2013). Im Deutschen werden generische Konstruktionen z. B. durch Plural und ohne Artikel, Singular/Plural mit bestimmtem Artikel oder durch die Verwendung bestimmter Quantifikatoren (alle, jede/r, etc.) gebildet. Generischer Sprache kommt insbesondere im naturwissenschaftlichen Unterricht eine wichtige Bedeutung zu, da hier häufig genau (sprachlich) markiert werden muss, worauf sich eine bestimmte Eigenschaft oder ein bestimmtes Prinzip bezieht.

Induktives Schließen

Ein weiterer Mechanismus, der den Zusammenhang von Sprache und kognitiver Entwicklung erklärt, ist das *induktive Schließen*. Es ermöglicht die Übertragung kategorialer Informationen (Wissen) auf neue Dinge, die aufgrund von Ähnlichkeiten als Mitglieder einer Kategorie erkannt werden. Ohne induktives Schließen müssten Informationen zu jedem individuellen Objekt abgespeichert werden. Ein typisches Paradigma zur wissenschaftlichen Untersuchung des induktiven Schließens bei Vorschulkindern ist das *Forced-Choice*-Paradigma. Dabei wird einem Zielobjekt (z. B. einer Banane) eine bestimmte Phantasie-Eigenschaft zugeschrieben (z. B. »Das hat IDOFORM innen drin.«). Das Kind erhält dann die Aufgabe, dasjenige Objekt aus einer Reihe von drei weiteren Objekten auszusuchen, was, seiner Meinung nach, ebenfalls diese Eigenschaft besitzt (»Welches von denen hat denn auch IDOFORM innen drin?«). Dabei hat eines der zur Auswahl stehenden Objekte eine kategoriale

Beziehung zum Zielobjekt (z. B. ein Apfel), ein anderes Objekt steht in einem thematischen Zusammenhang zum Zielobjekt (z. B. ein Affe) und das dritte Objekt weist eine ähnliche Form auf wie das Zielobjekt (z. B. eine Feder, die geformt ist wie eine Banane).

In Studien durchlaufen die Kinder mehrere solcher Objektsets. In Zusammenarbeit mit Elsbeth Stern konnten Mutsumi Imai und Henrik Saalbach (2010) Befunde replizieren, wonach Vorschulkinder keine eindeutige Präferenz für eine der Beziehungen zeigten, während Erwachsene konsistent kategoriale Objektbeziehungen favorisieren. In einer weiteren Bedingung mit anderen Kindern variierten wir nun dieses Paradigma. Die Objekte wurden vor der eigentlichen Induktionsaufgabe mit Phantasienamen benannt, wobei die Objekte der gleichen Kategorie (z. B. »Banane« und »Apfel«) den gleichen Namen erhielten. Das hatte dann ein ganz anderes Ergebnismuster zufolge: Nun zeigten auch die Kinder eine klare Präferenz für die Objekte der gleichen Kategorie. Tatsächlich unterschieden sich Kinder und Erwachsene in dieser Bedingung nicht mehr voneinander (Imai & Saalbach, 2007).

Wie ist das zu erklären? Gentner & Namy (1999) zufolge fungiert der gleiche Name zweier oder mehrerer Dinge als eine Einladung zum Vergleich. Entsprechend Gentners *structure-mapping theory* (Gentner, 2010) führt der Vergleich zweier Dinge dazu, dass tieferliegende Ähnlichkeiten hervorgehoben werden, die ansonsten unbemerkt geblieben wären. Es werden also die tieferliegenden Gemeinsamkeiten oder Prinzipien extrahiert. Mit anderen Worten: Sprache unterstützt Kinder dabei, die konzeptuellen Gemeinsamkeiten von Objekten zu erkennen und entsprechend Eigenschaften durch induktives Schließen zu generalisieren.

Repräsentation und Modellierung von Aufgaben

Ein weiterer Aspekt des Zusammenspiels von sprachlichen und kognitiven Aspekten betrifft die Modellierung bzw. die Repräsentation von Aufgaben auf Basis sprachlicher Beschreibungen. Ein typisches Beispiel dafür sind mathematische Textaufgaben. Dank der intensiven Auseinandersetzung mit mathematischen Sachaufgaben und deren Eigenschaften durch Elsbeth Stern liegt seit den 1990er Jahren ein gut untersuchtes Set von Standardaufgaben vor (Stern, 1994; 1998; Stern & Lehrndorfer, 1992). Das Set, bestehend aus Kombinations-, Austausch- und Vergleichsaufgaben, ist hinsichtlich seiner Schwierigkeiten für Kinder im Grundschulalter in einer ganzen Reihe von Studien geprüft worden (siehe das Kapitel von Verschaffel in diesem Buch). Demnach gibt es deutliche Unterschiede in den Lösungshäufigkeiten zwischen den Aufgaben.

Für den Prozess der Modellierung wird angenommen, dass ausgehend von der sprachlichen Ausgangssituation (Textbasis) ein mentales Modell gebildet wird (Reusser, 1997). Dieses wird dann in weiteren Schritten in ein mathematisches Problemmodell überführt, welches als Grundlage für die arithmetischen Operationen dient. Die Ergebnisse dieser Operationen müssen nun wieder auf das Realmodell angewandt, bzw. anhand der Textbasis interpretiert und validiert werden (vgl. Verschaffel, Greer & De Corte, 2002). Die Unterschiede in den Aufgabenschwierigkeiten liegen laut der Studienlage zum einen in mathematischen Anforderungen der Aufgabe (z. B. Verständnis von Relationszahlen bei Vergleichsaufgaben), zum anderen jedoch auch in deren sprachlicher Darstellung. So haben schon kleine sprachliche Veränderungen einer Aufgabe (und die damit einhergehenden mathematischen Veränderungen) drastische Veränderungen der Aufgabenschwierigkeit zur Folge.

Ein Beispiel: Die Aufgabe »Maria hat 8 Murmeln. Dann gibt sie Hans 3 Murmeln. Wie viele Murmeln hat Maria jetzt?« ist als Austauschaufgabe formuliert und wird von 90 % der Zweitklässler gelöst. Dagegen lösen nur 20 % der Kinder die Aufgabe, wenn sie als Vergleichsaufgabe formuliert wird: »Maria hat 8 Murmeln. Sie hat 3 Murmeln mehr als Hans. Wie viele Murmeln hat Hans?« (Stern, 1998). Das Bewusstsein um die Auswirkungen sprachlicher Veränderungen von Aufgaben und der damit einhergehenden mathematischen und kognitiven Anforderungen ist essenziell für die Vermittlung und Diagnose von Kompetenzen durch Lehrkräfte.

Die gut untersuchte Basis von Textaufgaben und die Ergebnisse der Forschung von Elsbeth Stern zu Textaufgaben war zudem Grundlage bzw. Ausgangspunkt für eine Reihe von Studien zu den kognitiven und sprachlichen Anforderungen von komplexen mathematischen Aufgaben bzw. zu möglichen differentiellen Effekten beim mathematischen Lernen bei ein- und mehrsprachigen Kindern (Kempert, Saalbach & Hardy, 2011; Saalbach, Gunzenhauser, Kempert & Karbach, 2016).

Implikationen für den Unterricht

Vor dem Hintergrund der Befunde zur Bedeutung von Sprache für Lernen und Entwicklung sollte pädagogisches Handeln sowohl die sprachlichen Anforderungen einer Lernsituation als auch die Sprachentwicklung der Kinder im Blick haben. Das bedeutet, dass Lehrpersonen zum einen sensibel für die sprachlichen Fähigkeiten der Kinder und die sprachliche Anforderung einer Aufgabenstellung sein sollten. Zum anderen bedeutet das aber auch, dass sie Lerngelegenheiten schaffen müssen, um die Bedeutungen von Begriffen oder grammatischen und diskursiven Strukturen zu vermitteln. Einen konzeptuellen Rahmen für implizite sprachliche Unterstützung im Vor- und Grundschulbereich bietet das Konzept des *sprachlichen Scaffoldings* (z. B. Gibbons, 2002; Hardy, Sauer & Saalbach, 2019; vgl. auch den Begriff »Scaffolding« in seiner ursprünglichen Bedeutung im folgenden Abschnitt). Gibbons unterscheidet dabei drei Hauptstrategien: Modellierung, Fokussierung, Korrektur.

Hardy, Sauer und Saalbach (2019) haben diese Strategien in eine Lernumgebung des frühen naturwissenschaftlichen Lernens im Kindergarten zum Thema Magnetismus integriert. Modellierung bezieht sich auf ein explizites Einführen, adaptives Aufgreifen und Wiederholen des relevanten Vokabulars und das Erklären von Bedeutungen (z. B. »Das ist ein Magnet«, »Ein Magnet kann Dinge aus Metall anziehen«). Die Strategie der Fokussierung umfasst Aufmerksamkeitslenkung, die Unterstützung bei der Wahrnehmung und Verwendung kritischer sprachlicher Mittel sowie deren Verwendung im Zusammenhang. Schließlich bezieht sich die Korrekturstrategie auf das Verwenden grammatisch korrekter sprachlicher Formulierungen im Sinne einer Rückmeldung auf fehlerhafte Äußerungen (*korrektives Feedback*; z. B. »Nein, Dinge aus Holz werden vom Magneten nicht angezogen, sondern nur

Dinge aus Metall«) oder im Sinne einer Elaboration (z. B. »Ja, der Magnet zieht den Löffel an«). In der Studie von Hardy und Kolleg*innen profitierten sowohl ein- als auch mehrsprachige Kinder von der Intervention des sprachlichen *Scaffolding*.

14.3 Strukturierung und Anregung von Denkprozessen

Eine weitere kognitive Funktion sprachlicher Interaktionen im Lehr-Lern-Prozess besteht in der Anregung und Strukturierung von Denkprozessen. Ausgehend von der sozial-konstruktivistischen Lerntheorie und dem Konzept der *Zone der nächsten Entwicklung* (Vygotsky, 1978), wird diese Funktion häufig mit Bezug zum Konzept des *Scaffolding* diskutiert. Während die oben beschriebenen Maßnahmen des *sprachlichen Scaffolding* v. a. auf die Vermittlung sprachlicher Mittel zur Bewältigung der fachlichen Anforderung von Aufgaben abzielt, hat *Scaffolding* einen etwas stärker kognitiven Schwerpunkt. Es wird verstanden als adaptive Unterstützung von Lernenden durch Maßnahmen einer kompetenteren Person.

Die Unterstützungsmaßnahmen, insbesondere durch verbale Interaktion, bieten dem Kind während der Bearbeitung einer Aufgabe ein kognitives »Gerüst« (*Scaffolding*), das es ihm ermöglicht, die Aufgabe auf einem höheren kognitiven Niveau zu bearbeiten, als es ohne Unterstützung möglich gewesen wäre (van de Pol, Volman & Beishuizen, 2010; Wood, Bruner & Ross, 1976). *Scaffolding* wird durch die Äußerungen der Lehrperson, aber auch durch die Struktur der Lernumgebung umgesetzt (z. B. durch eine günstige Sequenzierung des Materials, Bereitstellung von Hilfsmitteln etc.).

Reiser (2004) zufolge können zwei Hauptfunktionen von *Scaffolding-Talk* (Äußerungen) unterschieden werden: *kognitive Strukturierung* und *kognitive Aktivierung*. *Kognitive Strukturierung* zielt auf die Reduzierung der Komplexität einer Aufgabe, indem das Ziel oder die Aufgabe selbst geklärt bzw. vereinfacht wird. Dies geschieht durch die Lenkung der Aufmerksamkeit auf bestimmte Aspekte der Situation oder die Aktivierung von Vorwissen. *Kognitive Aktivierung* zielt darauf, das Denken des Kindes im Hinblick auf den Inhaltsbereich anzuregen, indem Begründungen und Erklärungen eingefordert oder Vergleiche und kognitive Konflikte angeregt werden.

Während also die kognitive Strukturierung die Reduzierung von Komplexität anstrebt, zielt kognitive Aktivierung auf einen Anstieg der Komplexität und stellt damit höhere Anforderungen an die Lernenden. Beide Aspekte stellen daher kontrastierende Funktionen des *Scaffolding* dar (Studhalter et al., 2021). Im Hinblick auf die Effektivität der Strategien zur Umsetzung von *Scaffolding* liegt eine Reihe von Befunden vor, die jedoch bisher kaum integriert betrachtet wurden. Daher war es das Anliegen eines im Arbeitsbereich von Elsbeth Stern angesiedelten Projektes, die vereinzelten Befunde zusammenzuführen, um ein Modell lernwirksamer verbaler Interaktion zu entwickeln. Zunächst möchten wir aber einzelne Strategien des

Scaffolding beispielhaft vertiefen und Evidenz zu deren Wirksamkeit aus experimenteller entwicklungspsychologischer Forschung präsentieren.

Die gezielte *Aktivierung von Vorwissen* gilt als eine sehr bedeutende Scaffoldingstrategie, denn sie unterstützt Lernende dabei, neue Informationen mit vorhandenem Wissen in Verbindung zu setzen, Inkonsistenzen zu bemerken und somit die Voraussetzungen für einen konzeptuellen Wandel zu schaffen. Saalbach und Schalk (2011) fanden heraus, dass die Aktivierung von Vorwissen durch das Stellen von einfachen Fragen Vorschulkindern hilft, Kategorisierungsaufgaben erfolgreich zu bearbeiten, d. h., Objekte entsprechend ihren kategorialen Beziehungen statt oberflächlicher Eigenschaften zu klassifizieren. Diese Ergebnisse verdeutlichen die Diskrepanz zwischen Kompetenz und Performanz bei jungen Kindern. Um schnell und sparsam Entscheidungen zu treffen, verlassen sich Kinder (aber auch Erwachsene) auf so wenig Informationen wie möglich. An Heuristiken wird festgehalten, solange sie sich bewähren. Falsche Antworten gehen daher nicht zwangsläufig auf fehlendes Wissen zurück, sondern können auch auf eine inadäquate Auswahl der verfügbaren Informationen hindeuten.

Eine weitere Scaffolding-Strategie besteht in der gezielten *Anregung von Vergleichen*. Der schon erwähnten *Structural-Mapping*-Theorie (z. B. Gentner & Namy, 1999) zufolge führt der Vergleich zweier Objekte einer Kategorie zur Hervorhebung von Gemeinsamkeiten und, als Folge davon, zur Übertragung von Eigenschaften zwischen den verglichenen Objekten. Die Auswirkungen des Anregens von Vergleichen haben Hardy, Saalbach, Leuchter und Schalk (2020) in einer Studie im Hinblick auf die Entwicklung des Materialkonzepts im Kontext von »Schwimmen und Sinken« bei Kindern der Elementarstufe beleuchtet. Es zeigte sich, dass die Präsentation von mehreren Zielobjekten des gleichen Materials innerhalb des Forced-Choice-Paradigmas und die entsprechenden verbalen Anregungen (»Schau mal! Diese zwei sinken im Wasser« oder »Schau mal! Diese zwei schwimmen im Wasser«) Kinder effektiv dabei unterstützte, die zugrundeliegende Gemeinsamkeit der beiden Objekte zu erkennen (gleiches Material) und dadurch erfolgreich weitere Objekte des gleichen Materials zu identifizieren.

Das *Anregen von kognitiven Konflikten*, also der Verweis darauf, dass die bei Schülerinnen und Schülern vorhandenen Erklärungen oder Überzeugungen im Hinblick auf ein Phänomen nicht zusammenpassen, wird in der Literatur als die klassische Methode zur Förderung eines Konzeptwandels und damit auch als wichtige und effektive Scaffolding-Strategie betrachtet (z. B. Kloos & Somerville, 2001). Einige Arbeiten verweisen jedoch darauf, dass Lernende in der Lage sein müssen, den Konflikt auch als bedeutsam zu erleben. Dies wiederum hängt vom Stand des Vorwissens ab (Dreyfus, Jungwirth & Eliovitch, 1990).

14.4 Praxisnahe Untersuchung der Funktion von Sprache beim fachlichen Lernen

Als Zwischenfazit der Diskussion der kognitiven Funktionen von Sprache halten wir fest, dass sprachliche Interaktionen als ein zentraler Mechanismus sozialen Lernens gelten können. Die meisten besprochenen Befunde basieren dabei auf kontrollierten experimentellen Studien. Wir möchten nun noch illustrativ auf eine Studie eingehen, die sich zum Ziel gesetzt hat, herauszufinden, ob und wie die verschiedenen Funktionen sprachlicher Interaktionen in der pädagogischen Praxis im Rahmen eines strukturierten Unterrichtsangebots umgesetzt werden und welche Effekte dies auf die Kompetenzentwicklung der Kinder hat.

Dieser Ansatz wurde in der sogenannten ProEarly-Science-Studie umgesetzt. Daran beteiligt waren 30 Fachkräfte und fast 500 Kinder. Das Projekt wurde am Arbeitsbereich von Elsbeth Stern an der ETH Zürich als Längsschnitts-Interventionsstudie durchgeführt. Der Fokus lag auf der Analyse der sprachlichen Interaktionen bei der Implementierung einer von uns bereitgestellten und vorstrukturierten Lernumgebung im naturwissenschaftlichen Lernbereich der Elementarstufe (Studhalter, Leuchter, Tettenborn, Elmer, Edelsbrunner & Saalbach, 2021). Die pädagogischen Fachkräfte erhielten eine Fortbildung zum frühen naturwissenschaftlichen Lernen und dessen Unterstützung sowie eine Einführung in das Material eines Lernangebots zum Thema »Schwimmen und Sinken« für den Kindergarten. Im Anschluss arbeiteten die pädagogischen Fachkräfte mit ihren Gruppen über 4 Wochen an dem Lernangebot. Sie wurden beim Einsatz des Lernangebots im Rahmen von Kleingruppenarbeit für 40 Minuten videografiert. Die Erfassung des konzeptuellen Wissens der Kinder erfolgte als Prä- und Post-Testung sowie sechs Monate später. In den Tests klassifizierten die Kinder verschiedene Objekte in *schwimmend* oder *sinkend*. Um das konzeptuelle Verständnis zu erfassen, sollten die Kinder begründen, warum einzelne Gegenstände schwimmen oder sinken. Zudem erhielten sie die Aufgabe, Objekte gleichen Materials zu gruppieren und das Material zu benennen. Zur Analyse der qualitativen Aspekte sprachlicher Interaktionen wurden die videografierten Sequenzen hinsichtlich der inhaltsspezifischen Sprache und der verbalen Scaffolding-Strategien ausgewertet. Als relevante inhaltsspezifische Sprache galten im Kontext der Lernumgebung Materialbezeichnungen und die Erwähnung des Schwimmverhaltens. Die kodierten Strategien umfassten die o. g. *kognitive Aktivierung* und *Strukturierung*.

Zunächst fanden Studhalter und Kollegen, dass die Kinder in allen vier Maßen einen substanziellen Lernzuwachs verzeichneten. Zudem fanden wir eine hohe Varianz in der Verwendung fachspezifischer Sprache durch die pädagogischen Fachkräfte. Der Anteil der fachspezifischen Sprache an den gesamten Redebeiträgen der Fachkräfte war aber gering. Wir fanden darüber hinaus, dass Lehrpersonen eher Scaffolding-Strategien der kognitiven Strukturierung zeigten, v. a. die Klärung von Aufgabe und Vorgehen. Es fanden sich kaum Strategien der kognitiven Aktivierung.

In einem weiteren Schritt wurde der Zusammenhang zwischen der fachspezifischen Sprache und den Scaffolding-Strategien einerseits und dem Lernen der Kinder andererseits geprüft. Zunächst zeigte sich ein sehr starker Zusammenhang zwischen dem Wissen der Kinder vor dem Unterricht und dem Wissen danach (77 % aufgeklärte Varianz). Wichtiger für die Fragestellung ist der Befund, wonach Aspekte der Lehrersprache einen Zusammenhang mit dem Lernen der Kinder aufwiesen. Konkret standen fachspezifische Sprache der Lehrperson und Aktivierung des Vorwissens in einem positiven Zusammenhang zum Lernzuwachs, während die kognitiv aktivierenden Strategien überraschenderweise einen negativen Effekt aufwiesen. Generell ist aber festzustellen, dass der Effekt der Lehrersprache im Vergleich zum Effekt des Vorwissens auf die Posttestleistung verschwindend gering ist.

Weitere Analysen zeigten, dass der negative Effekt der kognitiven Aktivierung v. a. auf den Einsatz der vermeintlich lernwirksamen Strategie des Anregens kognitiver Konflikte zurückzuführen ist. Wie bereits erwähnt, verweisen einige Arbeiten darauf, dass ein kognitiver Konflikt nicht zwingend unterstützend für konzeptuelles Lernen sein muss. Die Lernenden müssen in der Lage sein, den Konflikt auch als bedeutsam zu erleben. Dies hängt vom Stand bzw. von der Verfügbarkeit des Vorwissens ab. Ist also ein kognitiver Konflikt v. a. dann hilfreich, wenn er mit der Strategie der Vorwissensaktivierung einhergeht? In einer weiteren Analyse zeigte sich dieses Muster: Die Strategie »Anregung eines kognitiven Konflikts« wirkt sich dann positiv auf das Lernen der Kinder aus, wenn zuvor das Vorwissen gezielt angeregt wurde. Wenn hingegen vorher nur die Aufgabe oder das Vorgehen erklärt wurde (im Sinne der kognitiven Strukturierung), dann wirkt sich die Anregung eines kognitiven Konflikts eher negativ aus.

14.5 Fazit

Die experimentelle entwicklungspsychologische Forschung verdeutlicht die Wichtigkeit der verschiedenen kognitiven Funktionen sprachlicher Interaktionen, nämlich: (1) die Bereitstellung von sprachlichen Mitteln sowie (2) die Anregung und Strukturierung von Lern- und Denkprozessen. Die Relevanz der beiden Funktionen sprachlicher Interaktionen für die kognitive Entwicklung bzw. das Lernen der Kinder konnte in der pädagogischen Praxis zumindest teilweise nachgewiesen werden. Gleichwohl sind die Gelingensbedingungen im Feld erwartungsgemäß komplexer als im Labor: So zeigten sich bestimmte Scaffolding-Strategien nur in Kombination mit anderen Strategien als wirksam (Vorwissen/kognitiver Konflikt).

Diese Befunde verweisen darauf, dass die Beziehung zwischen pädagogischem Handeln durch die Lehrperson/die Fachkraft und dem Lernen der Kinder komplex und volatil ist. Die verbalen Äußerungen von Lehrpersonen reichen allein nicht aus, um klare Vorhersagen zum Lernerfolg zu machen. Die Wirkung der verbalen Beiträge der Lehrperson sind nur gering verglichen mit der des Vorwissens der Kinder. Was es braucht, ist die Berücksichtigung der Passung bzw. der Adaptivität der Unterstützungsstrategien der Lehrperson im Hinblick auf den Lernstand bzw. die Zone der nächsten Entwicklung der Kinder. Damit würden wir auch zur ursprünglichen

Idee des Scaffolding zurückkehren, wie es Wood und Kolleg*innen in den 1970er Jahren mit dem *Contingent Shift Framework* (Wood et al., 1976) oder wie es in letzter Zeit von van de Pol und Kolleg*innen im *Model of Contingent Teaching* umrissen wurde (Van de Pol, Volman & Beishuizen, 2012). Zentral ist hierbei das Prinzip des *Contingency*, das dynamische Verhältnis aus Diagnostik, Unterstützung und Anregung.

Die Unterschiedlichkeit der erwähnten Studien und Ansätze verdeutlicht unserer Ansicht nach sehr schön den vielfältigen und nachhaltigen Einfluss von Elsbeth Sterns Forschungstätigkeit. Der Anspruch, wissenschaftliche Erkenntnisse zu generieren, die bedeutsam für die Gestaltung früher und qualitativ guter Lehr-Lern-Umgebungen mit Fokus auf mathematische und naturwissenschaftliche Inhalte sind, ist durchgängig erkennbar. Die Komplexität der sozialen Interaktionen und der beteiligten kognitiven Prozesse resultiert gleichzeitig fast zwangsläufig in einer Diversität von Perspektiven und Forschungsansätzen, die Elsbeth Sterns Arbeiten aufgreifen und erweitern.

14.6 Literaturverzeichnis

Cimpian, A. & Markman, E. M. (2008). Preschool children's use of cues to generic meaning. *Cognition, 107*, 19–53. https://doi.org/10.1016/j.cognition.2007.07.008.

Dickinson, D. K. & Porche, M. V. (2011). Relation between language experiences in preschool classrooms and children's kindergarten and fourth-grade language and reading abilities, *Child Development, 82*(3), 870–886.

Dreyfus, A., Jungwirth, E. & Eliovitch, R. (1990). Applying the »cognitive conflict« strategy for conceptual change – some implications, difficulties, and problems. *Science Education, 74*(5), 555–569. https://doi.org/10.1002/sce.3730740506.

Gelman, S. A., Star, J. R. & Flukes, J. (2002). Children's use of generics in inductive inferences. *Journal of Cognition and Development, 3*, 179–199. https://doi.org/10.1207/S15327647JCD0302_3

Gentner, D. (2010). Bootstrapping the mind: Analogical processes and symbol systems. *Cognitive Science, 34*, 752–775. https://doi.org/10.1111/j.1551-6709.2010.01114.x.

Gentner, D. (2016). Language as cognitive tool kit: How language supports relational thought. *American Psychologist, 71*(8), 650–657. https://doi.org/10.1037/amp0000082.

Gentner, D. & Namy, L. L. (1999). Comparison in the development of categories. *Cognitive Development, 14*(4), 487–513. https://doi.org/10.1016/S0885-2014(99)00016-7.

Gibbons, P. (2002). *Scaffolding language, scaffolding learning: Teaching second language learners in the mainstream classroom*. Portsmouth, NH: Heinemann.

Hardy, I., Sauer, S. & Saalbach, H. (2019). Empirische Arbeit: Frühe sprachliche Bildung im Kontext Naturwissenschaften: Effekte einer Intervention im Kindergarten. *Psychologie in Erziehung und Unterricht, 66*(3), 196–216. http://doi.org/10.2378/peu2019.art13d.

Hardy, I., Saalbach, H., Leuchter, M. & Schalk, L. (2020). Preschoolers' Induction of the Concept of Material Kind to Make Predictions: The Effects of Comparison and Linguistic Labels. Frontiers in Psychology, 11, 531–503. https://doi.org/10.3389/fpsyg.2020.531503.

Hirsh-Pasek, K. & Golinkoff, R. M. (1999). *The origins of grammar: Evidence from early language comprehension*. Cambridge, MA: MIT.

Huttenlocher, J., Vasilyeva, M., Cymerman, E. & Levine, S. (2002). Language input and child syntax. *Cognitive Psychology, 45*(3), 337–374. https://doi.org/10.1016/S0010-0285(02)00500-5.

Imai, M. & Saalbach, H. (2007, August). *The role of labels on children's inductive reasoning.* Paper presented at the 13th European Conference on Developmental Psychology, Jena, Germany.

Imai, M., Saalbach, H. & Stern, E. (2010). Are chinese and german children taxonomic, thematic, or shape biased? Influence of classifiers and cultural contexts. *Frontiers in Psychology, 1*, 1–10. https://doi.org/10.3389/fpsyg.2010.00194.

Kempert, S., Saalbach, H. & Hardy, I. (2011). Cognitive benefits and costs of bilingualism in elementary school students: The case of mathematical word problems. *Journal of Educational Psychology, 103*(3), 547–561.

Kempert, S., Schalk, L. & Saalbach, H. (2019). Übersichtsartikel: Sprache als Werkzeug des Lernens: Ein Überblick zu den kommunikativen und kognitiven Funktionen der Sprache und deren Bedeutung für den fachlichen Wissenserwerb. *Psychologie in Erziehung und Unterricht, 66*, 176–195. https://doi.org/10.2378/PEU2018.art19d.

Klibanoff, R. S., Levine, S. C., Huttenlocher, J., Vasilyeva, M. & Hedges, L. V. (2006). Preschool children's mathematical knowledge: The effect of teacher »math talk«. *Developmental Psychology, 42*(1), 59–69. https://doi.org/10.1037/0012-1649.42.1.59.

Kloos, H., & Somerville, S. C. (2001):. Providing impetus for conceptual change: The effect of organizing the input. *Cognitive Development, 16*(2), 737–759. https://doi.org/10.1016/S0885-2014(01)00053-3.

Leuchter, M. & Saalbach, H. (2014). Verbale Unterstützungsmaßnahmen im Rahmen eines naturwissenschaftlichen Lernangebots in Kindergarten und Grundschule. *Unterrichtswissenschaft, 42*(2), 117–131.

Reiser, B. J. (2004). Scaffolding complex learning: The mechanisms of structuring and problematizing student work. *The Journal of the Learning Sciences, 13*(3), 273–304. https://doi.org/10.1207/s15327809jls1303_2.

Reusser, K. (1997). Erwerb mathematischer Kompetenzen: Literaturüberblick. In: F. E. Weinert & A. Helmke (Eds.), *Entwicklung im Grundschulalter* (pp. 141–155). Weinheim: Beltz.

Saalbach, H., Grabner, H. R. & Stern, E. (2013): Lernen als kritischer Mechanismus geistiger Entwicklung: Kognitionspsychologische und neurowissenschaftliche Grundlagen frühkindlicher Bildung [Learning as a critical Mechanism of cognitive development: Cognitive psychology and neuroscientific foundations of early childhood education]. In: M. Stamm, & D. Edelmann (Eds.), *Handbuch frühkindliche Bildungsforschung* (pp. 97–112). Wiesbaden: Springer Fachmedien Wiesbaden. https://doi.org/10.1007/978-3-531-19066-2_7.

Saalbach, H., Gunzenhauser, C., Kempert, S. & Karbach, J. (2016): Der Einfluss von Mehrsprachigkeit auf mathematische Fähigkeiten bei Grundschulkindern mit niedrigem sozioökonomischem Status [The influence of multilingualism on mathematics skills in low-SES primary school students]. *Frühe Bildung, 5*(2), 73–81. https://doi.org/10.1026/2191-9186/a000255.

Saalbach, H. & Schalk, L. (2011). Preschoolers' novel noun extensions: Shape in spite of knowing better. *Frontiers in Psychology, 2.* https://doi.org/10.3389/fpsyg.2011.00317.

Shulman, L. S. (1986). Those Who Understand: Knowledge Growth in Teaching. *Educational Researcher, 15*(2), 4–14.

Stern, E. (1994). Wie viele Kinder bekommen keinen Mohrenkopf? Zur Bedeutung der Konexteinbettung beim Verstehen des quantitativen Vergleiches. *Zeitschrift für Entwicklungspsychologie und Pädagogische Psychologie, 24*, 79–94.

Stern, E. (1998). *Die Entwicklung des mathematischen Verständnisses im Kindesalter.* Lengerich: Pabst Publisher.

Stern, E. (2003). Früh übt sich: Neuere Ergebnisse aus der LOGIK-Studie zum Lösen mathematischer Textaufgaben in der Grundschule. In: A. Fritz., G. Ricken & P. P. Schmidt (Hrsg.), *Handbuch Rechenschwäche. Lernwege, Schwierigkeiten und Hilfen* (S. 116–130). Weinheim: Beltz.

Stern, E. & Lehrndorfer, A. (1992): The role of situational context in solving word problems. *Cognitive Development, 7*, 259–268.

Studhalter, U., Leuchter, M., Tettenborn, A., Elmer, A. & Saalbach, H. (2021). Early science learning: The effects of teacher talk. Learning & Instruction, 71, 101371. https://doi.org/10.1016/j.learninstruc.2020.101371.

Tomasello, M. (1999). *The cultural origins of human cognition.* Cambridge, MA: Harvard University Press.

Van de Pol, J., Volman, M. & Beishuizen, J. (2010). Scaffolding in teacher–student interaction: A decade of research. *Educational Psychology Review, 22*(3), 271–296.

Van de Pol, J., Volman, M. & Beishuizen, J. (2012). Promoting teacher scaffolding in small-group work: A contingency perspective. *Teaching and Teacher Education, 28,* 193–205. http://doi.org/10.1016/j.tate.2011.09.009.

Verschaffel, L., Greer, B. & De Corte, E. (2002). Everyday knowledge and mathematical modelling of school word problems. In: K. Gravemeijer, R. Lehrer, B. van Oers & L. Verschaffel (Eds.), *Symbolizing, modeling and tool use in mathematics education* (pp. 257–276). Netherland: Kluwer Academic Publishers.

Vygotsky, L. S. (1978). *Mind in society. The development of higher psychological processes.* Cambridge, MA: Harvard University Press.

Vygotsky, L. S. (2012). *Thought and language* (revised and expanded edition). Cambridge, MA: MIT.

Wood, D., Bruner, J. S. & Ross, G. (1976). The role of tutoring in problem solving. *Journal of Child Psychology and Psychiatry, 17*(2), 89–100. https://doi.org/10.1111/j.1469-7610.1976.tb.

15 Verständnis der Grundkonzepte in Chemie und Physik effektiv fördern

Andreas Lichtenberger, Antonio Togni, Andreas Vaterlaus & Adrian Zwyssig

Im gymnasialen Chemie- und Physikunterricht liegt ein Schwerpunkt auf dem Lehren und Lernen von Grundkonzepten. Diese Grundkonzepte sollen eine gute Basis bilden für das Verständnis von komplexeren Konzepten, die im Verlaufe des weiteren Gymnasialunterrichts, z. B. in Vertiefungen in Schwerpunktfächern und bei eigenständigen Arbeiten, und später im Studium erlernt werden. Dozierende an Universitäten gehen davon aus, dass die Grundkonzepte bereits im gymnasialen Unterricht verstanden worden sind und behandeln diese deshalb typischerweise nur noch im Schnelldurchlauf in den ersten Wochen des Studiums der Chemie oder der Physik. Untersuchungen zeigen denn auch, dass das mitgebrachte Vorwissen zentral ist und dass das Verständnis der Grundkonzepte auf gymnasialer Stufe ein entscheidender Faktor für erfolgreiches zukünftiges Lernen an der Hochschule ist (Deiglmayr et al., 2021; Stern, 2015).

Eine Mehrheit der Schülerinnen und Schüler am Gymnasium hat jedoch grosse Probleme mit dem Verständnis naturwissenschaftlicher Grundkonzepte. Seit der Entwicklung des Force Concept Inventory (Hestenes, Wells & Swackhammer, 1992), eines Multiple-Choice-Konzepttests zur Mechanik, gab es besonders in der Physik zahlreiche Untersuchungen zu Schülervorstellungen und Lernschwierigkeiten, die gezeigt haben, dass auch sehr intelligente Schülerinnen und Schüler, die gute Noten erhielten, teilweise grosse Defizite im Konzeptverständnis aufweisen (z. B. Hake, 1998; Hofer, Schumacher, Rubin & Stern, 2018; Mazur, 1997; McDermott, 1984). Untersuchungen ausserhalb des deutschen Sprachraumes, die sich mit dem Verständnis gewisser chemischer Grundkonzepte auseinandergesetzt haben, deuten auf ähnliche Schwierigkeiten hin (Luxford & Bretz, 2014; Othman, Treagust & Chandrasegaran, 2008; Tan & Treagust, 1999). Es drängt sich deshalb die Frage auf, wie man den gymnasialen Unterricht gestalten kann, dass ein nachhaltiges, vertieftes und transferfähiges Verständnis der Grundkonzepte gefördert wird.

Ein Grund für die Schwierigkeit des Erlernens naturwissenschaftlicher Konzepte liegt in deren Abstraktheit. Für Begriffe wie Energie, Kraft und Potenzial, die in der Chemie und Physik zentral sind, ist eine Reduktion auf konkrete, sinnlich wahrnehmbare Ereignisse kaum möglich, da es sich um theoretische Konstrukte handelt, die bereits auf der tiefsten Beschreibungsebene angesiedelt sind und sich nicht weiter elementarisieren lassen. Sie sind sehr erfolgreich, wenn es darum geht, Ereignisse und Phänomene konsistent zu beschreiben, lassen sich aber nicht adäquat real erfahren. Meist ist es sogar so, dass sehr einleuchtende und mit dem Körperempfinden in Einklang stehende Vorstellungen den Aufbau von abstraktem Begriffswissen erschweren. Denn die Vorstellungen, welche die Schülerinnen und Schüler mit Alltagserfahrungen bereits entwickelt haben, stehen oft mit den wissenschaftlichen

Denkweisen im Widerspruch (Carey, 2000). So wird beispielsweise beim Begriff der Energie oft von etwas Positivem ausgegangen, das mit Aktivität, Schwung, Freude und Schaffenskraft in Verbindung gebracht wird und das zum Beispiel durch körperliche Aktivität freigesetzt werden kann (Anthropozentrisches Energieverständnis, Schecker & Duit, 2018). Eine weitere Schwierigkeit zeigt sich beim Erwerb von neuen wissenschaftlichen Konzepten, die eine Ähnlichkeit zu bereits bekannten Konzepten aufweisen. Werden die neuen Konzepte nicht genügend von den bereits bekannten abgegrenzt, kann dies dazu führen, dass sie nicht als neue Konzepte wahrgenommen, sondern undifferenziert in bereits bestehende Konzepte integriert werden. Dadurch können Fehlvorstellungen und Übergeneralisierungen zu den bereits bekannten Konzepten generiert werden.

Damit das Vorwissen gewinnbringend für den Unterricht eingesetzt werden kann, müssen also Lerngelegenheiten geschaffen werden, bei denen neue Konzepte aufgebaut und gleichzeitig bestehende Begriffe in Frage gestellt, neu eingeordnet und mit den neuen Einsichten verglichen und kontrastiert werden können. Man spricht hierbei von einer Umstrukturierung des bestehenden Wissensnetzes der Schülerinnen und Schüler (Stern, 2020). Nimmt der Unterricht keine Rücksicht auf vorhandene Vorstellungen, wird kein nachhaltiges Verständnis der Grundkonzepte erreicht.

Nachfolgend werden zwei Studien vorgestellt, welche die eben beschriebene Problematik aufgreifen und aufzeigen, wie das Konzeptverständnis im Bereich der Chemie und Physik nachhaltig gefördert werden kann. Die erste Studie wurde im Rahmen einer von Elsbeth Stern und Antonio Togni betreuten Doktorarbeit (Zwyssig, 2022) durchgeführt und befasst sich mit der Lehre der chemischen Bindung. Die zweite Studie hat den Kinematikunterricht im Gymnasium im Fokus und wurde im Zusammenhang mit einer von Elsbeth Stern, Clemens Wagner und Andreas Vaterlaus betreuten Doktorarbeit realisiert (Lichtenberger, 2017). Im Anschluss an die Präsentation der Studien werden praxisnahe Tipps und Werkzeuge vorgestellt.

15.1 Chemie: Diagnose und Förderung des Verständnisses der Bindungslehre

Das Verständnis, wie Atome zusammenhalten und dabei chemische Bindungen eingehen, bildet die Grundlage für das Verständnis fast sämtlicher weiterführender Konzepte in der Chemie. In der zuvor erwähnten Dissertation (Zwyssig, 2022) hat man sich deshalb zunächst der Fragestellung gewidmet, welche Aspekte bei diesem Grundkonzept besonders schwer zu verstehen sind und welche Fehlvorstellungen sich als besonders persistent erweisen.

Hierzu wurde an der ETH Zürich im September 2020 mit 1030 Studienanfängerinnen und Studienanfängern verschiedener naturwissenschaftlicher Fachrichtungen eine Untersuchung durchgeführt (Zwyssig, 2022). Dabei zeigte sich, dass ein grosser Teil der Studierenden typischerweise den Unterschied zwischen den drei verschiedenen Bindungstypen (kovalente, ionische und metallische Bindungen) vernachlässigt und fälschlicherweise das Konzept der kovalenten Bindung auch für metallische und ionische Stoffe verwendet. Dabei wird oft davon ausgegangen, dass alle Stoffe aus kleinen Molekülen bestehen, wie dies beispielsweise beim molekularen Stoff Wasser (H_2O) der Fall ist. Auf Metalle und ionische Verbindungen hingegen trifft dies nicht zu, weshalb der Begriff des Moleküls nur für kovalent gebundene Atomverbände zulässig ist. Diese *Übergeneralisierung* lässt sich exemplarisch daran illustrieren, dass 43 % der Studienanfängerinnen und Studienanfänger es als korrekt erachten, dass ein Salzkristall aus NaCl-Molekülen besteht. Dies ist insofern bemerkenswert, da Natriumchlorid die wohl bekannteste ionische Verbindung überhaupt darstellt und im Chemieunterricht vorwiegend als das typische Beispiel herangezogen wird. Zudem zeigte sich, dass das Unterscheiden von zwischenmolekularen Kräften von chemischen Bindungen vielen Studierenden weiterhin Mühe bereitet. So gaben beispielsweise 59 % der Studienanfängerinnen und Studienanfänger an, dass die Ionen in einer ionischen Verbindung durch die zwischenmolekularen Kräfte auf ihren Gitterplätzen gehalten werden. Zudem sahen es 56 % als korrekt an, dass in einem Metallstück die Atome durch zwischenmolekulare Kräfte zusammengehalten werden. In Anbetracht dessen, dass im Namen der zwischenmolekularen Kräfte eigentlich bereits darauf hingewiesen wird, dass diese Kräfte sich auf »Kräfte zwischen den Molekülen« beziehen, waren Ergebnisse in dieser Deutlichkeit nicht zu erwarten. Es drängt sich folglich die Frage auf, wie sich das Verständnis der chemischen Bindung besser fördern lässt.

Typischerweise werden im Chemieunterricht die Bindungsarten sequentiell nacheinander unterrichtet, gefolgt von einem Kapitel, in dem diese Bindungsarten einander gegenübergestellt werden. Durch die klare Strukturierung und Abgrenzung in einzelnen Kapiteln sollen die Bindungskonzepte möglichst auch in den Vorstellungen der Schülerinnen und Schülern klar voneinander getrennt vorliegen. Die Ergebnisse aus den oben erwähnten Untersuchungen an der ETH Zürich deuten aber darauf hin, dass dies bei einem beachtlichen Teil der Schülerinnen und Schüler nicht ausreicht, um die Unterschiede zwischen den Bindungsarten nachhaltig verständlich zu machen. Was aber wäre ein alternativer Ansatz, um den beobachteten Herausforderungen besser zu begegnen?

In der Lehr- und Lernforschung hat sich beim Unterrichten von mathematischen Konzepten besonders die Methode des *Kontrastierens und Vergleichens* als erfolgreich erwiesen, um der beobachteten *Übergeneralisierung* und der *Verwechslung ähnlicher Konzepte* effizient entgegenzuwirken (Rittle-Johnson & Star, 2007, 2011; Rittle-Johnson, Star & Durkin, 2009). An dieser Stelle sei auch auf das Kapitel von Schalk und Ziegler in diesem Band verwiesen sowie auf deren weitere Studien zum kontrastierenden Unterrichten algebraischer Regelsysteme (Ziegler, Edelsbrunner & Stern, 2018; Ziegler & Stern, 2014, 2016). Zusammenfassend konnte gezeigt werden, dass aufgrund des gleichzeitigen Einführens mehrerer Konzepte kurzzeitige Erschwernisse auftraten. Die Schülerinnen und Schüler wiesen jedoch langfristig grössere Vorteile auf, wenn es darum ging, die ähnlichen Konzepte auseinander zu halten.

Diese Erkenntnisse wurden zum Anlass genommen, neue Lernmaterialien zu entwickeln, die viele vergleichende und kontrastierende Aufträge zu den verschiedenen Bindungstypen enthalten, um die Unterschiede zwischen den Bindungstypen besser hervorzuheben. In diesen Unterrichtsmaterialien werden die verschiedenen Bindungsarten gleichzeitig eingeführt und gleich zu Beginn miteinander verglichen. Beim vertieften Eingehen auf die einzelnen Bindungsarten werden stets auch Vergleiche mit den anderen Bindungsarten angestellt und die Unterschiede dadurch stärker hervorgehoben.

Um zu untersuchen, ob die Unterrichtsmaterialien das Verständnis der chemischen Bindung effizient fördern, werden in einer laufenden Untersuchung an Schweizer Gymnasien (N = ca. 260, 10. Klassenstufe) die neuen Unterrichtsmaterialien eingesetzt. In dieser Interventionsstudie wird in einem Vortest-Nachtest-Kontrollgruppendesign untersucht, ob die neu entwickelten Lernmaterialien zu einem wissenschaftlich korrekten Konzeptverständnis führen und das Verständnis der Unterschiede zwischen den verschiedenen Bindungstypen effizient gefördert wird. Während die Interventionsgruppe mit den neu entwickelten Materialien unterrichtet wird, erhält die Kontrollgruppe von derselben Lehrperson herkömmlichen Unterricht, in welchem die Bindungsarten nacheinander eingeführt und vertieft werden. Damit soll festgestellt werden, wie gross der Lernzuwachs typischerweise bei herkömmlichem Unterricht zur Bindungslehre ist.

Die ersten Ergebnisse (N = 84) der noch laufenden Untersuchung (Zwyssig, 2022) deuten darauf hin, dass dieser Unterricht der Übergeneralisierung der kovalenten Bindung entgegenwirkt und das Verständnis der ionischen und metallischen Bindung nachhaltig gefördert werden kann. Es zeigte sich, dass Schülerinnen und Schüler, die mit den neu entwickelten Unterrichtsmaterialien unterrichtet wurden, auch drei Monate nach dem Abschluss des Themas der chemischen Bindung signifikant besser darin abschnitten, die verschieden Bindungstypen auseinander zu halten als Schülerinnen und Schüler, die herkömmlichen Unterricht im gleichen zeitlichen Rahmen erhielten. Fragebögen, die das Konzeptverständnis und mögliche Fehlvorstellungen prüfen, wurden von der Experimentalgruppe signifikant besser beantwortet. Die vorläufigen Ergebnisse zeigten zudem, dass diese Gruppe signifikant besser in solchen Tests abschneidet als angehende Studierende eines naturwissenschaftlichen Studiums an der ETH Zürich.

15.2 Physik: Förderung des Konzeptwissens im gymnasialen Kinematikunterricht

In der Kinematik sind die Begriffe der Geschwindigkeit und Beschleunigung zentral. Ein Verständnis der Kinematik impliziert, dass man sowohl den Betrags- wie auch den Richtungsaspekt von Geschwindigkeit und Beschleunigung versteht und beide

Grössen in verschiedenen Darstellungsformen repräsentieren kann, z. B. in stroboskopischen Bildern, in Tabellen oder in Diagrammen.

Bestehende Schülervorstellungen zur Geschwindigkeit und Beschleunigung können sehr hartnäckig sein, da Bewegungen des eigenen Körpers und anderer Objekte bereits von ganz früh an zu den täglichen Erfahrungen jedes Menschen gehören. Im Unterricht kann dann die Einführung der wissenschaftlichen Sichtweise zu den vertrauten Begriffen zunächst Verwirrung stiften. So schliesst zum Beispiel im Alltag der Begriff der Geschwindigkeit meist nur den Betragsaspekt ein. Physikalisch ändert sich bei einem Körper aber auch dann die Geschwindigkeit, wenn er bloss seine Bewegungsrichtung ändert, selbst wenn er nach wie vor gleich schnell fährt. Eine positive Beschleunigung ist im Alltag fest mit »schneller werden« verknüpft. In der Physik kann sie aber je nach Wahl des Bezugssystems auch einen Körper beschreiben, der gerade abbremst. Nur wenn die Lehrperson die Vorstellungen ihrer Schülerinnen und Schüler kennt, kann sie effektiven Unterricht gestalten. Sie weiss dann, wo hinderliche Fehlvorstellungen abgebaut werden müssen und welche Vorstellungen man sinnvollerweise weiterentwickeln und umstrukturieren kann.

Eine Methode, die hier ansetzt, ist das *formative Assessment*. Die Idee ist, durch verschiedene Instrumente laufend Feedback über den Lernfortschritt zu generieren, sodass die Lehrperson den Unterricht auf die Bedürfnisse der Schülerinnen und Schüler abstimmen kann, und dass auch die Schülerinnen und Schüler Feedback erhalten über ihren Wissensstand im Bezug zu den Lernzielen (Black & Wiliam, 1998). In den Naturwissenschaften geht formatives Assessment meist mit dem Einsatz von Konzeptfragen einher, um das Konzeptverständnis und das Vorhandensein von Fehlkonzepten zu diagnostizieren und Lernprozesse einzuleiten (Furtak, Heredia, & Morrison, 2019).

Im Rahmen einer vom Schweizerischen Nationalfonds geförderten Studie haben wir formatives Assessment für den Kinematikunterricht im 10. Schuljahr an Schweizer Gymnasien entwickelt und in einer experimentellen Studie angewendet (Lichtenberger, 2017). Um die Effektivität dieses Modells bezüglich der Förderung von Konzeptwissen zu testen, wurde eine Vergleichsstudie mit einer Stichprobe von 29 Lehrpersonen und 604 Schülerinnen und Schülern an 24 Gymnasien durchgeführt. Das experimentelle Design beinhaltete drei Versuchsgruppen. Die Kontrollgruppe unterrichtete 14 Lektionen auf herkömmliche Weise. Die zweite Gruppe war ebenfalls weitgehend frei in der Gestaltung des Unterrichts, setzte aber zwei Serien von Konzeptaufgaben ein, welche von Schülerinnen und Schülern am Computer gelöst werden mussten. Die dritte Gruppe setzte formatives Assessment ein (FA-Gruppe). Sie verwendeten dieselben Konzeptfragen wie die zweite Gruppe, allerdings ergänzt durch Peer- und Klassendiskussionen. Zusätzlich wurde bei der FA-Gruppe ein Zwischentest gemacht, der Feedback über den Lernfortschritt zu den einzelnen Konzepten lieferte. Diesem Test folgte eine reflektive Lektion, in der die Schülerinnen und Schüler basierend auf den Testresultaten wählen konnten, welche Konzepte sie weiter vertiefen wollten. Die Lehrperson stellte passende Materialien zur Verfügung.

Die Resultate der Studie zeigten, dass formatives Assessment tatsächlich zu einem besseren Konzeptverständnis führt. Die Schülerinnen und Schüler, welche mit formativem Assessment unterrichtet worden waren, hatten einen signifikant höheren Lernzuwachs im Konzeptwissen als die Lernenden der anderen beiden Gruppen. Ebenfalls kam heraus, dass Peer- und Klassendiskussionen beim Einsatz von Konzeptfragen lernförderlicher sind, als wenn die Aufgaben alleine am Computer mit minimalem standardisiertem Feedback gelöst werden. Dies ist der Fall, obschon am Computer in der gleichen Zeit deutlich mehr Aufgaben gelöst wurden als im Format mit den Diskussionen. Im Lösen von konventionellen Berechnungsaufgaben war die FA-Gruppe gleich gut wie die Schülerinnen und Schüler des traditionellen Unterrichts, obwohl ihnen in der Unterrichtsphase weniger Zeit zum Lösen solcher Aufgaben zur Verfügung stand. Das lässt den Schluss zu, dass sie die kürzere Übungszeit durch ein besseres Konzeptverständnis kompensieren konnten. Sie waren offenbar in der Lage, ihr Konzeptwissen auf quantitative Aufgaben zu transferieren.

15.3 Relevanz der Studienresultate für den Unterricht

Die Studien zum Konzeptverständnis der chemischen Bindung zeigen, dass selbst naturwissenschaftlich interessierte Studienanfängerinnen und Studienanfänger an der ETH Zürich Defizite und Fehlvorstellungen aufweisen, obwohl im gymnasialen Chemieunterricht typischerweise viel Zeit in dieses Kernthema investiert wird. Diese Ergebnisse decken sich weitgehend mit Untersuchungen zum chemischen Konzeptverständnis von angehenden Studierenden ausserhalb der Schweiz (Luxford & Bretz, 2014; Tan & Treagust, 1999; Vrabec & Prokša, 2016). Erste Ergebnisse und Praxiserfahrungen mit den neu entwickelten Unterrichtsmaterialien legen nahe, dass durch gleichzeitiges Einführen und vermehrtes Kontrastieren und Vergleichen der verschiedenen Bindungsarten nachhaltige Zugewinne im Konzeptverständnis erzielt werden können und das Auseinanderhalten ähnlicher Konzepte gefördert werden konnte. Diese Erkenntnis legt nahe, dass die Methode des Kontrastierens und Vergleichens auch ausserhalb des bisher untersuchten mathematischen Schulkontextes erfolgreich eingesetzt werden kann.

Die Resultate der Studie zum formativen Assessment sind im Einklang mit weiteren Befunden aus der empirischen Lernforschung in der Physik, die zeigen, dass der Aufbau von Konzeptwissen mit geeigneten Methoden erfolgreich im Unterricht gefördert werden kann (Hake, 1998; Hofer et al., 2018). Den Methoden gemeinsam sind das adaptive Diagnostizieren des Konzeptwissens und die Berücksichtigung der Vorstellungen der Schülerinnen und Schüler. Auch konnte die Studie frühere Ergebnisse bestätigen, dass ein solides Konzeptwissen positive Effekte auf das Lösen von quantitativen Problemen mit sich bringt (Crouch & Mazur, 2001; McDaniel et al., 2016). In den kommenden Abschnitten stellen wir Materialien aus beiden Studien vor und geben Praxistipps für die Umsetzung im eigenen Unterricht.

15.4 Praxistipps zur Kontrastierung in der chemischen Bindungslehre

Im gymnasialen Chemieunterricht werden die drei Bindungstypen typischerweise als einzelne Themen nacheinander unterrichtet. Um einer Übergeneralisierung der kovalenten Bindung effizient entgegenzuwirken, bietet es sich aber an, die drei Bindungstypen in einem Einleitungskapitel gleichzeitig einzuführen. Auf diese Weise werden die Schülerinnen und Schüler frühzeitig darin unterstützt, die ähnlichen Bindungskonzepte auseinander zu halten. Die Klassifizierung in drei chemische Bindungstypen kann mit dem Konzept der Elektronegativität begründet werden. Der Elektronegativitätswert, ein Mass für die Anziehungskraft der Elektronen eines Atoms, bildet die Grundlage für die folgende Analogie: Atome von nichtmetallischen Elementen besitzen hohe Elektronegativitätswerte und üben starke Anziehungskräfte auf die eigenen und Elektronen anderer Atome aus. Entsprechend werden diese als Elektronenräuber bezeichnet. Atome von metallischen Elementen hingegen weisen geringe Elektronegativitätswerte auf und üben entsprechend geringere Anziehungskräfte auf ihre Elektronen aus. Dies führt dazu, dass solchen Atomen Elektronen leichter entrissen werden können, weshalb man diese im Rahmen der Analogie als Elektronenopfer bezeichnet.

Die Schülerinnen und Schüler werden in der Folge angeleitet, selbstständig die drei Kombinationsmöglichkeiten von Elektronenräubern und Elektronenopfern herauszuarbeiten:

1. Ionische Bindung: Elektronenopfer (Metalle) und Elektronenräuber (Nichtmetalle)
2. Metallische Bindung: Elektronenopfer (Metalle) untereinander
3. Kovalente Bindung: Elektronenräuber (Nichtmetalle) untereinander

Den Schülerinnen und Schülern kann die in Tab 15.1 gezeigte Übersicht ausgeteilt werden, die im Sinne einer Roadmap verwendet werden kann und auf die im Verlaufe des Unterrichts zu den verschiedenen Bindungsarten immer wieder Bezug genommen wird.

Dieser kurzen Einführung zu den Bindungsarten folgt die detaillierte Besprechung der einzelnen Bindungsarten. Es ist dabei von grosser Bedeutung, dass sich Schülerinnen und Schüler immer wieder mit Aufträgen auseinandersetzten, mit Hilfe derer die Unterschiede zwischen den Bindungstypen hervorgehoben werden. In der Tabelle 15.2 wird ein exemplarischer Kontrastierungsauftrag mit Lösungen vorgestellt. Weitere Unterrichtsmaterialien sind der Dissertation von Adrian Zwyssig zu entnehmen (Zwyssig, 2022).

15 Verständnis der Grundkonzepte in Chemie und Physik effektiv fördern

Tab. 15.1: Übersicht zu den drei chemischen Bindungsarten.

Bindungs-art	kovalente Bindung			metallische Bindung	ionische Bindung
Art der Elemente	**Nichtmetalle** unter sich			Metalle unter sich	Metalle und **Nichtmetalle**
Anziehung zwischen	Atomrümpfen + Elektronen			Atomrümpfen + Elektronengas	Anionen und Kationen
Art der Teilchen oder Verbände	kleine Moleküle	riesige Moleküle	riesiger Atomverband	riesiger Atomverband, Anordnung gemäss Metallgitter	riesiger Ionenverband, Anordnung gemäss Ionengitter
Stoffklasse	flüchtige Stoffe	hochmolekulare Stoffe	diamantartige Stoffe	metallische Stoffe	salzartige Stoffe

Auftrag: Notieren Sie zuerst die Gemeinsamkeiten ionischer Verbindungen und metallischer Stoffe und füllen Sie im Anschluss die Tabelle zu den Unterschieden aus.

Gemeinsamkeiten

In ionischen Verbindungen wie auch in metallischen Stoffen sind die Ionen respektive die Atomrümpfe regelmässig angeordnet. Dabei bilden jeweils viele Ionen respektive Metallatome einen grossen Verband. Zudem sind Metalle wie auch Salze bei Raumtemperatur häufig als Feststoff vorliegend.

Unterschiede

Tab. 15.2: Kontrastierungsauftrag zu den Bindungstypen

Eigenschaftsdimension	Ionische Verbindungen (Salze)	Metallische Stoffe (Metalle)
Art der enthaltenen Elemente (Metalle M, Nichtmetalle NM)	NM und M	M
Aufgebaut aus ...	Anionen und Kationen	Atomrümpfen + Elektronengas
Lokalisierung/Beweglichkeit der Valenzelektronen	Die Valenzelektronen sind bei den Anionen lokalisiert.	Die Valenzelektronen sind frei beweglich im Feststoff.

Tab. 15.2: Kontrastierungsauftrag zu den Bindungstypen – Fortsetzung

Eigenschaftsdimension	Ionische Verbindungen (Salze)	Metallische Stoffe (Metalle)
Zusammenhalt der Teilchen aufgrund ...	der Anziehung zwischen Kationen und Anionen.	der Anziehung zwischen Valenzelektronen des Elektronengases + Atomrümpfen.
Leiten des elektrischen Stroms	wenn flüssig	auch als Feststoff
Verformbarkeit/Duktilität	brüchig	verformbar/hohe Duktilität

15.5 Praxistipps zu formativem Assessment in der Kinematik

Eine erfolgreiche Technik zur Förderung von Konzeptwissen in Naturwissenschaften ist der Einsatz von Konzeptfragen in Verbindung mit Peer- und Klassendiskussionen in sogenannten Klicker-Sessionen (Bruff, 2009; Mazur, 1997; Vickrey, Rosploch, Rahmanian, Pilarz & Stains, 2015). Auch in unserer Studie an den Schweizer Gymnasien waren die Klicker-Sessionen entscheidend für den erhöhten Lernzuwachs in der FA-Gruppe. Während einer Klicker-Session präsentiert die Lehrperson eine Reihe von Konzeptfragen im Multiple-Choice-Format. Unser empfohlenes und in der Studie durchgeführtes Vorgehen für jede Konzeptfrage ist in Abbildung 15.1 dargestellt. Zuerst wird die Konzeptfrage auf die Leinwand projiziert. Die Schülerinnen und Schüler beantworten sie individuell. Nebst der korrekten Antwort müssen sie bestimmen, welches Konzept zur Beantwortung der Frage verwendet wird. Dadurch sollen sie lernen, die Konzepte aktiv zu nutzen und nicht nur nach ihrem Bauchgefühl zu antworten. Mittels eines digitalen Tools (z. B. Klicker- oder Online-System) sammelt die Lehrperson die Antworten und präsentiert ein Histogramm der Verteilung. Die Erhebung ist dabei anonym. Im nächsten Schritt diskutieren die Schülerinnen und Schüler dieselbe Frage in Dreiergruppen. Das Ziel ist es, die Mitschülerinnen und Mitschüler von der eigenen Antwort argumentativ zu überzeugen. In diesem Schritt lernen die Schülerinnen und Schüler, ihre Ideen zu vermitteln. Gleichzeitig erhalten sie Einblicke in die Denkprozesse ihrer Peers. Sie lernen so auf natürliche Weise voneinander. Gerade diese Phase ist besonders wichtig für den Lernzuwachs, wie sich in unserer Studie gezeigt hat. Nach den Diskussionen folgt eine erneute anonyme Abstimmung im Plenum. Im Histogramm können nun die Lehrpersonen und die Schülerinnen und Schüler die Veränderung der Antwortverteilung studieren. In einer interaktiven Klassendiskussion werden nun die richtige Antwort und das angewendete Konzept erörtert. Zusätzlich wird auch begründet, weshalb die Distraktoren (Falschantworten) falsch sind. Die Schülerinnen und Schüler erhalten unmittelbar ein Feedback über ihr Verständnis zum geprüften Konzept. Über die Histogramme erhält die Lehrperson ein anonymisiertes Feedback zum Verständnis der Klasse. Auf diese Art wird die Klicker-Session zu einem formativen Assessment.

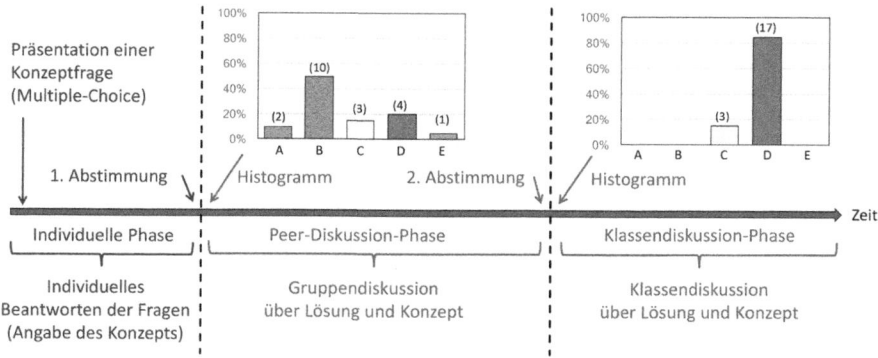

Abb. 15.1: Ablauf zur Durchführung einer Konzeptfrage in der Klicker-Session

Damit die Schülerinnen und Schüler ihren Lernprozess festhalten können, tragen sie ihre Antworten in ein Monitoring-Heft ein, das in Abbildung 15.2 dargestellt ist. In diesem Heft sind alle Konzepte, die in der Klicker-Session angewendet werden, aufgelistet. Zudem gibt es eine Tabelle, in der die Antworten eingetragen werden, und Diagramme, in denen der Lernfortschritt für jedes Konzept illustriert wird. Das geschieht folgendermassen: Bei einer richtigen Antwort steigt die Kurve im Diagramm um ein Level an, bei einer falschen Antwort geht sie um ein Level nach unten. Die Maximalwerte sind auf null nach unten und drei nach oben begrenzt. Dadurch gibt es keine Speichereffekte, und die Kurve reagiert schnell auf Veränderungen im Verständnis: Bei richtigen Antworten geht es rasch nach oben, bei falschen Antworten ist man schnell wieder zurück auf einem tiefen Niveau. Mithilfe dieser Lernkurven können die Schülerinnen und Schüler ihre Defizite, aber auch ihre Fortschritte erkennen. Sie wissen, woran sie noch arbeiten müssen und was sie schon gut verstanden haben.

Entscheidend für das Gelingen von Klicker-Sessionen ist die Qualität der Fragen. Die Fragen sollten herausfordernd sein und Anlass zu Diskussionen bieten. Von reinen Reproduktionsfragen (Fakten-/Formelwissen) ist deshalb abzuraten. Nutzbringende Diskussionen entstehen typischerweise dann, wenn zwischen einem Viertel und drei Vierteln der Schülerinnen und Schüler die Frage alleine richtig lösen können. Ist die Frage zu schwierig, fehlen Ansätze zu Diskussionen. Bei einer zu einfachen Frage erübrigen sich die Diskussionen. Als Beispiele sind zwei Konzeptfragen aus unserer Studie abgebildet (siehe Abbildung 15.3). Die Fragen sollten ein zentrales Konzept im Zentrum haben. In unserem Beispiel sind das bei Frage 1

Klicker – Session

Frage	Einzelantwort		Gruppenantwort		Konzept	Richtig/Falsch
	Konzept	Lösung	Konzept	Lösung		
1	C1	A	C2	C	C2	✓
2	C1	D	C1	D	C1	✓
3	C2	C	C2	C	C2	✗
...						

Liste der Konzepte

C1.	Geschwindigkeit als Rate
C2.	Geschwindigkeit als 1D Vektor
C3.	Addition von Geschwindigkeiten in 2D
C4.	Ortsänderung als Fläche unter der v,t-Kurve
...	...

Lernfortschritt

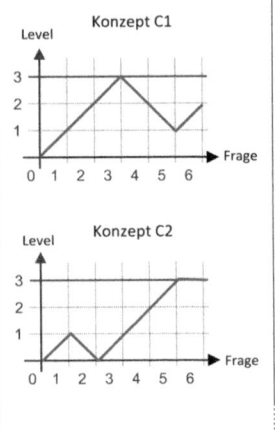

Abb. 15.2: Auszug aus dem Monitoring-Heft

die Richtung der Geschwindigkeit und bei Frage 2 die Richtung der Beschleunigung. Es bietet sich an, verschiedene Repräsentationen zu verwenden, da gerade der Übergang zwischen diesen Darstellungsformen oft zu wenig verstanden wird (z. B. Frage 1: Tabelle, Text und Diagramme). Empfehlenswert ist auch der Vergleich von oberflächlich ähnlich aussehenden Situationen. Durch die zur Lösung erforderliche Kontrastierung der Situationen kann der Fokus gezielt auf bestimmte Facetten von Konzepten gelegt werden (z. B. Frage 2: Kontrast der Richtung der Beschleunigungen). Optimalerweise enthalten die Distraktoren bekannte Fehlvorstellungen, die dann im Anschluss diskutiert werden können. In Distraktor A der Frage 1 ist z. B. das typische Fehlkonzept enthalten, dass die Richtung des Orts mit der Richtung der Geschwindigkeit übereinstimmt. Bei Distraktor C wird der Richtungsaspekt der Geschwindigkeit ignoriert (wie dies im Alltag oft der Fall ist), und bei D wird die Geschwindigkeit gänzlich mit dem Ort verwechselt. Für weitere Tipps zum Erstellen von passenden Fragen für Klicker-Sessionen verweisen wir auf Beatty, Gerace, Leonard und Dufresne (2006). Eine reichhaltige Sammlung von Konzeptfragen ist auf dem Physport-Portal (McKagan, 2016) zu finden.

Zusammenfassend sind Klicker-Sessionen eine effektive Technik, die Aufmerksamkeit der Schülerinnen und Schüler zu fokussieren, kognitive Prozesse einzuleiten und das wechselseitige Lernen zu fördern. Bei herausfordernden Fragen ist der Anteil an engagierten Diskussionen erfahrungsgemäss sehr hoch. Die Schülerinnen und Schüler sind interessiert an der korrekten Antwort und der Begründung. Durch die Einblendung der Histogramme ist der Ablauf rhythmisiert und die Lernphasen (Individuell, Gruppe, Plenum) sind natürlicherweise voneinander getrennt. Die Anonymität der Erhebung fördert ehrliche Antworten. Durch das unmittelbare Feedback erhalten sowohl die Schülerinnen und Schüler als auch die Lehrperson ein

Frage 1
Gegeben ist die Orts-Zeit-Tabelle eines Fahrzeuges. Welche Aussage trifft zu?

Zeit in s	0	2	4	6	8	10
Position in m	-10	0	10	20	10	0

A. Das Fahrzeug fährt zuerst rückwärts und dann vorwärts.

C. Die Geschwindigkeit des Fahrzeugs ist immer gleich.

B. Das v,t-Diagramm könnte so aussehen:

D. Das v,t-Diagramm könnte so aussehen:

Frage 2
Zwei Fahrzeuge fahren einander entgegen. Beide haben bezüglich des gleichen Koordinatensystems eine positive Beschleunigung. Welche Aussage ist richtig?

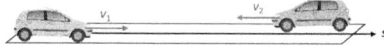

A. Beide Fahrzeuge werden immer schneller.
B. Ein Fahrzeug wird langsamer, das andere schneller.
C. Beide Fahrzeuge werden immer langsamer.
D. Man kann keine Aussage darüber machen, wie sich die Geschwindigkeit der Fahrzeuge ändert.

Abb. 15.3: Beispiele für Konzeptfragen in Klicker-Sessionen

diagnostisches Feedback zum Lernstand, das für den weiteren Unterrichtsverlauf gewinnbringend genutzt werden kann.

15.6 Literaturverzeichnis

Beatty, I. D., Gerace, W. J., Leonard, W. J. & Dufresne, R. J. (2006). Designing effective questions for classroom response system teaching. *American Journal of Physics, 74*(31). https://doi.org/10.1119/1.2121753.

Black, P. & Wiliam, D. (1998). Assessment and Classroom Learning. *Assessment in Education: Principles, Policy & Practice, 5*(1), 7–74. https://doi.org/10.1080/0969595980050102

Bruff, D. (2009). *Teaching with Classroom Response Systems: Creating Active Learning Environments.* San Francisco: Jossey-Bass, A Wiley Imprint.

Carey, S. (2000). Science education as conceptual change. *Journal of Applied Developmental Psychology, 21*(1), 13–19. https://doi.org/10.1016/S0193-3973(99)00046-5

Crouch, C. H. & Mazur, E. (2001). Peer Instruction: Ten years of experience and results. *American Journal of Physics, 69*(9), 970–977. https://doi.org/10.1119/1.1374249.

Deiglmayr, A., Berkowitz, M., Rütsche, B., Dittmann, N., Schubert, R. & Stern, E. (2021). Gender achievement gaps in mathematics-intensive undergraduate programs: The critical role of prior knowledge. [Manuskript in Vorbereitung].

Furtak, E. M., Heredia, S. C. & Morrison, D. (2019). Formative Assessment in Science Education: Mapping a Shifting Terrain. In H. L. Andrade, R. E. Bennett & G. J. Cizek (Eds.), *Handbook of Formative Assessment in the Disciplines* (pp. 97–125). New York, NY: Routledge.

Hake, R. R. (1998). Interactive-engagement versus traditional methods: A six-thousand-student survey of mechanics test data for introductory physics courses. *American Journal of Physics, 66*(1), 64–74. https://doi.org/10.1119/1.18809.

Hestenes, D., Wells, M. & Swackhammer, G. (1992). Force concept inventory. *The Physics Teacher, 30*, 141–158. https://doi.org/10.1119/1.2343497.

Hofer, S. I., Schumacher, R., Rubin, H. & Stern, E. (2018). Enhancing Physics Learning With Cognitively Activating Instruction: A Quasi-Experimental Classroom Intervention Study. *Journal of Educational Psychology, 110*(8), 1175–1191. https://doi.org/10.1037/edu0000266.

Lichtenberger, A. (2017). *Enhanced Concept Learning in Kinematics by Means of Formative Assessment.* (Doctoral Dissertation). ETH Zürich, Zürich, Switzerland.

Luxford, C. J. & Bretz, S. L. (2014). Development of the Bonding Representations Inventory To Identify Student Misconceptions about Covalent and Ionic Bonding Representations. *Journal of Chemical Education, 91*(3), 312–320. https://doi.org/10.1021/ed400700q.

Mazur, E. (1997). *Peer Instruction: A User's Manual.* Upper Saddle River, NJ: Prentice Hall.

McDaniel, M. A., Stoen, S. M., Frey, R. F., Markow, Z. E., Hynes, K. M., Zhao, J. & Cahill, M. J. (2016). Dissociative conceptual and quantitative problem solving outcomes across interactive engagement and traditional format introductory physics. *Physical Review Physics Education Research, 12*(2), 020141. https://doi.org/10.1103/PhysRevPhysEducRes.12.020141.

McDermott, L. C. (1984). Research on conceptual understanding in mechanics. *Physics Today, 37*(7), 24–32. https://doi.org/10.1063/1.2916318.

McKagan, S. (2016). Where can I find good questions to use with clickers or Peer Instruction? Retrieved from https://www.physport.org/recommendations/Entry.cfm?ID=93637.

Othman, J., Treagust, D. F. & Chandrasegaran, A. L. (2008). An Investigation into the Relationship between Students' Conceptions of the Particulate Nature of Matter and their Understanding of Chemical Bonding. *International Journal of Science Education, 30*(11), 1531–1550. https://doi.org/10.1080/09500690701459897.

Rittle-Johnson, B. & Star, J. R. (2007). Does comparing solution methods facilitate conceptual and procedural knowledge? An experimental study on learning to solve equations. *Journal of Educational Psychology, 99*(3), 561–574. https://doi.org/10.1037/0022-0663.99.3.561.

Rittle-Johnson, B. & Star, J. R. (2011). The power of comparison in learning and instruction: Learning outcomes supported by different types of comparisons. In *The psychology of learning and motivation: Cognition in education, Vol. 55* (pp. 199–225). San Diego, CA, US: Elsevier Academic Press.

Rittle-Johnson, B., Star, J. R. & Durkin, K. (2009). The importance of prior knowledge when comparing examples: Influences on conceptual and procedural knowledge of equation solving. *Journal of Educational Psychology, 101*(4), 836–852. https://doi.org/10.1037/a0016026.

Schecker, H. & Duit, R. (2018). Schülervorstellungen zu Energie und Wärmekraftmaschinen. In H. Schecker, T. Wilhelm, M. Hopf & R. Duit (Eds.), *Schülervorstellungen und Physikunterricht.* Berlin: Springer.

Stern, E. (2015). Intelligence, Prior Knowledge, and Learning. In J. Wright (Ed.), *International Encyclopedia of the Social & Behavioral Sciences (Second Edition):* Elsevier.

Stern, E. (2020). Wer lehren will, muss das Lernen verstehen: Die kognitionspsychologischen Grundlagen des menschlichen Lernens. In P. Greutmann, H. Saalbach, & E. Stern (Eds.), *Professionelles Handlungswissen für Lehrerinnen und Lehrer:* Kohlhammer.

Tan, D. K.-C. & Treagust, D. F. (1999). Evaluating students' understanding of chemical bonding. *School Science Review, 81*(294), 75–84.

Vickrey, T., Rosploch, K., Rahmanian, R., Pilarz, M. & Stains, M. (2015). Research-Based Implementation of Peer Instruction: A Literature Review. *Cbe-Life Sciences Education, 14*(1). https://doi.org/10.1187/cbe.14-11-0198.

Vrabec, M. & Prokša, M. (2016). Identifying Misconceptions Related to Chemical Bonding Concepts in the Slovak School System Using the Bonding Representations Inventory as a Diagnostic Tool. *Journal of Chemical Education, 93*(8), 1364–1370. https://doi.org/10.1021/acs.jchemed.5b00953.

Ziegler, E., Edelsbrunner, P. A. & Stern, E. (2018). The Relative Merits of Explicit and Implicit Learning of Contrasted Algebra Principles. *J Educational Psychology Review, 30*(2), 531–558. https://doi.org/10.1007/s10648-017-9424-4.

Ziegler, E. & Stern, E. (2014). Delayed benefits of learning elementary algebraic transformations through contrasted comparisons. *Learning and Instruction, 33,* 131–146. https://doi.org/10.1016/j.learninstruc.2014.04.006.

Ziegler, E. & Stern, E. (2016). Consistent advantages of contrasted comparisons: Algebra learning under direct instruction. *Learning and Instruction, 41,* 41–51. https://doi.org/10.1016/j.learninstruc.2015.09.006.

Zwyssig, A. (2022). Diagnosing and Promoting the Understanding of Chemical Bonding Theory. (Doctoral Dissertation). ETH Zürich, Zürich, Switzerland

16 Wie guter Unterricht intelligentes Wissen schafft: Zusammenfassende Betrachtung der Anregungen für die Unterrichtspraxis

Michael Schneider, Roland H. Grabner, Henrik Saalbach & Lennart Schalk

Die Kapitel dieser Festschrift für Elsbeth Stern beschreiben zahlreiche Studien aus unterschiedlichen Staaten, Jahrzehnten, Schulstufen und Schulfächern. Sie liefern Hintergrundinformationen über Werk und Wirken von Elsbeth Stern sowie über wissenschaftliche Forschungsmethoden. Die in den Kapiteln präsentierte Forschung ist nicht nur ein Beitrag zum wissenschaftlichen Erkenntnisfortschritt, sondern hat auch den Zweck, eine Weiterentwicklung der Unterrichtspraxis zu unterstützen. Im Buch werden daher verschiedene Vorschläge zur Gestaltung von lernförderlichem Unterricht gemacht. In diesem Abschlusskapitel stellen wir diese Vorschläge als Take-Home-Messages noch einmal übersichtlich zusammen. Wir listen die Vorschläge gegliedert nach Kapiteln auf, sodass deutlich wird, wo im Buch Hintergrundinformationen zu der jeweiligen Anregung gefunden werden können.

Teil I: Vom Potenzial zur Kompetenz

Wolfgang Schneider: Mathematische Kompetenzentwicklung in Vorschule und Schule: Impulse aus den LOGIK-und SCHOLASTIK-Studien

- Anspruchsvollere Kompetenzen bauen immer auf basaleren Kompetenzen auf. Unterricht sollte Kompetenzen daher systematisch entwickeln, z. B. durch gut strukturierte Unterrichtseinheiten und Spiralcurricula.
- Die Grundlagen für den Lernerfolg von Schüler*innen in höheren Klassenstufen werden bereits in den Grundschuljahren oder davor gelegt.
- Lehrende regen Kompetenzerwerb besonders wirksam an, wenn sie Lernen als aktiven und konstruktiven Prozess verstehen und die Lernenden gezielt zur aktiven Wissenskonstruktion anregen.
- Intelligenz ist vor allem dann hilfreich, wenn Lernende sie in den Erwerb inhaltlich relevanten Wissens investieren.

Ludwig Haag: Studien zum Fach Latein – Auf der Suche nach Transfereffekten

- Wissen ist immer Wissen über etwas. Es ist inhaltsspezifisch. Wissen hilft, eng verwandte Wissensinhalte zu erwerben. Die Vorstellung, dass man durch Wissenserwerb in formal anspruchsvollen Domänen sozusagen seinen Denkmuskel trainieren und dadurch auch in ganz anderen Inhaltsdomänen besser werden kann, ist falsch. Es ist daher z. B. nicht effizient, Latein mit dem Ziel zu unterrichten, dass die Schüler*innen dadurch im Erwerb aller (romanischen) Sprachen besser werden.
- Generell sollten Lehrende nicht zu viel Wissenstransfer von den unterrichteten Inhalten auf neue Inhalte erwarten. Stattdessen ist es Aufgabe des Schulunterrichts, Inhaltsgebiete explizit miteinander zu verknüpfen und ihre Bezüge zueinander zu erklären.

Roland H. Grabner: Die Rolle von Intelligenz und Wissen für die Entwicklung von Expertise

- In allen Inhaltsgebieten gilt, dass kein hohes Leistungsniveau erreicht werden kann, wenn die Lernenden nicht intensiv üben.
- Intelligentere Lernende lernen leichter und schneller. Sie profitieren vom gleichen Ausmaß an Übung mehr als weniger intelligente Lernende (Vaci et al., 2019). Abgesehen von diesem quantitativen Aspekt unterscheidet sich ihr Lernprozess nicht von jenem weniger intelligenter Lernenden. Sie müssen ebenso Wissen aufbauen und umstrukturieren.
- Übung ist besonders lernförderlich, wenn Lernende häufiges, zeitnahes, sachorientiertes und auf Verbesserung hin ausgerichtetes Feedback erhalten.

Aljoscha Neubauer: Die Zukunft der Intelligenzforschung und ihre Bedeutung für die Schule

- Roboter und künstliche Intelligenz werden dem Menschen zunehmend einfache Routineaufgaben abnehmen. Umso wichtiger ist es, dass Schule neben den Kulturtechniken Lesen, Schreiben und Rechnen auch analytisches Denken, das kreative Entwickeln und Bewerten neuer Ideen sowie emotionale und soziale Kompetenzen fördert. In diesen Bereichen wird die Künstliche Intelligenz auf absehbare Zeit dem Menschen unterlegen bleiben.

Sarah Hofer, Ursina Markwalder, Anne Deiglmayr & Michal Berkowitz: Potentiale nutzen – unabhängig von Geschlecht und sozialer Herkunft

- Geschlecht, soziale Herkunft und andere Eigenschaften der Schüler*innen beeinflussen ihre Chancen zur Entfaltung ihrer Potenziale in der Schule sowie ihre Bildungsentscheidungen.
- Lehrende können das Problem reduzieren, indem sie reflektiert damit umgehen und auch den Schüler*innen einen reflektierten Umgang mit dem Problem vermitteln.
- Es gibt Hinweise darauf, dass Lernende unabhängig von Geschlecht und sozialer Herkunft von kognitiv aktivierendem Unterricht profitieren. Dieser regt Lernende zur Auseinandersetzung mit ihrem Vorwissen und zur aktiven Konstruktion neuen Wissens an.

Teil II: Lernangebote gestalten

Lieven Verschaffel: Das Verstehen von Textaufgaben aus psychologischer Sicht: eine Auswahl an Forschungsarbeiten von Elsbeth Stern und ihre Bedeutung für den aktuellen Mathematikunterricht

- Lernaufgaben, beispielsweise mathematische Textaufgaben, sind für die Unterrichtsgestaltung sehr nützlich.
- Schon leichte Umformulierungen von Lernaufgaben können dazu führen, dass die Aufgabenschwierigkeit und die durch die Aufgabe ausgelösten Denk- und Lernprozesse sich stark ändern.
- Durch die Nutzung vielfältiger, ansprechender und realistischer Situationskontexte in den Aufgaben können Unterrichtende Vorwissen aus der Lebenswelt der Schüler*innen aktivieren, Motivation steigern und den Transfer des Gelernten in die Lebenswelt fördern.
- Trotz der Beschäftigung mit abwechslungsreichen, lebensnahen Aufgaben sollte im Unterricht immer auch der Bezug zu den allgemeinen, übergeordneten Konzepten oder Lösungsprinzipien verdeutlicht werden, die anhand der Aufgaben gelernt werden sollen.

Lennart Schalk & Esther Ziegler: Aufgaben lernwirksam sortieren: Über das Vergleichen, Kontrastieren und Verschachteln als wünschenswerte Erschwernisse

- Durch das Präsentieren von Lernaufgaben in einer bestimmten Reihenfolge und mit dazu passenden Instruktionen kann ein vertieftes Verständnis der zugrundeliegenden Konzepte gefördert werden.
- Beim Vergleichen werden gleichzeitig oberflächlich unterschiedliche Aufgaben mit demselben Lösungsprinzip präsentiert. Der Vergleich der Aufgaben fördert dann das Entdecken des Prinzips.
- Beim Kontrastieren werden gleichzeitig oberflächlich ähnliche Aufgaben mit unterschiedlichen Lösungsprinzipien präsentiert. Die Kontrastierung der Aufgaben fördert dann die Fähigkeit, zwischen den Prinzipien zu unterscheiden.
- Beim Verschachteln werden unterschiedliche Aufgabentypen kontinuierlich abgewechselt. Auch dies fördert ein Verständnis der Aufgabentypen und Lösungsprinzipien und kann die Flexibilität der Problemlösekompetenz erhöhen.

Peter Edelsbrunner & Sonja Peteranderl: Vermeidung von Fehlkonzepten durch die Förderung des Verständnisses von Experimenten in der Grundschule

- Experimente werden im Unterricht regelmäßig eingesetzt. Sie stellen keinen Selbstzweck dar, sondern sollten so gestaltet werden, dass sie Inhaltswissen oder wissenschaftliches Denken vermitteln.
- Lehrer*innen können durch Experimente wissenschaftliches Denken bereits in der Grundschule vermitteln, wenn sie die Variablenkontrollstrategie vermitteln. Die Strategie besteht darin, gezielt jeweils die Ausprägung einer einzelnen Variablen zu manipulieren und die Auswirkung dieser Manipulation zu untersuchen.
- Schon kurze Unterrichtseinheiten zur Variablenkontrollstrategie können genügen, um auch andere, damit verbundene Aspekte wissenschaftlichen Denkens zu verbessern.

Michael Schneider, Jennifer Paetsch & Anja Felbrich: Konzeptuelles Verständnis und prozedurale Handlungskompetenz von Lernenden: Wie sie zusammenhängen und welche Unterrichtsmethoden sie stärken

- Konzeptuelles Wissen über abstrakte Prinzipien, Begriffe und Gesetze und prozedurales Wissen über die Lösung konkreter Probleme stärken sich gegenseitig. Unterricht ist daher effektiver, wenn er beides vermittelt und miteinander verknüpft, als wenn er nur eine der beiden Wissensarten vermittelt.

- Konzeptuelles Wissen kann gut mit Methoden unterrichtet werden, die Abstraktion und die Verknüpfung von Wissenselementen anregen. Dazu zählen die Aktivierung von Vorwissen, das Vermitteln von Handlungserfahrungen, Visualisierungen, das Anregen von Vergleichen durch konstruktivistische Lernumgebungen, die mehrere dieser Elemente kombinieren.
- Prozedurales Wissen kann gut mit Methoden unterrichtet werden, die ausreichend viel Übung beinhalten, regelmäßiges, zeitnahes und verbesserungsorientiertes Feedback, mehrere über die Zeit verteilte kürzere Übungssitzungen (statt weniger längerer Übungssitzungen) sowie für die jeweiligen Lernziele direkt relevanten Übungsaufgaben (statt nur indirekt relevanten Transferaufgaben).

Ilonca Hardy & Kornelia Möller: Konstruktivistisch orientierte Lernumgebungen in der Grundschule: Wie man Kinder zum Nachdenken über naturwissenschaftliche Sachverhalte herausfordert

- Konstruktivistisch orientierte Lernumgebungen stimulieren Wissenskonstruktion durch Strukturierung der Unterrichtsaktivitäten und -gespräche, durch Anregungen zum wissenschaftlichen Begründen und visuelle Repräsentationen (z. B. Diagramme).
- Ziel ist es, durch die Strukturierung von Aktivitäten, Argumenten und Informationen die Lernenden zum Aufbau gut vernetzten Wissens in ihrem Langzeitgedächtnis anzuregen.
- Konstruktivistisch orientierte Lernumgebungen lassen sich Lehrkräften schlecht mit Lehrbüchern vermitteln. Hilfreicher sind z. B. sog. Klassenkisten mit Versuchsmaterialien, Arbeitsblättern, Stationskarten, Bildern und einem ausführlichen Handbuch mit theoretischem und fachlichem Hintergrund und Unterrichtskonzepten.

Teil III: Lernprozesse begleiten

Alexander Renkl: Verständnisorientierung im Mathematikunterricht: Profitieren davon auch schwächere Schülerinnen und Schüler?

- Auch leistungsschwächere Schüler*innen profitieren von einem (Mathematik-)Unterricht, der neben der Einübung prozeduralen Handlungswissens auch das Verständnis abstrakter Konzepte fördert.
- Leistungsschwächere Schüler*innen benötigen unter Umständen mehr Zeit zum Konzepterwerb.

- Unterricht sollte leistungsschwächeren Schüler*innen vor allem diejenigen Konzepte vermitteln, die Voraussetzungen für weiteres Lernen sind.

Susanne Koerber & Ilonca Hardy: Die Nutzung von Repräsentationen als Denkwerkzeuge in der Grundschule

- Ein Verständnis von proportionalen Konzepten, wie Geschwindigkeit als Weg pro Zeit oder spezifischer Dichte als Masse pro Volumen, ist eine wichtige Grundlage wissenschaftlichen Denkens, weil es vom eindimensionalen Denken wegführt und die Integration von Informationen aus mehreren Dimensionen erlaubt.
- Externe visuelle Repräsentationsformen, die zwei Dimensionen zueinander in Beziehung setzen, z. B. Koordinatensysteme und Balkenwaagen, stellen Denkwerkzeuge dar, mit deren Hilfe proportionales Denken eingeübt werden kann.
- Bereits bei Viertklässlern lassen sich so nachhaltige Lernerfolge beim Erwerb proportionaler Konzepte erzielen.

Henrik Saalbach & Sebastian Kempert: Sprache als wichtiges Werkzeug der Lehrenden: Verbale Interaktion zur Unterstützung des frühen MINT-Lernens

- Sprache ist ein Mittel zur Kommunikation und gleichzeitig auch ein Denkwerkzeug, das kognitive Prozesse erlaubt, die ohne sie nicht möglich wären.
- Umfang und Komplexität der Sprache der Lehrperson sollten sich am Sprachentwicklungsstand der Schüler*innen orientieren.
- Durch sprachliche Unterstützung können Lehrpersonen inhaltsspezifische Lernprozesse anregen und strukturieren. Dabei kommt es besonders auf die Passung von Sprache, Lerninhalt und Vorwissen der Lernenden an.

Andreas Lichtenberger, Antonio Togni, Andreas Vaterlaus & Adrian Zwyssig: Verständnis der Grundkonzepte in Chemie und Physik effektiv fördern

- Auch in höheren Klassenstufen des Gymnasialunterrichts ist es wichtig, das Vorwissen und die Lernfortschritte der Schüler*innen bei der Unterrichtsgestaltung zu berücksichtigen.
- Formative Assessments sind in den Unterricht eingebettete Lernstandserhebungen, an denen sich die weitere Unterrichtsgestaltung orientiert.
- Formative Assessments können auch als Lerngelegenheit genutzt werden, z. B. durch Nutzung von Klicker-Fragen und Gruppendiskussionen.

Das sind die aus empirischen Studien abgeleiteten Empfehlungen zur Gestaltung von Schulunterricht, die in den Kapiteln dieses Buchs näher erläutert werden. Elsbeth Stern weist oft darauf hin, dass solche Empfehlungen keine Kochrezepte darstellen, die man ohne weiteres Nachdenken einfach nur schrittweise umzusetzen braucht. Oben genannte Punkte stellen auch keine Checkliste für die Gestaltung guten Unterrichts dar, deren Abarbeitung eine hohe Unterrichtsqualität garantiert. Denn der Erfolg der in den Kapiteln beschriebenen Vorgehensweisen hängt an den Details ihrer Ausgestaltung. Beispielsweise kann die geschickte Nutzung von Diagrammen im Unterricht lernförderlich sein. Aber schlecht eingesetzte und schlecht erklärte Diagramme sind lernhinderlich. Nicht alle Aspekte der guten praktischen Umsetzung von Unterrichtsmethoden lassen sich durch Bücher vermitteln, v. a. weil die praktische Umsetzung sich immer auch an den konkreten Lernenden mit ihren Bedürfnissen, den jeweiligen Lerninhalten und dem situativen Kontext orientieren muss. Darauf können Lehrkräfte nur in den jeweiligen Unterrichtssituationen situationsadäquat und flexibel eingehen. Das zeigt, wie wichtig die alltägliche Arbeit gut ausgebildeter, kreativer und engagierter Lehrpersonen ist.

17 Nachwort: Vom Paper in die Schulstube – Oder: Vom steinigen Weg der empirischen Lehr- und Lern-Forschung in die unterrichtliche Praxis am Beispiel der Ausbildung von Lehrpersonen an der ETH Zürich

Peter Greutmann

17.1 Hintergrund

»Publish or perish« – nach wie vor »die« Maxime für viele, die mit Forschung überleben bzw. im Erfolgsfall von ihr leben wollen. Und beileibe nicht allen reicht es allein schon zum – Überleben ...

»Irgendwie den Alltag im Klassenzimmer durchstehen, ohne unterzugehen« – nach wie vor »das« Mantra von zahlreichen Lehrpersonen – umso mehr im Zeitalter von Smartphone, Migration, Inklusion, schwierigen Schülerinnen und Schülern und deren Helikoptereltern inklusive spezialisierten Anwältinnen und Anwälten.

Mit den beiden als Zitaten gekennzeichneten Gemeinplätzen, fiktiven Figuren in den Mund gelegt, soll das Thema des vorliegenden Beitrages umrissen werden. In einer idealen Welt wäre es nämlich so, dass die Befunde der empirischen Lehr- und Lern-Forschung gleichsam organisch in die schulische Praxis einfließen könnten – da ja Lehrpersonen nur darauf warten würden, ihren Unterricht aufgrund wissenschaftlicher Evidenz zu optimieren. Doch es ist wohl allen, die diese Festschrift lesen, klar: So einfach ist es nicht. Der Weg von der an den Universitäten gewonnenen wissenschaftlichen Erkenntnis in den schulischen Alltag ist ein langer und eben auch ein steiniger. Es gibt, dies ist die hier vertretene These, keine direkte Verbindung vom *Paper in die Schulstube!*

Nun könnte man einwenden, dass die in den beiden Zitaten ausgedrückte Gegensätzlichkeit von zwei Institutionen des Bildungssystems zu simplifizierend, zu überspitzt, zu schlagwortartig gedacht und beschrieben sei. Ja, das mag stimmen. Und doch: Als einer, der seit bald 30 Jahren im Lehrberuf tätig ist und gleichzeitig mehr als 15 Jahre lang an der ETH Zürich in die Aus- und Weiterbildung von Lehrpersonen involviert war – also als einer, der beide Institutionen und ihr jeweiliges Mindset sehr gut zu kennen glaubt –, erlaubt sich der Autor des vorliegenden Beitrags an der These festzuhalten, dass es nach wie vor einen beträchtlichen Gap gibt zwischen den Forschungsbefunden zum schulischen Lernen und dem Vollzug des täglichen Unterrichtens in der Schulstube. Es sind, so mein Fazit (Achtung: *n* = 1!) zwei Kulturen, die aufeinanderprallen: Hier die Hochschule, die den Anspruch erhebt, ihre (mit vielen Steuergeldern produzierten) Resultate hätten top down in den Schulalltag einzufliessen – und die sich über die angebliche Renitenz der Lehrpersonen ärgert. Dort die Lehrenden an den Schulen, die sich keinesfalls von den akademischen Elfenbeintürmlerinnen und -türmlern dreinreden lassen wollen – denn deren Ergebnisse hätten ja sowieso nichts mit ihrem harten Alltag an der »Front« zu tun. Ich habe beide Stimmen – in mancherlei Variation – hundertfach gehört ... Und dabei – das Folgende mag nun etwas utopisch klingen – könnten beide Seiten so unfassbar viel voneinander profitieren!

Dank der empirischen Lehr- und Lern-Forschung wissen wir mittlerweile ziemlich gut, welche Faktoren eine zentrale Rolle spielen, damit schulischer Unterricht lernwirksam ist; wer die Befunde dieses Forschungsfeldes zur Kenntnis nimmt und sie Schritt für Schritt in die tägliche Praxis einfliessen lässt, der fällt zum Wohle der Schülerinnen und Schüler evidenzbasierte Entscheidungen – und die dabei gemachten, eigenen Kompetenzerfahrungen können den Lehrberuf auch in langer Sicht zu einer erfüllenden Profession machen.

Und umgekehrt kann das Forschungssystem der Hochschulen von den realen Erfahrungen der Lehrpersonen mit Kindern und Jugendlichen profitieren – und entsprechend die Fragestellungen in der Forschung bzw. die Gestaltung der Ausbildung von angehenden Lehrpersonen an deren Realitäten orientieren.

Und gerade von Letzterem handelt der vorliegende Beitrag: Es geht darum zu skizzieren, inwiefern sich in der Ausbildung von gymnasialen Lehrpersonen an der ETH Zürich die beiden Kulturen angenähert haben. Dahinter steht eine Art Übersetzungsaufgabe: Wie kann die in der Forschung bereitgestellte Evidenz (das *Begründungswissen*) in die unterrichtliche Praxis (in *Handlungswissen*) transformiert werden?

Um vielleicht noch besser zu verstehen, weshalb gerade ich den vorliegenden Beitrag schreibe, seien mir zum Schluss dieser einleitenden Überlegungen einige persönliche Bemerkungen gewährt. Ich arbeite seit bald 30 Jahren als Deutsch- und Philosophielehrer an einem Deutschschweizer Gymnasium. Zwischen 2005 und 2021 hatte ich aber darüber hinaus das Privileg, im Rahmen eines 50 %-Pensums Mitarbeiter am Lehrstuhl von Elsbeth Stern zu sein. Ohne selbst Forschung zu betreiben, bekam ich im Rahmen dieser Anstellung einen fundierten Einblick in die Lehr- und Lern-Forschung, deren Ergebnisse und Methoden.

Eine solche Konstellation war nur möglich, weil Elsbeth Stern selbst davon überzeugt war, dass ich als Bindeglied zur Praxis fungieren konnte. Sie involvierte mich in zahlreiche Projekte an der Schnittstelle von Hochschule und Schule. Wir bauten etwa zusammen ein Kompetenzzentrum für Lehren und Lernen auf (http://www.educ.ethz.ch); oder sie übertrug mir die Verantwortung für das an Lehrpersonen gerichtete Weiterbildungsangebot der ETH Zürich. In allen Projekten konnte ich einerseits meine Sichtweisen und Erfahrungen aus der Praxis einfliessen lassen, andererseits auch unglaublich viel für den eigenen Unterricht profitieren, da ich neu erworbenes Wissen immer gleich in die Lektionsgestaltung meiner Unterrichtsfächer transferieren konnte.

Eine der Aufgaben, die Elsbeth Stern mir übertrug, war die Mitarbeit in der Ausbildung von gymnasialen Lehrpersonen in den MINT-Fächern. Immer zusammen mit Forscherinnen und Forschern ihres Lehrstuhls hatte ich so Möglichkeit, den erziehungswissenschaftlichen Teil dieser Ausbildung mitzugestalten. Auf diesen Teil unserer Zusammenarbeit fokussieren die folgenden Kapitel.

17.2 Die Ausbildung von Lehrpersonen an der ETH Zürich

Die Ausbildung von gymnasialen Lehrpersonen hat an der ETH eine lange Tradition. Dahinter steht zunächst die Überzeugung, dass *eine* Voraussetzung von lernwirksamem Unterricht in der Mittelschule eine fundierte fachliche Ausbildung der Lehrpersonen im Unterrichtsfach ist – eine Aufgabe, der die ETH als eine der weltweit führenden Hochschulen im MINT-Bereich zweifellos jederzeit gewachsen ist (Näheres dazu siehe Stern, Greutmann, & Maue, 2021). Andererseits müssen so ausgebildeten Fachexpertinnen und -experten auch dazu befähigt werden, ihr Inhaltswissen für fachliche Novizen – also Schülerinnen und Schüler – durch die pädagogisch-didaktische Brille aufzubereiten, damit letztere schon in gymnasialen Jahren möglichst viel vom Unterricht profitieren können. Und genau darin besteht das Ziel des an der ETH angebotenen Studiengangs *Lehrdiplom für Mittelschulen*.

Als Elsbeth Stern im Jahr 2006 ihre Professur an der ETH antrat, übernahm sie nicht nur eine Forschungsprofessur im Bereich der empirischen Lehr- und Lern-Forschung, sondern sie trug zugleich die wissenschaftliche und operative Verantwortung für Ausbildung von angehenden Lehrpersonen. Doch damit nicht genug: In jenen Jahren befand sich dieser Studiengang in einer tiefgreifenden Neugestaltung. Es galt, die Lehrveranstaltungen völlig neu zu konzipieren, um mit der Bologna-Reform kompatibel zu sein.

Ohne auf alle Details eingehen zu können, seien hier die wichtigsten Elemente des Ausbildungsganges skizziert. Als Orientierung und als kohärenzstiftender Rahmen für den ganzen Ausbildungsgang wurde das ursprünglich von Helmke vorgeschlagene Angebot-Nutzungs-Modell (siehe Abb. 17.1) in einer adaptierten Form übernommen (Näheres dazu in Greutmann, Saalbach, Stern, 2021). Ausgehend von diesem Modell wurden vier erziehungswissenschaftliche Lehrveranstaltungen (EW1 – EW4) abgeleitet. (EW5 umfasst – im Sinne eines abschliessenden Prüfungskolloquiums – alle Aspekte des Modells.)

- Dabei widmet sich *EW1* (Titel: *Menschliches Lernen*) dem Lernen, konkreter: den kognitionspsychologischen Grundlagen des menschlichen Lernens überhaupt und wie der Erwerb von akademischem Wissen vonstatten geht (die Nutzung von Lerngelegenheiten).
- Im Anschluss daran thematisiert *EW2* (*Die Gestaltung schulischer Lernumgebungen*) in umfassender Weise die Frage des Lehrens, wie also schulische Lernumgebungen möglichst lernwirksam zu gestalten sind (das Angebot).
- *EW3* (*Unterstützung und Diagnose von Wissenserwerbsprozessen*) vertieft u. a. einzelne Aspekte von EW2, d. h., es vermittelt spezielle Techniken, um (individuelle) Lernprozesse zu verbessern (Techniken der kognitiven Aktivierung) bzw. zu unterstützen (Formative Assessment).
- *EW4* (*Bewältigung psychosozialer Anforderungen im Lehrberuf*) bereitet schließlich die angehenden Lehrpersonen auf die psychosozialen Anforderungen vor, die mit der Arbeit mit Jugendlichen unvermeidlich einhergehen.

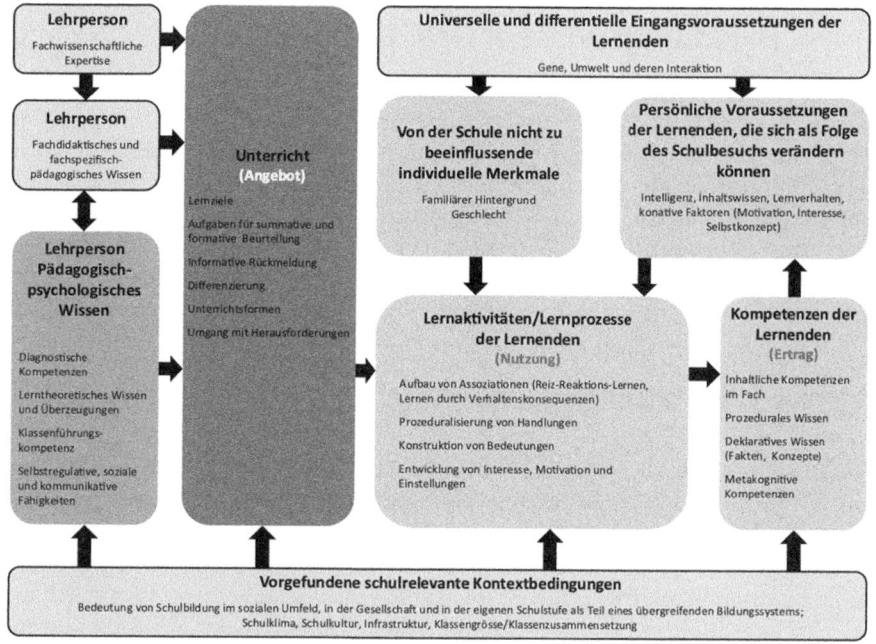

Abb. 17.1: Adaptiertes Angebot-Nutzungs-Modell

Der Vollständigkeit halber – aus Platzgründen kann hier nicht näher darauf eingegangen werden – sei hier noch ergänzt, dass der Studiengang natürlich auch einen großen fachdidaktischen und ebenso einen berufspraktischen Teil umfasst. Die Praktika beinhalten zahlreiche Unterrichtslektionen mit regulären Schulklassen, die von erfahreneren Lehrpersonen betreut werden. Ebenso gehört zur Ausbildung das Verfassen einer *Mentorierten Arbeit*, in denen die Studierenden in Form von schriftlichen Arbeiten zeigen sollen, dass sie in der Lage sind, kognitionspsychologische und erziehungswissenschaftliche Konzepte auf Themen ihres Unterrichtsfaches anwenden zu können (Näheres dazu in Stern, Greutmann, & Maue, 2021).

Sowohl bei der Konzeption und der Implementierung der oben genannten Reform als auch in der Ausgestaltung der einzelnen Lehrveranstaltungen, ja auch der einzelnen Unterrichtsinhalte, galt der Grundsatz: Die vermittelten Inhalte müssen sich an der wissenschaftlichen Evidenz der empirischen Lehr- und Lern-Forschung orientieren – *Begründungswissen;* und die begleitenden Aufgaben und Übungen sollten die Lehramtsstudierenden in die Lage versetzen, das erworbene Wissen auch in die Unterrichtsvorbereitung einfliessen zu lassen – das *Handlungswissen*.

Die folgenden Abschnitte nun legen anhand von drei Beispielen dar, wie dieser Grundsatz bei der Reform des Studienganges insgesamt, dann aber auch in einzelnen Lehrveranstaltungen umgesetzt wurde und wird.

17.3 Die Überführung von Begründungswissen in Handlungswissen: Drei Beispiele

Wie gerade gesagt, handelt es sich in diesem Kapitel um Beispiele. Ein exemplarisches Vorgehen wurde gewählt, weil das Übersetzen von Begründungswissen in Handlungswissen immer (auch) Knochenarbeit ist – und m. E. lässt sich dies nur an konkreten Beispielen adäquat illustrieren. Und von allen möglichen wurden solche Beispiele ausgewählt, in welche Autor in verschiedenen Rollen involviert war und deshalb in der Lage ist, sie mit der nötigen Genauigkeit zu entfalten.

Beispiel 1: Ein Studiengang entsteht

Elsbeth Stern machte vom ersten Tag ihrer ETH-Professor klar, dass die Neugestaltung des Ausbildungsganges auf einer wissenschaftlichen Grundlage zu stehen hat: Demzufolge *müssen* Lehrpersonen damit vertraut sein, welche Befunde in der modernen kognitionspsychologischen und erziehungswissenschaftlichen Forschung vorliegen, um im Unterrichtsalltag professionell agieren zu können. Wenn man nun bedenkt, dass Studierende des Lehrdiploms auf eine praktische, von stetem Handlungsdruck geprägte Tätigkeit vorbereitet werden müssen, so könnte man hinter jener Haltung ein allzu akademisches, vom Alltag im Schulzimmer weit entferntes Dogma vermuten.

Doch in der Realität war davon nichts zu spüren! Von Anfang an war sich Elsbeth Stern bewusst, dass die Aufgabe einer Reform zwar eine wissenschaftliche Grundlage haben muss, dass sie aber nur durch den Einbezug von Leuten aus der Praxis zu bewältigen ist. Zwar wurden die Gefässe für die einzelnen EW-Lehrveranstaltungen vom Forschungsteam bereitgestellt (gemäss dem Angebot-Nutzungs-Modell, siehe oben, Kapitel 2). Für die konkrete inhaltliche Ausgestaltung jedoch wurden alle Fachdidaktikerinnen und Fachdidaktiker miteinbezogen. Sie konnten für die einzelnen Lehrveranstaltungen sowohl Themen vorschlagen als auch die Relevanz der einzelnen Themen gewichten.

Auf diese Weise wurde sichergestellt, dass alle aus Sicht der Wissenschaft relevanten Themen berücksichtigt werden konnten, andererseits wurden auch die aus Sicht der Praxis unverzichtbaren Inhalte in die EW-Lehrveranstaltungen aufgenommen.

Doch damit nicht genug. Nachdem auf diese Weise die Inhalte auf die einzelnen EW-Vorlesungen bzw. -Seminare verteilt waren, galt es, sie im Detail auszuarbeiten. Dabei wurden wiederum Teams aus Forscherinnen und Forschern und Lehrpersonen mit Unterrichtserfahrung gebildet. Auf diese Weise wurde – etwa unter Mitarbeit eines Herausgebers dieses Buches wie des Autors des vorliegenden Buchkapitels – auch die Vorlesung EW2 entwickelt: In einem mehrstufigen Prozess wurden die Themen, die bei der Vorbereitung von lernwirksamem Unterricht wichtig sind, zusammengestellt, wissenschaftlich fundiert und schliesslich mit begleitenden Aufgaben angereichert, um die wissenschaftlichen Konzepte für die Ausarbeitung von konkreten Unterrichtseinheiten fruchtbar zu machen (Näheres siehe dazu unten).

Beispiel 2: Das Konzept des Portfolios aus EW2

Wie schon oben skizziert, befasst sich die Vorlesung EW2 mit dem Kerngeschäft von Lehrerinnen und Lehrern – dem Lehren. Sie thematisiert die Frage, wie schulische Lernumgebungen gestaltet werden müssen, damit die Schülerinnen und Schüler das Angebot möglichst effizient nutzen – also möglichst viel lernen können. Letztlich gehen sie dafür in die Schule – und letztlich werden Lehrerinnen und Lehrer dafür bezahlt.

Im Grundkonzept der Vorlesung ist die Idee der Vermittlung von Begründungswissen und Handlungswissen in paradigmatischer Weise realisiert. Der ganze Aufbau der Lehrveranstaltung orientiert sich an der beruflichen Realität von Lehrenden. Zunächst wird aufgezeigt, wie Unterricht langfristig – etwa über ein Semester – geplant werden soll. Anschliessend geht es darum, den behandelten Stoff aufzubereiten und in einer für die Schülerinnen und Schüler nachvollziehbaren Weise zu sequenzieren. Daraufhin werden aus dem Lehrstoff die Lernziele abgeleitet, um schliesslich eine Lektion methodisch und vom Ablauf her elaborieren zu können – bis hin zu einem exakten Zeitplan und Materialien, die auf die Lernvoraussetzungen bzw. die Lernziele abgestimmt sind.

Jedes dieser Themen wird zunächst anhand von wissenschaftlichen Theorien verortet, um anschliessend an konkreten Beispielen mit Aspekten zur Praxis illustriert zu werden. Bei jedem Schritt (Semesterplanung, Sequenzierung des Stoffs, Formulierung von Lernzielen, begründete Wahl der Methode und konkrete Gestaltung eines Unterrichtsverlaufs) bekommen die Studierenden den Auftrag, die Theorie an einem Beispiel aus ihrem Unterrichtsfach umzusetzen.

Das Zusammenstellen aller Teilaufgaben ergibt am Ende das Portfolio, eine vollständig ausgearbeitete Unterrichtseinheit, die exemplarisch alle Schritte durchläuft, um eine nach dem Stand der empirischen Lehr- und Lern-Forschung lernwirksame Unterrichtseinheit vorlegen zu können. Das Portfolio enthält demnach

- einen ganzen Semesterplan, aus dem eine Unterrichtssequenz (Lektion oder Doppellektion) ausgearbeitet wird,
- außerdem eine genaue, an der Fachlogik orientierte Sequenzierung der relevanten Konzepte,
- die daraus abgeleiteten Leitideen und Lernziele,
- den detaillierten ausgearbeiteten Lektionsverlauf sowie
- die elaborierten Unterrichtsmaterialien, die auch eine initiale oder abschließende Lernstandserhebung (Formative Assessment) beinhalten können.

Bei jeder Teilaufgabe erhalten die Studierenden von den Dozierenden eine individuelle Rückmeldung; sie erfahren, inwieweit es ihnen gelungen ist, bei jedem Schritt das theoretisch vermittelte Begründungswissen in konkretes Handlungswissen zu überführen – und wo allenfalls noch Potenzial vorhanden ist, die Lernwirksamkeit zu erhöhen. Dies ist – aus Sicht der Dozierenden – bei einer Gruppengrösse von jeweils etwa 70 Personen eine sehr aufwändige Aufgabe. Aber es ist unserer Auffassung nach eines von mehreren Elementen im Prozess, die vermittelten kognitionspsychologischen Konzepte in Handlungswissen zu überführen, das auch später im schulischen Alltag, wenn die Studierenden auf sich alleine gestellt sind, abgerufen werden kann.

Immer wieder hören wir dabei auch den Einwand, dass es unmöglich ist, jede Lektion auf eine solch akribische Weise vorzubereiten. Dieser Einwand ist richtig – leider. Nur: Wer einmal, auf die oben skizzierte Weise begleitet, einen Semesterplan und eine Unterrichtseinheit bis ins Detail durchdacht hat, wird wenigstens dieses eine Mal erfahren haben, was es eigentlich braucht, um eine professionelle Unterrichtseinheit zu erarbeiten. Und er oder sie wird, so unsere Intention, im weiteren Verlauf der beruflichen Tätigkeit die einmal erlernten Schritte zu Routinen werden lassen, die es möglich machen, trotz des mit einer großen Lektionenanzahl einhergehenden Handlungsdrucks lernwirksamen Unterricht zu gestalten.

Beispiel 3: Der Umgang mit psychosozialen Anforderungen im Lehrberuf in EW4

Bewältigung psychosozialer Anforderungen im Lehrberuf. – So lautet der Titel des Seminars EW4. Entsprechend gross ist, wie uns Studierende jeweils *nach* dem Absolvieren der Lehrveranstaltung konzedieren, die Skepsis am Anfang: Studierende aus den MINT-Fächern, jahrelang trainiert und sogar promoviert in der harten, am Ideal der Mathematik orientierten ETH-Denkschule, müssen sich in die Niederungen der *soft skills* begeben, zu Psycholog*innen und Lehrpersonen.

Dabei handelt es sich um ein zentrales und sonst auch oft vernachlässigtes Element der Lehrerausbildung an der ETH Zürich: Angehende Lehrpersonen werden bei drei Wochenstunden ein Semester lang trainiert, mit den über das bloße Unterrichten hinausgehenden Anforderungen ihres zukünftigen Berufs umzugehen: Wie führt man eine Klasse (überspitzt ausgedrückt: eine zufällig zusammengewürfelte Gruppe pubertierender Jugendlicher mit teilweise geringem Interesse für das eigene Unterrichtsfach)? Wie reagiert man bei Störungen im Klassenzimmer? Wie, wenn man beobachtet, dass sich ein Schüler oder eine Schülerin die Arme geritzt hat? Wie geht man mit der Herausforderung, dem Stress, der Angst, der Panik um, wenn sich ein Mitglied der Schulleitung für einen Unterrichtsbesuch anmeldet?

Den allermeisten Studierenden, die EW4 besuchen, wird schon bald nach dem Beginn des Seminars klar, dass man im Lehrberuf nur physisch und psychisch gesund bleiben kann, wenn man darauf vorbereitet ist, dass solche und hunderte andere Fragen unweigerlich auftauchen werden – und dass es von grossem Nutzen ist zu wissen, dass es für alle diese Fragen Instrumente gibt, um produktiv mit ihnen umzugehen und nicht an ihnen beruflich zu scheitern oder gar persönlich daran zu zerbrechen.

Das Erfolgsrezept des Seminars – und dass es erfolgreich ist, zeigen die Rückmeldungen der Studierenden Semester für Semester – ist das gleiche wie in der gesamten erziehungswissenschaftlichen Ausbildung. Abgesehen davon, dass auch in diesem Fall das Dozierendenteam sich aus Forscherinnen und erfahrenen Lehrpersonen zusammensetzt, sind alle Themen unmittelbar auf die praktische Tätigkeit von Lehrpersonen bezogen; sie werden durch Modelle aus der Psychologie, der Kommunikationswissenschaft und der Unterrichtsforschung theoretisch fundiert; vor allem aber werden die psychosozialen Themen durch praktische Übungen simuliert, seien dies schriftliche Übungen oder zum Teil umfangreiche Rollenspiele.

17.4 Ein Fazit – aber in zwei Teilen

Des Fazits erster Teil

Der Weg von den Befunden der Grundlagenforschung zum menschlichen Lehren und Lernen in die Praxis des Schulzimmers ist lang, der Graben zwischen den beiden involvierten Kulturen Universität bzw. Schule nach wie vor tief – vor allem im *Selbstverständnis* der beteiligten Protagonistinnen und Protagonisten. Die Ausbildung von Lehrpersonen an einer Hochschule ist einer der Orte, wo sich beide Kulturen begegnen; es handelt sich um einen der raren Bereiche, um eine Brücke zu schlagen zwischen dem Fetisch des »Publizierenmüssens« und der reinen Praxeologie.

Der Ausbildungsgang *Lehrdiplom für Mittelschulen* an der ETH Zürich ist ein Modell, dem es gelungen ist und immer wieder gelingt, diese berühmte Brücke zu schlagen – und dies ist im Wesentlichen das Verdienst von Elsbeth Stern. Die wissenschaftliche Fundierung ist dabei nicht verhandelbar – aber auf allen Ebenen wurden und werden die Bedürfnisse der realen Praxis aufgenommen und produktiv in die Lehrveranstaltungen integriert. Angefangen bei der Konzeption durch das Einbinden von Fachdidaktikerinnen und Fachdidaktikern, zeigt es sich auch bei der inhaltlichen Ausrichtung der einzelnen Lehrveranstaltungen und findet seine letzte Konsequenz darin, dass, wo immer möglich, die Vorlesungen und Seminare in gleichberechtigten Kooperationen von Forschenden und Lehrpersonen durchgeführt werden.

Des Fazits zweiter Teil

Zum Schluss dieses Kapitels erlaubt sich der Autor noch ein persönliches Fazit (Achtung: $n = 1$ zum Zweiten …). Ich hatte – neben meiner Tätigkeit als Deutsch- und Philosophielehrer an der Kantonsschule Schaffhausen – das Privileg, während 15 Jahren im Team von Elsbeth Stern mitzuarbeiten. Als ich im Jahre 2006 in ihre Arbeitsgruppe integriert wurde, notabene mit bereits 12 Jahren Unterrichtspraxis im Gepäck, habe ich unweigerlich auch die eingangs skizzierte Hochschulkultur kennen gelernt – und schnell festgestellt, wie weit mitunter das Selbstverständnis von meinen Lehrerkolleginnen und -kollegen von jenem der *scientific community* entfernt ist.

Je mehr ich mich aber im Rahmen meiner Tätigkeit an der ETH mit den Befunden der Lehr- und Lern-Forschung vertraut machen konnte – und je mehr ich das dabei erworbene Wissen in meine Unterrichtstätigkeit einfliessen lassen konnte –, desto mehr wurde mir klar, dass heute kein Weg mehr daran vorbeiführt, das von der Forschung bereitgestellte Wissen in den Schulalltag zu transferieren. Anders gesagt: Unterrichten ist eine komplexe Tätigkeit, deren Erfolg von zahlreichen Faktoren abhängt. Doch in groben Zügen wissen wir heute, welches diese Faktoren sind und *wie* wirksam sie sind, wenn sie von kompetenten Akteurinnen und Akteuren im Klassenzimmer angewendet, ja gelebt werden. Dieses Wissen allererst zu erwerben und es so zu internalisieren, dass es seine Wirksamkeit in der täglichen Arbeit entfalten kann, ist das unverzichtbare Rüstzeug moderner Lehrpersonen – wenn sie den Anspruch haben, tatsächlich professionell zu agieren. Das gilt – meines Erachtens – für alle Schulstufen, Fächer, Länder – so sehr auch deren Rahmenbedingungen differieren mögen.

Diesen Anspruch müssen Lehrpersonen in ihr professionelles Selbstverständnis integrieren – als ihr Teil, der den Weg des Papers in die Schulstube abkürzt – und irgendwann – wer weiss – aufhebt?

17.5 Literaturverzeichnis

Greutmann, P., Saalbach, H. & Stern, E. (Hrsg.), *Professionelles Handlungswissen für Lehrerinnen und Lehrer. Lernen – Lehren – Können.* Stuttgart: Kohlhammer, 2021.

Stern, E., Greutmann, P. & Maue, J.: Schreiben im Studiengang »Lehrdiplom für Maturitätsschule« der ETH Zürich: Das Konzept der »Mentorierten Arbeit« In: *Beiträge zur Lehreinnen- und Lehrerbildung,* 39 (1), 2021

Teil IV:
Verzeichnisse

Autor*innenverzeichnis

Dr. Michal Berkowitz Biran
ETH Zürich
Departement Geistes-, Sozial- und Staatswissenschaften
Institut für Verhaltenswissenschaften
8092 Zürich
Schweiz

Prof. Dr. Anne Deiglmayr
Universität Leipzig
Empirische Schul- und Unterrichtsforschung
Interim Erziehungswiss.
04109 Leipzig
Deutschland

Dr. Peter Edelsbrunner
ETH Zürich
Departement Geistes-, Sozial- und Staatswissenschaften
Institut für Verhaltenswissenschaften
8092 Zürich
Schweiz

Prof. Dr. Roland H. Grabner
Universität Graz
Institut für Psychologie
Arbeitsbereich Begabungsforschung
8010 Graz
Österreich

Peter Greutmann
Kantonsschule Schaffhausen
8200 Schaffhausen
Schweiz

Prof. Dr. Ludwig Haag
Universität Bayreuth
Kulturwissenschaftliche Fakultät
Schulpädagogik

Lehrstuhlinhaber bis 2020
95447 Bayreuth
Deutschland

Prof. em. Dr. Ernst Hafen
ETH Zürich
Departement of Biology
Institut für Molekulare Systembiologie
8093 Zürich
Schweiz

Prof. Dr. Ilonca Hardy
Goethe Universität Frankfurt am Main
Fachbereich Erziehungswissenschaften
Institut für Pädagogik der Elementar- und Primarstufe
60323 Frankfurt am Main
Deutschland

Prof. Dr. Sarah Hofer
LMU München
Professur für Lehr- und Lernforschung
80802 München
Deutschland

Prof. Dr. Sebastian Kempert
Universität Potsdam
Empirische Grundschulpädagogik und -didaktik
14476 Potsdam
Deutschland

Prof. Dr. Susanne Koerber
Pädagogische Hochschule Freiburg
Professur für Pädagogische Psychologie
Institut für Psychologie
Abteilung Frühe Bildung
79117 Freiburg
Deutschland

Dr. Andreas Lichtenberger
ETH Zürich
Department of Physics
Professur für Physik und Ausbildung
8093 Zürich
Schweiz

Dr. Ursina Markwalder
ETH Zürich
Departement Geistes-, Sozial- und Staatswissenschaften
Institut für Verhaltenswissenschaften
8092 Zürich
Schweiz

Prof. Dr. Kornelia Möller
Westfälische Wilhelms-Universität Münster
ehemals Institut für Didaktik des Sachunterrichts
48149 Münster
Deutschland

Prof. Dr. Aljoscha Neubauer
Universität Graz
Institut für Psychologie
Arbeitsbereich Differentielle Psychologie
8010 Graz
Österreich

Prof. Dr. Jennifer Paetsch
Universität Bamberg
Juniorprofessur für Evaluation im Kontext von Lehrerbildung
96047 Bamberg
Deutschland

Dr. Sonja Perteranderl-Rüschoff
ETH Zürich
Institut für Verhaltenswissenschaften
8092 Zürich
Schweiz

Prof. Dr. Alexander Renkl
Albert-Ludwigs-Universität Freiburg
Institut für Psychologie
Pädagogische Psychologie und Entwicklungspsychologie
79085 Freiburg
Deutschland

Prof. Dr. Henrik Saalbach
Universität Leipzig
Pädagogische Psychologie mit dem Schwerpunkt Lehren, Lernen und Entwicklung
04109 Leipzig
Deutschland

Prof. Dr. Lennart Schalk
Pädagogische Hochschule Schwyz
Institut für Unterrichtsforschung und Fachdidaktik
Forschungsprofessur Fachdidaktik MINT
6410 Goldau
Schweiz

Prof. Dr. Michael Schneider
Universität Trier
Fachbereich I – Psychologie
Abteilung für Pädagogische Psychologie
54286 Trier
Deutschland

Prof. Dr. Wolfgang Schneider
Universität Würzburg
ehemaliger Lehrstuhlinhaber Pädagogische Psychologie
97070 Würzburg
Deutschland

Dr. Anja Skibbe
Senatsverwaltung für Bildung, Jugend und Familie, Berlin
Bernhard-Weiß-Str. 6
10178 Berlin
Deutschland

Prof. em. Dr. Antonio Togni
ETH Zürich
Department Chemie und Angewandte Biowissenschaften
Laboratorium für Anorganische Chemie
8093 Zürich
Schweiz

Prof. Dr. Andreas Vaterlaus
ETH Zürich
Department Physik
Laboratorium für Festkörperphysik
8093 Zürich
Schweiz

Prof. Dr. Lieven Verschaffel
KU Leuven University
Instructional Psychology and Technology
3000 Leuven
Belgien

Dr. Esther Ziegler
ETH Zürich
8092 Zürich
Schweiz

Adrian Zwyssig
ETH Zürich
Institut für Verhaltenswissenschaften
8092 Zürich
Schweiz

Stichwortverzeichnis

A

Abstraktion   103, 203

B

Balkenwaage   143, 165
Beispiele   128

C

Chemieunterricht   187
Concept-Maps   80
conceptual change   *siehe* Konzeptwandel

D

deliberate practice   53
Dezimalbrüche   125
Diagramme   *siehe* visuelle Repräsentationen
didaktischer Vertrag   96

E

EEG   50
Engineering Approach   *siehe* Ingenieurs-Konzept des Experimentierens
ENTERPRISE-Projekt   161
Entwicklungspsychologie   15
Experimente als Unterrichtsmethode   202
Expertenleistungen   48

F

Feedback   54, 130, 190, 200
Fehlvorstellungen   43, 80, 136, 169, 187, 189
formatives Assessment   54, 79, 137, 190

G

Gehirn   19
Gehirnaktivierung   49
Gender-Science Stereotyp   74
Grundschule   30, 90, 110, 135, 165, 199
Gymnasium   31, 39, 70, 186

H

Handlungserfahrung   127
Hochschuldidaktik   5

I

Ingenieurs-Konzept des Experimentierens   111
Intelligenz   14, 31, 41, 47, 58, 152, 199
– Definition   61
– emotionale   66
– künstliche   60
Interventionsstudie   78, 80, 113, 165, 167, 189
iteratives Modell   123

K

Kindergarten   163
Klassenkisten   17, 144, 203
Klicker   80, 194
kognitiv aktivierender Unterricht   16, 77, 78, 179, 201
kognitiver Konflikt   114
konstruktivistische Einstellung von Lehrkräften   33
konstruktivistische Lernumgebung   129, 139, 203
Kontrastieren   104, 202
Konzeptinventar   127
Konzeptwandel   53
Kreativität   65

L

Lateinunterricht 37
LOGIK-Studie 15, 27, 151
Lösungsbeispiele 100

M

Mathematikunterricht 33, 89, 104, 152
mathematische Kompetenz 28
Matthäus-Effekt 70
Max-Planck-Institut für Bildungsforschung 16
Max-Planck-Institut für psychologische Forschung 27
Mentale Werkzeuge 16
metakognitive Fragen 79
MINT-Fächer 16, 70, 172, 207
Misskonzept 113

P

Physikunterricht 71, 73, 78, 169, 189
proportionales Denken 143, 165
psychologische Werkzeuge 162

S

Sachunterricht 135
Scaffolding 138, 179
Schach 50
SCHOLASTIK-Studie 28, 151
Schulleistung 69
Schweizer MINT Studie 17, 72, 110
Schwimmen und Sinken 137
Selbsterklärungen 79, 156
situierte Kognition 162
soziale Disparitäten 70

soziale Interaktion 130
sozioökonomischer Status 70
Sprachentwicklung 175
Sprachkompetenz 72
Strukturierung von Lerngelegenheiten 138

T

Textaufgaben 30, 90, 201
Transfer 39, 113, 118, 132, 200

U

Übung 48, 122, 130, 154, 200
Underachiever 74

V

Variablenkontrollstrategie 110
Vergleiche 102, 128, 189, 202
Verschachteln 105, 202
visuelle Repräsentationen 128, 143, 163
Vorwissen 18, 29, 32, 53, 71, 75, 127, 152, 153
- Aktivierung von 180, 203

W

Wissen 14, 200
- intelligentes 14, 65
- konzeptuelles 100, 122, 139, 202
- prozedurales 100, 122, 202
- transferfähiges 110, 132
- von Lehrkräften 159
wissenschaftliches Denken 202 202